中宣部文化名家暨四个一批人才工程资助项目

视觉场里的中国

——JSBC国际传播案例研究

China in the field of vision: International Communication Case Studies of JSBC

任 桐 编著

江苏人民出版社

图书在版编目（CIP）数据

视觉场里的中国：JSBC国际传播案例研究／任桐
编著. -- 南京：江苏人民出版社，2025. 6. -- ISBN 978 -
7 - 214 - 30458 - 2

Ⅰ. G125

中国国家版本馆 CIP 数据核字第 2025SH1603 号

书　　　名	视觉场里的中国——JSBC国际传播案例研究	
编　　　著	任　桐	
责 任 编 辑	李兴梅	
装 帧 设 计	黄　炜	
出 版 发 行	江苏人民出版社	
地　　　址	南京市湖南路 1 号 A 楼，邮编：210009	
照　　　排	江苏凤凰制版有限公司	
印　　　刷	南京艺中印务有限公司	
开　　　本	718 毫米×1 000 毫米　1/16	
印　　　张	18.25　　插页 2	
字　　　数	280 千字	
版　　　次	2025 年 6 月第 1 版	
印　　　次	2025 年 6 月第 1 次印刷	
标 准 书 号	ISBN 978 - 7 - 214 - 30458 - 2	
定　　　价	98.00 元	

（江苏人民出版社图书凡印装错误可向承印厂调换）

课题组编委会

主　编

任　桐

副主编

仇园园　王　希

执行副主编

张　毅

编　委

孙文峥　周　菁

王　攀　朱丽君　谢　诚

目　录

绪论

视觉场：国际传播的有力推手

　　流动是全球化时代的重要特征，流动将世界以前所未有的广度和深度展现在个体面前。社会学家安东尼·吉登斯曾对全球化做出如下阐释："一个地区发生的事件受到远方地区的影响，或相反，这一地区的事件对远方事件产生指向性影响，这种互动关系将不同地区联结在一起，并使得这种关系在全球范畴内不断增强。"① 全球化时代开启之后，不同国家和地区的政治、经济、文化、社会等要素在世界范围内的流动越来越频繁，尽管这一进程在发展过程中偶有顿挫，但就其整体而言，相互之间的联系趋于广泛和深刻，人类彼此之间的命运也愈发休戚相关，而这一切在很大程度上依托于人类所进行的传播实践。学者阿芒·马特拉在《全球传播的起源》开篇将"传播"一词诞生的历史溯源至启蒙运动时期狄德罗所编撰的《百科全书》词条，指出"传播"的多义性由来已久。马特拉将"传播"放置于泛在的人类社会行动当中，其范畴涵盖了交通道路、远距离传输网络与象征性交换手段，如世界博览会、高雅文化、宗教、语言、媒介等。正是借由这些丰富的载体，人类之间的传播得以进行。② 当多元文明之间产生碰撞与交融，文化他者日益频繁地嵌入个体的生活中，激发个体关于世界的感知和想象，这也使自我与他者所形成的关联成为重要的理论命题。

　　一般认为，他者这一概念诞生自德国古典哲学家黑格尔，其内涵在于，意识要在反思设定的对立之中才能形成自我与他物之间的联系，并且通过这种联系形成对自我的规定。③ 由此可见，他者不是自然存在的，而是在与自我的对照中得以被建构；自我亦非孤立的存在，而是显现于他者的映射——二者因差异而共生，这种差异性既是创造自我认知的源泉，同时也会是引发矛盾和冲突的因由。但如果抹去差异，世界将陷入单一与僵化的状态，自我也会因交流和沟通的缺失失去参照而迷失在同质性的桎梏之中。换言之，正是因为存在无数个不同于自我的他者，世界才得以丰富多姿。因此，自我与他者的关系并非简单的对立，而是一个彼此不断影响

---

① 安东尼·吉登斯. 现代性的后果 [M]. 田禾，译. 南京：译林出版社，2000.

② 阿芒·马特拉. 全球传播的起源：欧洲传播思想经典译丛 [M]. 朱振明，译. 北京：清华大学出版社，2015.

③ 王鑫. 从自我陈述到他者叙事：中国题材纪录片国际传播的困境与契机 [J]. 现代传播（中国传媒大学学报），2018，40（8）：119 - 123.

与建构的动态过程。正是在互动中，自我与他者的辩证关系得以显现——在对照中相互生成，这也使得自我在面对差异时能够不断更新认知，从而超越固有的局限。

在全球化的浪潮下，聚焦于不同文化背景下人类交往、跨越国界信息交流的国际传播等领域，对自我与他者、本国文化与他国文化的关系展现出十足的兴趣。文化自我与文化他者也经历了从"彼此对抗"走向"彼此建构"的过程。人们也愈发认识到，只有以平等的、主体间性的思维去对话他者，才能实现自我的理解与超越，才能"最大限度地扩展文化差异的积极意义"。①

一、视觉传播与共情

媒介化，连同全球化、个人化、商业化一并被认为是长期影响社会、文化、政治发展的元过程。② 媒介为全球范围的紧密连接提供了技术和文化架构。自我和他者的多元文化在影像的流转中呈现，也让数字时代的人们置身于媒介所建构的多样且复合的文化全景中。值得注意的是，在国际传播的日常实践中，尽管信息流通速度加快、流通范围扩大、文化间交流日益频繁，但要达到真正意义上的民心相通却绝非易事。当今社会，跨文化传播与全球格局及国际话语权的形成密切相关，受到日益变化的国际关系和多元文化差异的影响，不同文化交流的双方往往会遭遇到"解码偏差"的挑战。国际传播涉及不同文化、立场之间的互动和沟通，因其意图抵达、理解、认知的不确定性，也被称为"一场没有保障的冒险"。③ 如何在国际传播中超越文化及立场背景，借助共通的语言，从彼此共有的体验展开信息承载与意义交流，实现"共通的情感"具有重要的意义。

"共情"是人类与生俱来的能力，它使个体能够感受陌生的他者经历，使具有不同文化背景的主体得以展开良好的信息交流，在消除文化折扣、

---

① 单波. 跨文化传播的基本理论命题 [J]. 华中师范大学学报（人文社会科学版），2011，50（1）：103–113.

② Kroz，F. The meta-process of 'mediatization' as a conceptual frame [J]. Global Media and Communication，2007，3（3）：256–260.

③ 彼得斯. 交流的无奈：传播思想史 [M]. 何道宽，译. 北京：华夏出版社，2003.

增强交流效果方面有着良好的促进作用。① "共情"（empathy）这一概念由心理学家爱德华·布雷福德·铁钦纳在 1909 年发表的《关于思维过程的实验心理学讲稿》中被提出。此后随着测量技术及其他相关学科的不断发展，人们对共情的理解也愈发深刻。早期对共情的研究更多从哲学与现象学的视角展开探讨，将共情作为对他人情感的反应或是对他人处境的理解过程。随着认知神经科学的进一步发展，脑成像技术从生理角度进一步为共情研究提供了证据支撑。以认知科学为基础，将共情定义为 "在不混淆自己与他人的体验和情感的基础上体验并理解他人的感受和情感的一种能力"，包括情绪共享、观点采择和情绪调节三部分。② 之后，结合认知科学以及心理学的相关理论，进一步加深了对共情多系统性与时间动态性的理解，认为共情经历了自下而上的情感唤醒、自上而下的认知调节以及元认知的总调控三大过程。有研究指出，在主体与他者发生共情时，首先会共享他人的情绪与情感，其次在意识到自我与他者有区别的基础上对情绪进行归因，随后会将归因结果与自我的元认知进行比对判断，若经元认知调控后认为可执行则会产生对他者的情感反应，包括内隐判断或外显行为两种。③ 因此，共情的动态形成过程大致可分为共情唤醒、认知调控、投射反应三大阶段。

共情能够促使接收者认知到与他者共在，进而生成关怀，这对于克服交流过程中的 "对空言说" 具有积极作用。随着共情概念的不断发展和成熟，传播学研究者开始探讨在信息传递的过程中情感的共享对提升传播效果所发挥的作用。心理学中的共情概念主要关注在人际层面，即个体在直接面对他者或他者所面临的情境时内心的情感反应过程。共情传播增加了媒介这一中间介质：个体需要通过解读媒介中所蕴含的信息，继而对他者或对他者所面临情境的描述产生情感共鸣。因此在共情传播中，存在着传受双方对于信息的编码与解码过程，是共同或相似情绪、情感的形成过程

---

① 唐润华. 用共情传播促进民心相通 [J]. 新闻与写作，2019，7：1.

② Decety, J., Philip, L., & Jackson, P. L. A social neuroscience perspective on empathy [J]. Current Directions in Psychological Science, 2006, 15 (2): 54-58.

③ 刘聪慧，王永梅，俞国良，王拥军. 共情的相关理论评述及动态模型探新 [J]. 心理科学进展，2009，17 (5)：964-972.

和传递、扩散过程。① 共情传播不再局限于对他者情绪的反应，同时增加了"群体面对同一情境时形成相似情绪"的释义空间，这也更加符合大众传播的逻辑——通过对场景的描摹与呈现使受众产生相似的情绪，而非只是面对面的情感传递。在数字化时代，人们可以通过点赞、发表评论等多种方式与他人交流情感体验，网络空间也可以将人们碎片化的、分散的感知进行聚合，受众自身发表的评论也会被其他人所浏览，在循环往复的动态中实现情感的"再发酵"。

但是，想要在不同文化群体间利用媒介符号搭建准确合意的沟通桥梁并非易事。依照符号学的观念，我们可以将交流过程拆解为"传者与受者间的符号传播"，期间传受双方互为传播过程的主、客体，不断执行着符号的编码与解码。编码是指将信息或意义转化为符号以便于传播的过程，而解码则是把这些符号重新转换为原始信息或意义的过程。人际沟通的过程实质上就是编码与解码的循环互动。由此观之，符号在传播与交流过程中扮演着至关重要的角色，而媒介作为承载这些符号的集合体则是影响传播交流过程及效果的重要因素。因此，在国际传播中不断探索和充分运用不同媒介，有利于增进文化间的和乐共鸣，真正实现跨文化群体间的民心相通。

受到生活习俗、思维逻辑等多重因素的共同影响，不同地域和族群在历史长河中逐渐形成了各自特有的意识形态与文化背景，不同文化间的象征符号系统亦展现出显著的差异性，这同时会影响到跨文化群体交流沟通的成本与效率，"文化折扣"现象也因此时有发生。人类学家爱德华·霍尔提出高低语境的概念，他指出由于来自不同文化的个体信息交流习惯不同，因此所倾向的语境也不同。其中，高语境文化（high-context culture）在信息传递理解的过程中更加依赖传受双方共同知晓的隐形文化背景与知识经验，而低语境文化（low-context culture）则更加注重用清晰明确的方式直接传递意思，对背景文化的依赖较小。② 当来自不同文化语境的群体进行交流时，原本承载丰富意涵的符号可能会成为一块文化间的"隔板"，

① 赵建国. 论共情传播［J］. 现代传播（中国传媒大学学报），2021，43（6）：47-52.
② 爱德华·霍尔. 超越文化［M］. 何道宽，译. 北京：北京大学出版社，2010.

语义符号的价值大幅降低，传播效果也随之大打折扣。因此对媒介内容中蕴含的高低语境文化要素进行恰当的辨识与运用，设置传受双方共同理解的"共同解释项"就显得尤为重要。"共同解释项"是由哲学家查尔斯·桑德斯·皮尔斯提出的概念，其意为"在初始状态下信息传递者和接受者之间能够共享且无需进一步明确沟通的内容"。①

在跨文化传播的实践中，依托于"共同解释项"所具有普遍意涵的符号性叙事，能够显著缩减信息传递者与接收者之间的认知差距，有效减轻跨文化互动中出现的理解误差，从而推动不同文化间的相互认同。文化间共通的情感可以被视为一种典型的"共同解释项"，不同文化背景下的个体往往能够轻易把握其传播的内在意义。如中央广播电视总台在 CCTV-5 体育频道播出的纪录片《大约在冬季》采用了一种创新的叙述方式，通过捕捉人物的真实经历和情感线索，生动描绘了中国争取举办 2022 年北京冬季奥运会的多元图景。不同于传统的线性叙事结构，该纪录片巧妙地将镜头聚焦于个体故事，包括冰雪运动场建筑师辛勤劳作的一天以及花样滑冰少年的紧张训练生活等，以此传达出中国人民参与冬奥会的热情以及对奥林匹克精神的深刻理解，展现全人类共同追求的"奥林匹克精神"——相互理解、友谊长久、团结一致和公平竞争。②

讲故事是消除文化差异、增进跨文化理解和共鸣的一种重要方式，故事配合这种"历经周密筹备与不懈奋斗终至成功"的情感叙述模式，超越了高低语境的固有限制，更易引发全球受众共鸣，从而获得良好的传播效果。如五洲传播中心与英国子午线影业共同制作的微纪录片《相遇在中国》，每集会聚焦中外两位主角的互动，讲述他们因共同的兴趣或目标而相知相识的经历，展示了不同国家人民之间的真挚情谊。在该片第 16 集《我家有个"洋女婿"》中，中国父亲霍庆宝最初以国家间文化差异显著为由反对女儿与美国人杰夫的婚事。然而他在纽约期间因铲雪受伤，杰夫的细心照顾令他感动。随着时间推移，霍庆宝被女儿与杰夫的温馨日常打

① 赵星植. 皮尔斯与传播符号学 [M]. 成都：四川大学出版社，2017.
② 孙灵."共情"视角下大型赛事跨文化传播策略与创新——以 2022 年北京冬奥会为例 [J]. 传媒，2023，19：88-90.

动，翁婿间的文化隔阂逐渐减少，双方对彼此文化的理解加深。[①] 人与人之间最本真的情感通过视觉媒介得以很好地展现，让受众陪伴主角走过从文化抗拒到文化接纳再到文化认同的心路历程，帮助其更加生动直观地了解不同文化的真实样态与深层内核，进而真正实现不同文化群体间的情感共振。

二、"视觉场"：国际传播的重要实践路径

在全球传播的诸多载体之中，媒介凭借其富于流动性的特征，在连接自我与他者的过程中发挥着不容忽视的作用。人类学家阿尔君·阿帕杜莱指出，全球化时代下人们已经不仅生活在想象的共同体中，更生活在想象的世界中。全球化包含五种连接和断裂的景观：族群景观、媒体景观、技术景观、金融景观和意识形态景观，为想象世界构建了基本基石。其中，媒体所生产的丰富的图像和文本，让受众能够体验到当代全球生活的全景式展现和互联。[②] 随着媒介技术的不断发展，文字不再是传达意义的唯一媒介，图像、视频等作为重要的符号形态被普遍采纳与应用。文字在传播过程中常常涉及双方的元语言交集，在溯源性成本较高的同时，较难准确掌握表达者的原始意图，这可能会导致传播过程中符号意涵的缺失和变化。与此相比，视觉符码具有直观性和普遍性等特征，这也使得图像视觉与文字知觉混合的多模态符码所传递的信息资讯更容易被受众所理解与接受。

从远古时期的岩画到印刷时代的海报、从精心摄制的电视电影影像到由大众广泛参与拍摄的短视频，视觉传播的介质持续演变，但视觉元素以其跨域时空、跨越文化界限的独特魅力，构建起意义交流的桥梁，成为当代全球语境下构建、表述及传递意义的关键。

纵观媒介技术在全球传播中的动态演化，电视是其中浓墨重彩的篇章。在相当长的一段时间内，电视所具有的广泛覆盖面、深度渗透力和高传播效率，使其成为反映和推动全球化的重要角色。作为一种影像主导的

---

① 唐润华，叶元琪. 跨文化传播中的一种共情生成模式——以系列纪录短片《相遇在中国》为例 [J]. 中国广播电视学刊，2023，7：98-103.
② 阿尔君·阿帕杜莱. 消散的现代性 [M]. 刘冉，译. 上海：上海三联书店，2012.

媒介，电视所传递的影像文本往往能超越文化和语言的隔阂，被视为一种"人类共通的语言"。① 在电视的中介作用下，文化他者不再因抽象的文字或简短的图片而被织入缥缈的想象。听觉和视觉元素的有机整合，为受众带来沉浸式的感受。其中，声音语言担任主要的叙事功能，镜头语言则能够通过通俗且易于理解的"明码"——图像，对声音语言中受高低语境影响的部分进行补充，二者相辅相成、有机结合，形成了颇具潜能的表意系统。电视不仅仅是对现实的再现，更是通过影像的选择、剪辑和叙事，建构出一个超越单纯文本的拟真的时空情境。在这一空间中，受众可以身临其境地感受文化他者的生活、思想与情感。这种沉浸感将自我与他者的距离前所未有地拉近，成为连接自我与他者的重要桥梁。受众通过屏幕所获得的共时性和共在感，也使电视成为传播者与受众进行"对话"的重要平台。②

以电视节目为代表的影视文化被誉为"全人类共通的语言"和"盛在盒子里的大使"，凭借自身极具吸引力和说服力的文化特性，不断突破语言与文化的藩篱，超越意识形态的差异，成为全球塑造与传播国家形象的重要文化途径。③ 早些年的电视节目创作者往往更注重画面的唯美真实和情感的循序渐进，如中央电视台和英国广播公司联合制作的纪录片《美丽中国》，使用当时最先进的摄影技术记录我国的自然风光和人文生活，拍摄了 50 多个国家级野生动植物和风景保护区，展现了 30 多个民族的日常生活，美轮美奂的画面配合娓娓道来的音乐，给受众带来视听上的享受，其所展现的风光跨越了文化和语言的局限，打动了无数海内外受众；中央新闻纪录电影制片厂与东方传媒联合摄制的纪录片《当卢浮宫遇见紫禁城》记录了两大顶尖博物馆中的历史文物，通过对文物细节的精细呈现和对文化背景的深度探索，结合文物背后的艺术、文化、历史，给受众带来东方与西方文化思想的碰撞，在展现文化多样性的同时探索人类文明的共

---

① 张敬华. 中国电视的海外传播对国家文化软实力的提升与影响 [J]. 中国广播电视学刊，2012，5：78‐80.
② 吴强. 从文化间到跨文化的电视传播：一个比较视野 [J]. 国际新闻界，2009，10：66‐71.
③ 王馨莹，黄望莉. 新时代中国影视文化的使命担当 [J]. 中南民族大学学报（人文社会科学版），2024，44（11）：111‐118＋201.

通与交流，为海内外受众呈现了一场跨文化的艺术盛宴。而近些年电视节目更在意构筑共通的意义空间以实现跨文化传播，如江苏广电和英国雄狮影视合作拍摄的纪录片《你所不知道的中国》第三季，选取四位与中国有着不同渊源的外籍主持人作为探访者，通过他们与中国"传奇"的深度交互，无论是带着"老外"的好奇心看懂了中国人幸福生活的根源；还是走进中国人的仪式庆典中共飨盛举；或是及其幸运地在动物保护区得以惊鸿一瞥；又或是亲身见证大国工程背后那史诗般壮阔的时代脉络和温暖注脚，都构建起在"共享语境"上的优势，引发海外受众更深的情感与价值共鸣。

以电视节目为主体的视频作品在全球视听传播生态中构成了一个重要的"视觉场"。格式塔心理学奠基人马克斯·韦特海默指出，"视觉场"当中的所有力量都会相互关联、相互作用，最终达成一个平衡的完整体形式。"在这个整体中，每个构成部分的变化都会对整体和其他部分产生影响，而整体的特性，不等于机械的部分相加之和，整体总是大于或不等于部分，部分也因成为整体的部分，才具有了整体的某种特性。"① 美术和电影理论家鲁道夫·阿恩海姆进一步对"视觉场"进行归纳，指出人们所观看到的事物往往都是以整体出现。一方面，在特定的视觉场内，人们所看到的东西往往依赖于它在整体中的位置与功能。另一方面，整体结构也会因为局部的变化而修正，视觉场内各部分要素之间的相互作用往往受到简化率的控制，其整体总是呈现出最简洁、最容易被人理解的形象。②

我们所讨论的视听"视觉场"同样也是由多个元素共同聚合而成，各元素相互联系、彼此支撑，其中最为重要的是一批具有影响力的视频作品。以电视节目为例，不论是场景布置、镜头运动还是光影变化，制作者都试图使各个视觉元素协同作用，形成一个统一的有机整体。在电视节目中，每个视觉元素都承担着特定的叙事和情感功能，不仅要独立传递信息，还必须与整体相协调，共同塑造出一个既具连贯性又能灵活调整的视觉叙事空间。这种整体与部分之间的互动，使得电视节目能够在视觉上吸

---

① 李吉品，刘洋. 阿恩海姆视知觉理论再评价［J］. 文艺争鸣，2021（01）：99－103.
② 鲁道夫·阿恩海姆.《艺术与视知觉》［M］. 长沙：湖南美术出版社，2008.

引受众、传达情感，并有效推动叙事。一档成熟的电视节目其本身即构成一个小型的"视觉场"。如果将一档电视节目比作一棵树，那么节目选题如同"主干"，决定了整体的基调、结构和叙事方向；各类影像资料、采访片段、可视化数据等素材，如同围绕主干展开的"枝叶"，丰富信息层次并增强内容的观赏性。这些素材并不是无序或机械的堆砌，而是有序且灵动的整合。最终呈现给受众的一档成熟的电视节目，是融合了色彩、光影、图像、镜头运用、构图、节奏等多种元素的"树"之形象。而视听作品的类型之多样，题材之丰富，又构成了林林总总、万木争荣的"森林"，让整个"视觉场"充满生机和活力。

"视觉场"同时也包含围绕视频作品的互动。以电视节目为例，互动一方面是电视制作者围绕节目创意、制作和发行所形成的交流，在欣赏与研讨中不断深化节目制作理念，精进节目制作技术；另一方面是电视受众围绕节目内容所形成的交流。在数字化时代，电视节目受众已不再是被动的接受者，他们中的很多人已成为节目的参与者。传播和媒介研究学者亨利·詹金斯在著作《文本盗猎者：电视粉丝与参与式文化》中提出参与式文化（participatory culture）这一概念，并指出观看电视是一种丰富复杂的参与式文化，观众已经成为"参与建构并流转文本意义的积极参与者"。[①] 随着互联网的不断拓展，参与式文化已成为一股正在崛起的全球性文化潮流。对于个人来说，通过参与能更为深入地在感知和理解中激发情绪感染和认知采择，继而在思维层面上引发共情，而网络空间也为人们提供了多元且丰富的参与形式。在各个数字平台中，受众可以通过发帖、评论、弹幕等方式对节目内容展开评论和分析，会对感兴趣的情节进行富有创意的改写和再创作。受众自身的社会文化背景、价值观念、审美趣味等均会影响其对于视频作品的理解，多元且丰富的想法和观念在彼此的交融和碰撞中，进一步丰富了视频作品的内涵。在一个共享的视频空间中，文化自我与文化他者相遇、互动与共在，不同国家和地区的受众观看、再生产和传播视频的过程，同时也是在潜移默化中对自我与他者进行诠释、比

---

① 亨利·詹金斯. 文本盗猎者：电视粉丝与参与式文化［M］. 郑熙青，译. 北京：北京大学出版社，2016.

较和反思的过程。在视觉场中，视觉符码展现出了极强的跨文化传播能力和潜力，积极推动不同文化主体之间的交流与融合。通过持续且动态的跨文化交流与共进，加深了对彼此社会文化的感知，继而形成关于本土与全球的双重认知，更深层次上促进了全球范围内的文化对话与互惠性理解。

就此而言，视觉场为世界了解中国提供了一个便利且直观的窗口，帮助全球受众充分感知中国的风土人情，感受中国的丰富面貌。视觉场的整体性，将多元的视频内容统一于核心的中国形象，形成具有辨识度的中国风格。同时，高质量的视频作品借由通用的视觉语言直观地传达信息，减少了文化背景差异所造成的误读，增进了全球受众对中国的理解。随着短视频、微短剧、直播等为代表的一系列新兴视频内容形式的出现，"视觉场"的维度更进一步丰富和深化，也为讲好中国故事提供了更多的可能性。

三、江苏广电国际传播的视觉场构建与发展历程

以电视为代表的中国主流媒体通过视觉场构建自我与他者的连接，始终致力推进节目内容的海外传播。早在新中国成立初期，我国就曾展开电视方面的对外传播实践，如面向苏联、东欧、日本等国的节目交换，但当时并未形成规模效应。电视海外传播真正的发展始于 20 世纪七八十年代。1983 年，中央电视台对外部正式成立，主要从事节目制作、翻译和发行工作。随后的七至八年间，全国各省市电视台以制作面向海外的专题节目为核心任务，并向与我国有合作关系的外国电视机构发送或交换专题节目、文艺节目及电视剧等内容。①

自 20 世纪 90 年代起，中央电视台和多个地方台国际频道在海外落地，或通过卫星在海外播放节目，覆盖亚洲、欧洲、美洲部分国家。1992 年，中央电视台中文国际频道（CCTV-4）开播，成为中国第一个面向海外的24 小时国际卫星电视频道。2000 年，中央电视台英语国际频道首次播出，成为中国以外语开展电视国际传播的标志性事件，真正意义上开启了电视国际传播的篇章。② 2004 年，我国组建了由中央电视台、地方电视台和相

---

① 赵伯平. 没有国界的电视传播——电视在对外宣传中的地位 [J]. 国际新闻界，1999，2：43-46.
② 李宇. 中国电视国际传播的新挑战与新逻辑 [J]. 国际传播，2018，6：1-6.

关境外电视台频道集成的海外播出平台——中国电视长城平台,在全球多个国家和地区落地,并拥有一定用户规模。然而需要指出的是,这一平台所面向的主要受众为海外华人华侨,对于作为真正"文化他者"的外国受众并未能实现触达和连通。[①] 可以说,在我国电视"走出去"的前二十年,更多的是在形式上进入了"文化他者"所在的场域,并未达成真正有效的传播和沟通。

2013 年习近平总书记"讲好中国故事,传播好中国声音"要求的提出,为国际传播指明了方向,伴随着我国与"一带一路"沿线国家的经贸和文化往来日益密切,媒体也愈发重视在国际间搭建沟通的桥梁。截至 2024 年 3 月,中国国际电视台(CGTN)多个国际频道已在全球落地播出,在原有 68 个海外传播语种基础上新增了 12 种国际语言,成为国际媒体机构中语种最多的机构之一,在为海外受众提供服务的同时,也展现着多元立体的中国形象。各省市电视台也把握时代机遇,加强国际传播,从海外受众的视角讲述中国故事,向世界展示富有特色的东方文化,为海外受众带来难以忘怀的试听体验,进一步推动中国文化"走出去",不断提升国际传播力和影响力。

江苏电视台作为全国省级广电系统中较早从事国际传播业务的机构,自 20 世纪 90 年代起就致力于拓展海外传播。2001 年江苏广电总台成立后,视频内容的海外传播伴随着江苏广电全媒体、立体化传播体系的构建逐渐覆盖全球。2004 年江苏国际频道成立并首批加入中国电视长城平台在海外落地。2007 年江苏广电总台成立海外拓展部,积极拓展海外视频传播业务并取得一定成效,在此基础上江苏广电国际传播有限公司于 2011 年成立,与其后由海外拓展部发展而来的国际事务部二位一体运营,进一步拓展了海外市场,海外发行网络覆盖 60 多个国家和地区,每年向海外播出平台和国际航线发行近千小时包括纪录片、综艺节目在内的视频内容。借助《非诚勿扰》的海外影响,江苏卫视于 2012 年起通过 Eurobird 9 直播卫星覆盖欧洲、北非地区,通过 Directv 覆盖北美洲和部分南美洲地区,

---

① 李宇. 广播影视"走出去"的战略转向:导向、目标与路径 [J]. 对外传播,2014,12:30—31+37.

并在东南亚主流华语地区实现了全覆盖，同年创设的江苏卫视 YouTube 官方频道是最早在 YouTube 平台进行节目运营的中国省级卫视频道之一，将《非诚勿扰》《一站到底》《我们相爱吧》《新相亲大会》《百姓的味道》《闪闪发光的你》等优质视频作品呈现给海外受众，在借力借势中提升了江苏广电的品牌影响力。2015 年江苏广电国际传播有限公司和香港电讯盈科媒体有限公司共同打造了融媒体频道——紫金国际台，通过宽带互联网络、移动互联网络、广电网络、固定电话传输网络，实现了对马来西亚、泰国、新加坡等国家主流受众的"四网合一"覆盖，既为江苏广电节目的海外传播提供了自主平台，也因江苏卫视节目的品质和影响而位居平台用户数第一阵营。此外，江苏广电还策划推出"中国江苏影视周丝路行"，先后在澳大利亚 ABC 和葡萄牙 SIC 等传播机构举办了"江苏电视周"活动，通过海外主流媒体展示当代中国形象。

以《非诚勿扰》成为中国对外交流的一张闪亮的文化名片为开启，江苏广电积极构建视频内容海外传播的视觉场，并推动节目模式从借鉴海外逐步发展为向海外输出，十余部视频作品在西方主流媒体平台播出并获国际重要奖项，同时积极参与全球大型电视节展充分展示与国际市场接轨的能力，与近百家国际主流媒体建立了密切合作，真正实现了从"走出去"到"走进去"的跨越。

（一）自有品牌从"非诚"出圈到多维突破

国际传播网络是构建国际视觉场、推动跨文化传播的基础，江苏广电所推出的不同类型、精彩纷呈的视频内容则是构成视觉场的核心要素。为了构建更有效力的国际传播，江苏广电首先选择将打造具备全球影响力的自制视频内容作为切入口，通过积累策划、制作和传播等方面的经验，完成全球影响力纵横多维的拓展传播。2010 年推出的《非诚勿扰》辐射海内外，不仅在美国、加拿大、澳大利亚、马来西亚、新加坡、韩国等国家和地区的电视与新媒体平台播出，还举办了 20 场海外专场，足迹遍布全球十多个国家，并多次被《每日邮报》等海外主流媒体关注报道。

随后，江苏广电打造了一系列情感综艺，进一步丰富了同类型节目的国际影响力。2018 年和 2019 年，先后推出《新相亲时代》和《新相亲大会》，与《非诚勿扰》一脉相承，节目均由孟非主持，节目播出后在 Twitter、Facebook 等海外社交网络媒体上都会展开讨论，海外受众也通过节目了解了中国当代年轻人的婚恋观和精神面貌。在明星情感节目的创新上，2015 年推出《我们相爱吧》，节目前往美国、芬兰、韩国、泰国、新加坡、澳大利亚等多国进行拍摄，以海外拍摄打开文化互鉴窗口。因为节目获得的高关注度，嘉宾拍摄地成为芬兰接待中国游客的订制旅游路线。

在情感题材广泛出圈后，江苏广电还陆续推出涵盖美食、人文等不同类型的垂类节目和真人秀节目，逐步构建起多元立体的海外传播节目矩阵。2018 年推出的《最爱故乡味》通过美食探访让海外华人华侨真切感受到了"家"的味道。2019 年推出《百变达人》，网罗来自全球各地身怀绝技的素人选手，配置顶级的导摄、灯光、舞美、视觉、置景和秀导团队，以团队共创的形式量身打造专属于他们的竞演舞台。2020 年推出的《从长江的尽头回家》[1] 围绕物产、生态、文化的协同共生机制铺陈叙事，引发海外受众对长江这一个兼具地理和文化属性的国际符号产生更深层次的情感共鸣。同年推出《从地球出发》，作为一档大型科幻科普综艺节目，在模式上进行了大胆创新，邀请知名科幻作家打造精彩原创故事，用"中式科幻"串联起"知识大秀"，向海外受众展示了中国人自己的科幻世界。2021 年推出的《百姓的味道》将普通百姓的餐食与生活作为叙事主体，在美食类题材上探寻出一条与海外受众对话的全新路径。2023 年推出的《子夜外卖》[2] 聚焦外卖员群体，其纪实风格和真情叙事备受海外受众关注。2024 年推出的《中国智慧中国行》（国际版）从古语切入传扬中华优秀传统文化，向海外彰显出东方智慧独有的生命力与实践力，传播覆盖了包括欧美国家在内的全球 29 个国家和地区的 7.2 亿受众。同年推出的《启航！大运河》让海外受众感受活态文化遗产的独特魅力，领略大运河的保护、传承和利用。这一年，《我在岛屿读书》[3] 还走进希腊，将中国文学的深厚

---

[1]《从长江的尽头回家》入围第 27 届白玉兰奖最佳综艺节目。

[2]《子夜外卖》荣获第 28 届亚洲电视大奖最佳社会关怀类节目奖。

[3]《我在岛屿读书》先后入围第 28 届白玉兰奖最佳综艺节目和第 28 届中国电视文艺星光奖电视综艺节目。

底蕴与世界文学的多元风貌紧密相连。这些优秀视频内容的海外传播，以美好的视听体验提升了其国际传播力和影响力。

（二）节目模式从吸收引进到全球输出

在夯实类型多样的视频内容的同时，江苏广电还通过与海外主流媒体及制作机构的合作交流，完成了从海外模式本土化改造到原创模式对外输出的跨越式发展，形成了独具特色的电视模式国际化转型路径。2012 年推出《一站到底》①，由美国 NBC《Who's still standing》节目改编而来，自 2014 年起节目升级赛制，连续多年推出"世界名校争霸战"特别节目，邀请全球华人、名校学子齐聚舞台，其海外影响力得以不断拓展。2013 年推出的《星跳水立方》从德国模式公司引进，该节目的转播全部按照奥运比赛规格进行，并拥有跳水节目国际唯一正式版权。2014 年推出的《最强大脑》② 同样是引进的德国模式，国际赛吸引了全球 60 多个国家和地区选手报名参与，更与"世界记忆力锦标赛"等国际权威赛事形成联动，推动中国脑力竞技节目走向世界。同为"最强"系列的《最强天团》是一档针对暑期年轻群体的原创综艺，节目由中韩两国联合制作，新颖的节目形态令人耳目一新。2015 年推出《世界青年说》，这是一档经韩国 JTBC《非首脑会谈》正版授权的青年谈话类节目，围绕当下中国年轻人最关心的议题以全球视野展开讨论，被翻译成多国语言在 YouTube 播出，备受海外年轻受众的欢迎。

江苏广电不断将国际经典节目模式进行本土化升级改造，在填补国内同类型节目空白的同时，也借助节目模式的知名度吸引海外受众的目光。在模式改造的同时，江苏广电逐渐打造出独具自身特色的节目模式，引发海外传媒机构的兴趣，实现了节目模式的海外输出。《超级战队》③ 被国际权威媒体咨询杂志《TBI Vision》评选为戛纳电视节九大热门模式之一，2015 年成功预售至美国及欧洲，开创了中国原创节目模式向海外输出的先

---

① 《一站到底》入围第 23 届白玉兰奖最佳周播电视节目。
② 《最强大脑》先后荣获第 27 届中国电视金鹰奖最佳电视文艺节目作品奖、第 22 届白玉兰奖最佳综艺栏目（季播）奖和第 24 届中国电视文艺星光奖电视文艺栏目大奖。
③ 《超级战队》荣获第 20 届亚洲电视大奖最佳娱乐节目奖。

河。2018 年《超凡魔术师》节目模式成功发行到越南并制作成节目在越南国家电视台 VTV 3 频道周日晚黄金档播出，实现了中国原创节目模式在海外的首次成功落地。

此外，2021 年推出的动漫形象舞台竞演节目《2060》[①] 引入全息投影、VR、AR 等创新技术，打造了中国首个全虚拟场景综艺，其科技感、未来感接驳全球时尚潮流，被全球著名媒体咨询公司法国媒体几何集团高度评价为"前所未有的全新的才艺秀（Talent Search）类型"，既契合国际大趋势，又具有本土世界观。同年推出的《闪闪发光的你》原创节目模式在戛纳电视节上被认为具有国际化开发潜力，吸引了美国 NBC Universal、英国 Fremantle、德国 Tresor 等国际知名传媒公司的关注，树立起特色鲜明的江苏广电品牌形象。

（三）国际合作从辅助协同到深度共创

国际合作拍摄制作视频内容产品是提升国际传播效果的一条重要路径。中国制作团队通过合作拍摄的契机深入了解国际市场，并在选题、叙事中汲取对方的经验，这一合作模式往往能激发出深层次的文化视野碰撞。[②] 通过中外双方的合作拍摄可以寻找到共同审美下的创作母题，在共通的情感场域内进行对话，达成文化经验的深入交流，实现主体间性的共情与理解。

近十年来，江苏广电积极与海外公司开展合作。2015 年与英国雄狮影视合拍的纪录片《荣耀中国系列》第一部《玉之王朝》在欧美多个国家主流媒体播出，在此次中外联合制作中，江苏广电尚处于辅助协作的角色，但该片取得的不俗影响力为江苏广电后续的国际合作打下了基础。2017 年与英国雄狮影视再度合作推出的同系列纪录片的第二部《中国古战车》销售至全球数十个国家和地区，进一步拓展了海外传播。同年与 A＋E 美国电视网络合作拍摄的纪录片《南京之殇》[③] 在 A＋E 旗下历史频道播出，该片还被译配成多种语言在全球 120 多个国家和地区覆盖播出，实现了西

---

① 《2060》荣获第 27 届亚洲电视大奖最佳娱乐节目奖。
② 陈家洋，蒋桢. 合拍纪录片与中国纪录片的国际化路径 [J]. 中国电视，2015，8：75－79.
③ 《南京之殇》荣获第 45 届美国日间艾美奖最佳摄影奖。

方主流媒体首次播出南京大屠杀题材作品的重大突破。

2017年推出的《你所不知道的中国》第三季①是与英国雄狮影视的三度携手之作，也完成了江苏广电从辅助制作到深度共创的角色升级。该片从创意之初就与英国雄狮影视和BBC总部的企划部门一同策划，实现了中国省级传媒机构制作的新闻纪实类纪录片第一次在西方主流频道（BBC）和中国国内播出平台（江苏卫视）同版本同步播出，覆盖全球200多个国家和地区。2021年与英国雄狮影视联合制作的纪录片《生死前线》②在美国国家地理频道播出，该片采用以时间为轴线的"1＋2＋N"的多线性叙事结构，通过对援湖北医疗队跟踪记录和对主线人物第一人称采访的客观呈现，用海外受众乐于接受的故事表达方式，向世界讲述了真实的中国抗疫故事。2022年与希腊合拍的跨文化系列视频《跨越时空的"相遇"》在希腊国家电视台播出，向海外受众呈现了文明交流互鉴之美。2023年与美国国家地理联合制作的纪录片《沿着运河看中国》③在美国国家地理频道播出，海外受众超1.7亿。2024年与英国Curly Lizard影视合拍的微纪录片《东方智慧：我和中医药的故事》以西方受众易于接受的方式呈现了中医药背后蕴含的东方智慧。一系列的视频作品通过多元化的叙事视角与创新性的表达方式，为中国故事的传播提供了多样化的叙事路径，使中国形象在国际舞台上更加真实、立体、全面且富有感染力。

为了更好地解读以电视节目为代表的视频作品、视觉场和国际传播之间的动态关联性，更为深入地理解视觉文化时代国际传播的发展进路，本书选取了十组江苏广电具有代表性的视听作品：《你所不知道的中国》第三季、《沿着运河看中国》和《启航！大运河》、《从长江的尽头回家》、《子夜外卖》、《最强大脑》和《闪闪发光的你》、《非诚勿扰》和《新相亲

① 《你所不知道的中国》第三季先后荣获第28届中国新闻奖一等奖和第23届亚洲电视大奖最佳纪录片奖。
② 《生死前线》荣获第43届美国泰利奖纪录片铜奖。
③ 《沿着运河看中国》先后荣获第45届美国泰利奖纪录片银奖、第34届中国新闻奖国际传播二等奖和第29届亚洲电视大奖最佳新媒体纪实系列片奖，入围第28届中国电视文艺星光奖电视纪录片。

大会》、《江苏卫视跨年演唱会》①、《百姓的味道》和《最爱故乡味》、《我在岛屿读书》、《中国智慧中国行》（国际版），从当代中国的现代化实践到百姓个体的奋斗历程，从文学经典到东方智慧，从潮流音乐到美食文化，从职场竞合到婚恋情感，涵盖社会文化多个题材，并在江苏广电国际传播的发展进程中具有较为显著的影响力。

本书围绕这些视听作品展开剖析，重点探讨江苏广电如何通过精心选取题材、提炼文化符号、构建叙事内容以及创新传播方法，将中国故事讲得更加生动、鲜活且具有全球影响。通过对这些节目的系统性分析，旨在揭示视频作品在国际传播中的核心策略与实践路径，为讲好中国故事提供理论支撑与实践借鉴。国际传播的理论涵盖新闻传播学、社会学、视觉文化研究等多学科视角，为我们对视频作品展开系统梳理和剖析提供了多元的理论取向。在研究方法上，本书采用内容分析法、案例分析法、比较研究法等多种研究方法，对上述视频作品从多个层面进行系统梳理和深入探讨。

本书以"视觉场"为核心概念，对视频作品的分析不局限于作品在题材创作和最终呈现中所采用的路径和策略，而是以"元素—整体"为阐释思路，从微观—中观—宏观三个层次展开分析。在微观层面，本书深入拆解单个视频作品的叙事结构、视觉符号与情感表达，为创作实践提供有价值的参考范本；在中观层面，围绕一系列不同类型节目所构成的节目群，聚焦于不同节目类型的制作与传播策略，考察不同节目类型在讲好中国故事方面的叙事视角与路径；在宏观层面，结合多个视频作品全方位的分析，聚焦全球化背景下中国视频作品的传播境况，思考中国视频作品在国际传播中所面对的新格局、新挑战和新趋势，探讨如何通过视听语言构建国家形象与跨文化对话和理解。此外，本书在分析节目内容的同时，关注创作背后的文化逻辑、传播策略以及受众心理，构建多维度的分析视角，既注重理论深度，又强调实践导向，为研究视频作品的国际传播提供全新的视角与方法支持。

---

① 江苏卫视跨年演唱会先后荣获第 24 届亚洲电视大奖最佳娱乐节目奖和第 30 届中国电视金鹰奖最佳电视综艺节目奖。

　　总体而言，本书旨在通过江苏广电一个个鲜活的节目案例，探讨如何通过叙事组织、画面设计、拍摄手法的运用以及后期的剪辑与特效等构建视听语言，奠定视频作品的基调，呈现中国社会的丰富面貌和文化特色，塑造可信、可爱、可敬的中国形象。当这些视频作品进入全球视听平台，视听美学又如何跨越文化和语言的隔阂，让全球受众感受到深厚的人文情怀和东方美学底蕴，找到属于自己的共鸣和情感连接，架构起全球文化交流的桥梁，成为推动国际传播和跨文化理解的关键力量。

第一章

从发展的视角看现代化实践

视觉场里的中国形象塑造，要如何在和世界的对话中实现深度文化认同，从而能够在中国的镜像中构筑一个文化共通面？纪录片《你所不知道的中国》第三季就提供了这样一种鲜活的国际传播范式。该片由江苏广电和英国雄狮影视合作拍摄，在东西方文化互动中展开了一场全球语境下的对话，完成了一次在视觉场里构筑文化共通面的中外联合创作。如果要了解彼时全球对中国的印象，也许可以回溯一下 2016 年《时代周刊》"百大最具影响力人物"的榜单，那年有四位中国人入选，分别是国家主席习近平、诺贝尔生理学或医学奖获得者屠呦呦、万达董事长王健林和时装设计师郭培。① 从中可以看出，世界的目光早已投向了正在践行现代化发展的中国，他们关注的已不再只是熊猫、功夫、茶叶、丝绸这些符号所指代的中国。

然而，全球对于中国的印象仍然是复杂而多变的，最突出表现在中国与世界之间由于认知偏差而造成的文化隔阂。根据美国著名调研机构皮尤研究中心《2017 年春季全球态度调查》，被调查的 38 个国家中，对中国持"不友好"态度的国家占比有 37%。该调查同样显示，美国公众对于中国的"顾虑"，主要在于中国持有的美国债务、网络安全、生态问题、中美贸易问题、领土争端等。② 在海外媒体创作的纪录片中，普遍存在着用西方"滤镜"看中国的作品。《中国人来了》(2011年)、《驾车游中国》(2012)、《中国的秘密》(2015)、《中国创造》(2016)等，着重展现中国现代化发展过程中造成的环境污染、人民幸福度低以及中国存在高负债问题，或者以极端个案来体现中国青年在当下社会的迷茫和混沌的状态。诚然，这也许是一种不同视野下的观察与交流，但确实是失之偏颇的西方主流立场先行的"知道"。

如何让世界真正地、客观地、立体地"知道"中国？《你所不知道的中国》第三季从策划之初就与英国雄狮影视和 BBC 总部的企划部门一同策划，并邀请四位不同背景的外籍人士担当主持人进行探访，积极营造海内

① 2016 年百大最具影响力人物［N/OL］. 时代周刊 . 2016. https：//time. com/collection/2016-time-100/.

② 皮尤研究中心［R/OL］. 2017 年春季全球态度调查，2017 - 07 - 13. https：//www. pewresearch. org/global/2017/07/13/more-name-u-s-than-china-as-worlds-leading-economic-power/.

外创作者平等沟通的交流场，主动向世界展示发展中的中国形象。该片共
6 集，分别从中部、东北、东部、西北、东南、西南地区展开叙事，于
2017 年 6 月 3 日起在 BBC 世界新闻频道和江苏卫视同版、同步播出，播
出范围覆盖全球 200 多个国家与地区，BBC 进行了宣传片、网站专区、图
文和短视频等矩阵式宣推，还通过其 twitter 账号和 YouTube 频道进行宣
推，海外受众近一亿人次观看，全网点击近四千万。

中国话语和中国叙事体系基于中国实践，既具有鲜明的民族性，又具
有突出的世界性，因此，中国话语和中国叙事体系要反映中国式现代化实
践的要求，着重讲好中国式现代化的故事。该片用"发展"的视角切入来
构筑东西方的文化共通面，这里的"发展"既是中国式现代化的发展，也
是中国与全球合作共谋发展，同时还是中国传统文化与西方现代文明间融
合的发展。从该片的英文名"Tales from Modern China"中，海外受众能
清晰且深刻地感受到"中国的传奇"——中国从高速增长阶段到高质量发
展阶段，用高度浓缩的现代化实践完成了西方两百余年发展的进程，并保
持着传统与现代的平衡与融汇，这其中充满了中国式现代化在全球化语境
下的演进。

第一节　对话重塑"世界之中国"的镜像

在西方国家的镜像中，中国在地球村中处于什么地位、扮演什么角
色，需要中国的媒体传播正确的中国形象，既讲好中国故事，也要讲好世
界故事，特别是中国故事的国际化表达。[①] 如何超越"我说"和"他听"
的阶段，向"他信"的阶段努力？《你所不知道的中国》第三季提供了一
个成功的范本。作为世界第二大经济体，中国的发展与世界越来越同步，
但同时也伴随着全球受众对于中国的文化差异与价值冲突。该片将中国置
于多元文化碰撞和融合的全球语境中，通过选取具有文化共通性的探访
者、探访案例和解读视角来实现一次深度的文化互动。该片的四位外籍探
访者也可以被视为主持人，本身就具备文化共通的特质，他们分别是来自

---

① 李荣，洪亚琪."一带一路"对外传播的镜像理论解读 [J]. 中国广播，2018 (1)：8 - 11.

英国的 Finn 和陆思敬、来自新加坡的詹森以及来自澳大利亚的安龙，作为"他者"，他们为完成一次"他信"的传播创造了有利条件。而对于探访案例的选择，中英双方团队结合解读视角，在充分沟通的前提下最终以 30：1 的比例，精选出能代表中外文化最大公约数的 24 个故事，用一个个惊叹号完成了"现代中国是什么样"的讲述，这样的内容传播无疑能更好地实现海外受众对异域文化的认同。

China 这个中国的英文名源自瓷器，这也许是全世界的人认知中国的开始。《你所不知道的中国》第三季也是从瓷器开始重构当代中国的形象，在该片中瓷器这个传统符号被突破固有印象，在全球化价值体系中构建了"世界之中国"的大国镜像。开篇这个故事坐标北京，世界排名前十的嘉德拍卖行中，主持人詹森观察着来自全球的收藏家，看他们怀着兴奋又紧张的心情竞拍心仪的中国传统艺术品，一只清代皇家瓷器花瓶是这批拍卖中最珍贵的拍品。这一天，拍卖师徐先生就拍出了约一亿美元，其中就包括片中的收藏家出价 61 万元人民币所拍得的乾隆时期的窑变釉双耳瓶。中国的瓷器、茶叶、丝绸都曾经是对外贸易的硬通货，如今这些流光溢彩的珍宝更通过现代化的艺术品流通网络，向全球展示中华文化的璀璨以及历久弥新的活力。这样的活力也正是该片所着力呈现的中国经济的活力，旨在向海外受众展示全球化周期之变的大背景下，中国不断探索聚合发展之路，以开放的姿态加入世界现代化的进程。

《你所不知道的中国》第三季最鲜明的创新是从世界所熟知的元素，也即具有文化共通面的案例或视角切入，挖掘出世界所不知道的反差看点，再构建深层次的文化共通与认同。在中英双方对探访案例选择的基础上，江苏广电总台节目研发与用户研究中心于 2016 年 5 月 20 日至 6 月 13 日开展了面向海外受众有关节目策划方向的专项调研，调研有效样本 308 份，触达 72 个国家和地区，其中英、美两国样本占比 16.4%。根据上述调研样本，对中国"常识性了解"和"了解一点点"的海外受众占比近 80%，可以看出大多数海外受众对中国的了解还停留在极为肤浅的层面，当然他们也大都很有意愿去了解更多，"当然想"和"一定程度上想"的分别占比 64.5% 和 29.01%，而中国当代社会、经济和文化则是他们最想要了解的方面。因此，开篇的瓷器竞拍就从海外受众对中国认知最显著的常识展开，来讲述中国当代经济如何融入全球化发展的价值链条。

中国面向世界开放的经济流通体系，激活了中国古老艺术品的活力，同样也激活了全球贸易体系中中国的本土化活力。中俄边境的黑河不仅是中国与世界在领土上的连接，更是在经济上的连接。在这里，冰冻的河床可以让中国的巴士开到俄罗斯，而全世界各大品牌还没有上市的绝密新车则蒙着神秘的面罩开到这个神秘之地——红河谷试车基地，来完成上市前的极寒测试。这一涉及商业机密、戒备森严的试车基地首次允许摄制组进入拍摄，这个故事成为该片选取的众多全新"探秘"视角中的一个，能极大满足海外受众的好奇心。该片第二集中，主持人安龙跟随北汽集团生产的一辆新车经历了一场惊心动魄的试车之旅。在刺激的"冰雪对开"试验中，试车手杨慧带领安龙在冰冻车道和雪地车道中间体验了两种不同路况的极限冲刺，飞溅的冰雪碎屑在阳光下于车轮间扬起——这大概是全片中最惊险的一幕。这辆测试的新车经过－35℃的一夜，依旧能够以 2.41 秒的时间迅速启动，这也好似中国新质生产力的极速启动。这些新车在这里的极寒测试是最后一步，之前它们已经在海南进行了热带耐久性测试，在西藏进行了高原测试，在新疆进行了高温和尘土测试，这也从侧面印证了幅员辽阔的中国所能产生出的推进现代化发展的巨大内生动力。

《你所不知道的中国》第三季选取的大多不是自然条件优越、物产丰饶地域的故事，更多讲述的是人们将劣势的地理条件转化为现代化发展的动能，背后是中国人与大自然既抗争又顺势而为的韧性、奋斗和智慧，这样的叙事十分符合全球受众的口味。在人们心目中，红酒似乎是地中海的标志，但在有着"黄金冰谷"之称的辽宁桓龙湖畔，极寒的气候给葡萄酝酿特别的风味提供了契机。第二集中，主持人詹森在天蒙蒙亮的凌晨加入采摘冻葡萄的大军，经过在－10℃时的火热劳作后，一箱箱冰葡萄被送往酒庄，在经过榨汁、酿制、发酵后，将被装瓶运输销售到全世界。冰酒的故事同样也是将劣势转化为发展优势的范例，从中国边境乡村所拥有而一些海外受众难以深入的地域来讲述中国与世界链接的故事，对海外受众无疑极具吸引力。

该片也不忘走进与全球同步的最前沿数字化领域挖掘现代化发展故事。2017 年 5 月，北京外国语大学丝绸之路研究院发起了一个针对留学生的调查，来自"一带一路"沿线的 20 国青年票选出"中国新四大发明"：高铁、网购、支付宝和共享单车。① 当然，他们并非都是源自中国发明，而是在中国得到广泛推广和应用，其中两大"发明"——网购和支付宝都来自众所周知的阿里巴巴。第三集中的一个名场面就出自双十一，这个比全球传统购物节"黑色星期五"提前半个月左右的购物盛典。受众跟随主持人 Finn 的视角探索了整个网购链条的上下游，不仅在街头和消费者畅聊双十一来临前的雀跃，在箱包品牌厂看着一箱箱货物装箱"备战"双十一，还来到阿里巴巴总部，见证了历史性的一刻。2016 年 11 月 11 日零点开始，IT 部门全员待命。现场大屏上，双十一的倒计时开启，每分钟都有 200 万的销售额增长，截至 11 月 11 日 24 时，1207 亿这个让所有人雀跃欢呼的数字，标志着全球网购史上交易额最高的一天的落成。这一刻，也是见证中国消费力和经济增长力的一刻，现场用中国沿袭千年的击鼓仪式来庆祝。更重要的是，这不仅仅是一个企业的成功，也不局限于国家层面向数字经济转型的辉煌成就，它更赋予了百姓极大的生活便捷和更好的消费服务，也为电商、物流、直播等多个行业提供了无数个新的工作岗位。这场变革将生产和消费生态彻底改写，产地直销、电商助农、助推物流行业爆发式增长，正如片中陕西白水县的苹果通过电商销往全世界。这场供应链的改革不仅拉动了内需，更指向了全球化——中国跨境电商稳步拉动外贸增长，促进了全球供应链的深度融合，也不断推进着中国的现代化进程。

从传统工艺品到现代拍品，从自然条件贫瘠之地到产业转型之地，从舶来技术到"新四大发明"，《你所不知道的中国》第三季所选取的这些故事，无一不是迎接全球化所做的"发展"和"转型"，都旨在寻找中国式现代化与世界链接和共鸣之处，更是全球领先的技术和模式在中国得到的特色发展。正是这些与全球"同步"甚至"领先"的故事，让该片构建的视觉场在全球化语境的中外"对话"中展现出最具说服力的中国现代化发展印记。

---

① 汪晓东、杨迅、于洋，"一带一路"国际合作高峰论坛：把"一带一路"铺进沿线民众心中 [N]，人民日报，2017-5-14.

第二节　中外互文构筑现代化发展的镜鉴

从上文引用的皮尤中心的调查来看，全球在关注中国现代化的同时，也关注着中国现代化进程中面临的问题。诚然，中国用几十年浓缩了西方两百余年的现代化进程，势必会出现各种矛盾和困境，要实现经济与民生、生态等各方面的共赢式发展需要一个过程。《你所不知道的中国》第三季没有回避荒漠化、贫困等发展中的问题，而是着墨于充满智慧和努力的解决之道，这一做法也得到了 BBC 同行的高度认可。正因为这些也是全球现代化进程中普遍存在的问题，节目在构建中国的现代化大国"镜像"的同时，也为他国形成了"镜鉴"，提供了中国模式的参考，如此构建文化共通的视觉场，更体现出该片的价值。

国际传播重在强化中华文化认同，其中很重要的一点是强化中华文化的伦理认同。生态经济伦理的视域，恰恰是我们需要与西方进行深度互动的领域。如中国沙漠植树的创举就长期受到海外媒体的抨击，这说明"中国特色的生态文明思想与话语的国际表达还不充分，存在着西方理解困境，没能展现中国生态文明建设背后的价值力量和思想力量。"[①] 该片着眼于生态工程背后的中国智慧和中国精神来向世界展现中国模式的成功。第四集讲述的治沙奇迹位于中国西北宁夏中卫市的沙坡头，这里曾经是古代丝绸之路重要的驿站，如今经过沙漠治理成了网红度假胜地。故事从 20 世纪 50 年代中国第一条沙漠铁路包兰铁路说起，为了避免流沙影响铁路安全，兰州铁路局的张克智和中科院的专家一同开启了一场长达半个世纪的"斗沙"大战。主持人 Finn 来到治沙现场，带着铁铲和治沙工作者一道制作一种叫"草方格"的秘密武器，他们用稻草在沙漠上编织出一张大网，再在沙漠试验站把草方格里的沙子变成土壤，经过三至四年生物学土壤结皮，十年就可以变为很稳定的栖息地，如今的沙坡头林场已成为防止沙漠扩张的宝贵生命线。被称为"治沙愚公"的七旬老人张克智从青年到老年一直坚守治沙的故事，使本片不囿于讲述治沙技术本身，而是通过愚公精

[①] 李玉洁. 中国生态环境议题国际传播的挑战、转向与创新 [J]. 对外传播，2021 (8)：9-13.

神的传达来夯实中国模式背后自强不息的精神价值，从"镜鉴"的角度重构了中国的"镜像"。

中国的生物多样性一直也是全球纪录片所热衷的选题。第六集中一组黑颈鹤跨越 800 公里在海拔 3000 米的大包山湿地过冬的画面，让海外受众认识了这群珍贵的"鸟中大熊猫"。主持人陆思敬跟随着保护区的工作人员深入黑颈鹤栖息地，还陪伴喂鹤的小姑娘一同投食，一声"开饭了"之后，黑颈鹤们簇拥而至，黑颈鹤与人类和谐相处的情景被海外受众尽收眼底。在中国政府的保护下，这群曾经被预言十年内会消失的群种依然生生不息，这很大程度上得益于栖息地附近那些朴实的、悉心照料着它们的村民。保护区工作人员向陆思敬表达了对黑颈鹤真诚的喜爱，这种深入人心的朴素意识让海外受众更能信服中国大力推进生态文明建设背后的价值观。

更能让海外受众惊鸿一瞥的画面出现在第五集中，主持人詹森和动物保育专家在海南深山中历经艰辛，于清晨六点的蹲守中聆听到长臂猿的大合唱，以及捕捉到极其珍贵的金色长臂猿宝宝调皮的身影。这一在 2003 年仅剩 13 只的珍稀猿类动物，经过十多年的保育，终于逆转了生态破坏造成的厄运，在当地建立保护区的基础上抓住了种群生命的转机。很难想象这美妙的合唱就出现在繁华度假村群落后的原生态丛林，在经济的高速发展中自然生态被很好地保护，这一"中国模式"何尝不是在传递一种全球普遍认可的现代化发展观——从来就没有天赐的沃土，都是人类一代代在实践、反思和重构中，努力与万物生灵成就一番平衡与和谐。

该片中讲述了很多这样的中国经验与世界经验间的互文和互鉴。万斯的小说《乡下人的悲歌》曾描绘了美国"铁锈地带"产业空心化的历史图景，由于传统重工业衰败而导致小镇衰落，至今也未找到合适的转型解法，而中国东北雪乡从产业老化、人口流失的空心化小镇，成为以"冰雪仙境"著称的乡村振兴范本，从 2017 年冰雪季迎接游客 60 万到 2024 年冰雪季迎接游客 145 万，为全球仍未找到出路的"乡镇空心化"困境提供了中国模式的镜鉴。该片第二集对雪乡的讲述从一张 20 年前拍摄的照片开启，这张拍摄于 1986 年的雪乡照片中是几乎被大雪全部淹没的小木屋门前一位老奶奶抱着孙女的画面，那时的雪乡正面临转型。以前雪乡以林业为主要产业，20 世纪 80 年代为了防止农田的水土流失，叫停了天然林商业采伐这一粗放型的经济增长模式，当地的伐木工转变为护林员，在主持人陆思敬跟随他们进入山林体验为春季树木种植做准备的过程中，也深刻感受到了雪乡转型给当地经济发展带来的新动能。如今的雪乡虽然以高度商业化的旅游业来作为支撑，却没有破坏当地传统，反而既让民俗氛围通过旅游业得以留存，更因为激增的就业机会而留住了年轻人。上面照片中的小女孩如今已长大成人，作为一分子加入了雪乡的发展中，陆思敬跟随当年的摄影师再度探访她的生活，也从她的成长脉络中看到了"冰天雪地也是金山银山"的成功实践。这样一个将旅游开发和环境保护相结合的中国式现代化实践中的发展转型故事，展现了在正向循环中产生的可持续发展的巨大内生动力，或许足够为全球类似的"空心化"乡镇转型提供镜鉴。

世界文化遗产和自然遗产的保护与传承同样是全球在现代化进程中面临的困境。本片中一个航拍镜头展现了"土楼"宏伟的建筑形态，而后一个长镜头又让受众跟随主持人詹森深入到建筑背后客家人的神秘生活，一盏盏红灯笼下客家人的风俗画卷在第五集中徐徐展开。随着土楼 2008 年被列入《世界遗产名录》，吸引着全世界的游客纷至沓来，这里俨然成为城市化进程中传统生活方式的活化石。在与 80 多岁的土楼居民江老一家四世同堂的家宴中，詹森带受众看到了传统大家族的快乐在这里得以留存和赓续，而和詹森在土楼中畅饮的茶叶商人林先生只在小小一隅就把茶叶卖到了全世界，这些视觉传递无疑为世界提供了一种现代化进程中传统与现代和谐共生的镜鉴。

该片第二集中还向受众展示了上亿年地球历史的自然遗迹。当主持人安龙与恐龙化石专家一同打开辽宁锦州化石陈列中心的大门时，也打开了一段视野宏阔的地球进化史，这里一排排恐龙化石栩栩矗立，让人仿佛回到一亿多年前的侏罗纪。更令人震撼的是地球进化链上原本缺失的一环，证明了鸟由恐龙演化而来的证据——中华龙鸟的化石呈现得栩栩如生，它的羽毛柔软又安静地凝固在时间的流逝中，它见证了一亿多年前火山先毁灭一切、然后再创造新生的进化奇迹。安龙通过探访得知中国已为科学界提供了 170 多种恐龙化石，约占全球已知恐龙物种总量的六分之一，这个数字让我们能够想象，中国所处的这片古老大地在一次次生命大爆发中留存了多少地球进化的密码，也让我们足以感叹，中国对于自然与历史遗迹的保护让凝固的生命完成了对于地球历史的鲜活解码。地球远古的生态在中国得到妥善的保护，而地球在演进中不断面临的人类生存难题，也在中国式现代化实践中不断得以解决。《你所不知道的中国》第三季通过这样的逻辑向海外受众提供了中国模式的镜鉴，并通过普通人最朴实的语言，传递了故事背后全球共通的价值和精神。

第三节　跨文化体验实现现代化实践软传播

软传播是《你所不知道的中国》第三季打开东西方文化壁垒的钥匙。软传播作为一种传播策略，强调在传播过程中注重情感共鸣、价值共享和互动参与，以实现更深远、更广泛的影响力。[①] 该片不仅将中国现代化发展的叙事落脚于中国人日常生活的方方面面，更邀请海外受众跟随四位外籍主持人展开跨文化体验。

软传播首先要贴合全球受众的共同关注和期待。2025 年开年有一场全球瞩目的里程碑式跨文化交流事件——大量海外网友因美国 TikTok 禁令而涌入小红书，其中关于"中美对账"的日常生活讨论成为大热门，足见长期存在文化隔阂的西方百姓对中国的民生很好奇。这在前文引用的面向海外受众的专项调研中也得到印证，当代中国人的新兴生活方式和婚恋家庭观念的变化等是最被关注的，占比均超过一半。软传播也意味着互动性强并能诉诸情感的柔性叙事。柔性叙事是通过讲述个体故事、注入个体情感的方式来阐释硬性主题，是中国叙事体系建设的一种探索和尝试，也有望成为叙事体系的有机组成部分。柔性叙事旨在激发心理层面上的共情机制，强化受众在情感方面的认同。[②] 中国的发展成就全球有目共睹，而对于中国式现代化实践中百姓的获得感，相较于显性的建设成就，的确很难通过单向的传播来呈现，该片通过主持人深度参与到中国人的日常生活完成了一场场跨文化体验，他们和普通百姓一同分享美食、一同劳作、一同

---

① 赵雅文，朱羽彤. 软传播：新时代中国故事和中国声音的对外传播［J］. 未来传播，2023（5）：25－33.
② 李宇. 讲好中国故事的策略创新：柔性叙事与软性传播［J］. 对外传播，2023（07）：46－49.

见证高光时刻，进而传播中国人如何因火热的生活而凝聚在一起，又如何一同重塑美好的生活，从而通过情感的链接来构筑起文化共通面，这也契合前文引用的面向海外受众的专项调研给出的结论，有 65.27% 的受访者更希望看到第一视角的参与体验和面对面的访问来挖掘"你所不知道的中国"。

西方社会对当代中国一直存在着多样而深刻的偏见，其中集中体现在现代化发展中对于扶贫工作的误读。美国投资银行家罗伯特·库恩认为："讲述中国的减贫故事是消除海外对中国偏见、打破海外对中国刻板印象的最佳方式。"① 他于 2017 年通过深度探访中国贫困家庭后制作了纪录片《前线之声：中国脱贫攻坚》并在西方主流平台播出。《你所不知道的中国》第三季围绕扶贫，主要讲述了"以人为本"的大国工程是如何真正造福百姓、消除贫困的，其落点是人民生活的幸福。北盘江大桥的故事在第六集中这样展开：在深山中，一位云南女子远远地眺望山的那边，那是她父母的家。她一边摘花生，一边和主持人安龙说起她嫁了 20 年，每次回父母家都要翻山越岭四个小时，尽管直线距离只有一公里。在独特的喀斯特地貌之下，云南有着深山沟壑与峡谷，这让崇山峻岭之间很难沟通，而无数个这样的故事将被新建成的云南北盘江大桥改写。在推进现代化的进程中，中国一直持续不断地在偏远地区以各种方式建设大交通，以缩小城乡之间发展的距离，让人口和经济都流动起来。安龙也登上这座比纽约帝国大厦还高的大桥，并走进当地村民家中与村民一同欣赏大桥，他们透过窗户看着大桥壮丽的一角，村民那一句"真的美，确实美"是关于大桥最落地的注解——大桥带来的不止于物理上的链接，更打开了人们看世界的视野，最终造福了当地的百姓。安龙正是以一个跨文化体验主体的身份，完成了这个大国工程背后温暖生活故事的"柔性叙事"。

中国扶贫的可持续性也是海外媒体质疑的一个方面。《你所不知道的中国》第三季则通过一项大国工程来展现精准扶贫背后的价值驱动力之一，即以"人的内生动力所带来的可持续性"来回应这一质疑。在第四集中，一个航拍镜头从恢宏的、建设中的光伏电板落到主持人 Finn 身上，这里是世界上最大的贵州盐池光伏电站，当时才建设了一半，如今还在不断

---

① 罗伯特·库恩. 让人民过上好日子，中国共产党言出必行［N］. 环球时报，2023 - 3 - 3.

地拓展升级，已经成为中国的新能源基地。令人震撼的不只是能够自动追踪阳光的光伏电板，而是这一项目的初衷除了生产可持续的绿色能源之外，更在于助力扶贫的可持续。这个巨大的光伏电站已经提供了 2000 个工作岗位，也让企业收获了愿意留在当地的技术型劳动力，还在当地政府的支持下建成了一批村民们的新家。在一对老夫妇的新家里，Finn 捧着热气腾腾的水杯，听老大娘开心地说起他们从沙土房搬到水泥房的故事，老大娘一句"它好着呢"仿佛是对这巨大工程最朴实又最有力的概括，也让英方团队从普通百姓的心声中最终认识到了这一大国工程背后的国家扶贫力量。Finn 和项目负责人的对话更为企业和百姓获得双赢的故事增添了有力的注脚，该负责人提到了"授人以鱼不如授人以渔"这句中国古话，他表示政府和企业把新的管理模式和技术带到农村，让当地百姓都能够有机会抓住新的发展机遇，从而提高他们的生活质量和生产水平。这个故事让海外受众看到中国对精准扶贫有着深谋远虑的规划，通过不断提升"人"的素质来夯实扶贫工作的基础，该片通过深度互动和价值共享，用软传播策略回应了国际上对于中国扶贫工作的质疑，从全人类共通价值的视域进行了中国故事的阐释。

上述两个故事讲述的都是大国工程，最终都服务于民生，让人们因为对幸福生活的奔赴而凝聚在一起。而凝聚人们的不仅有奋斗与劳作，还有中华传统文化的符号和价值。第六集中，主持人 Finn 就见证了重庆高楼村村民李诗敏和他的伙伴们将流传了 600 年的火舞龙融合进舞龙和打铁花两项非遗技艺，幻化为一种极具东方魔幻色彩的表演。在最高 1400℃之下熔化的铁水，被表演者洒向天空生出火树银花，而中国龙就在这铁花中飞舞。作为一种融入非遗技艺的古老仪式，在现代化的进程中不仅没有被淡化，还因其本身所具有的致富功能而不断得以发扬光大。仪式是文化的重要符号表征，理解民俗展现和节日仪式传播意义，就是在仪式中借助各种符号表征方式，以其感召力重建文化的"想象的共同体"，使中国的传统文化在这种建构中重新发掘现代性意义，从而获得外部世界更多的接纳和认同。[①] 火舞龙的表演以海外受众很难接触到的震撼仪式以及背后世代相

---

① 邵培仁、范红霞. 传播仪式与中国文化认同的重塑［J］. 当代传播，2010（3）：15-18.

承的坚守力量，极易引发其感官和情感的双重共鸣。

中华传统文化中的价值观相比传统文化符号有着更大的文化折扣。《你所不知道的中国》第三季通过"从当代生活方式溯源传统劳作方式、再提炼传统价值理念"的叙事逻辑，通过主持人旁白来表达具有思辨性的个人感悟以实现软传播。主持人陆思敬在第三集中就从当下在全球都时髦的食物溯源作为先导，来阐述"耕读文化"这一看似艰涩的中华传统价值理念。说着流利中文的主持人笨拙地体验着手打年糕，下湖和农民在泥泞中采摘莲藕，这些都是一家浙江乡间餐厅时令杭帮菜的制作流程，在陆思敬看来这"要用点内功"，而这"内功"便是农业与手工业传统。该片希望通过这场劳作向受众表达，在人们从工业化餐桌回归绿色天然的当下，传统的农业经济虽然与农业现代化存在一定的冲突，但当它成为美食背后的烟火人间与传统人文精神之间的链接，作为"耕读文化"这一传统理念的载体时，其仍然具有赓续的价值。耕读文化可以追溯到春秋战国时期，它强调在耕种和读书之间找到平衡，核心在于"耕读传家"，即通过农业劳动和读书学习来传承家庭和社会价值观，家庭与国家便能在这传承中获得繁荣发展的力量。这对于海外受众并不是那么容易理解，而该片从陆思敬辛勤劳作、与食材建立情感联结的体验，向受众传递参与农业劳作、收获自然美食、记取自然馈赠、尊重农耕文明的价值理念，看似很"中国"，实则与全球倡导的可持续发展观不谋而合。

该片的软传播还体现在会寻找最一线的普通人来成为主持人视角的引领者，一同去见证中国的现代化发展。第五集中，陆思敬在一位人气网红的带领下和全球的网友直播互动，深刻感受到网络直播已经全面改变了中国和世界交流的方式。从文化互动视域来说，数字时代的虚拟互动扩展了符号域边界，加速了跨文化符号的传播与重构。正是在这种跨文化的交流中，中国人的生活方式与观念也在与全球发生的碰撞中进行着重构，而在这种高速"变化"中，"不变"的坚守就显得难能可贵。第一集中，主持人安龙的视角就跟随一位迷恋火车的摄影师王巍转向了高铁，他们在高铁上捕捉火车的速度，感受中国人在日常生活中追赶梦想的速度，从而也走进了祖孙三代对铁路事业的不变与热爱。高铁司机宋斌的火车司机梦，是从父辈在火车司机岗位上的坚守开始，而他父亲亦是如此，一家三代火车司机，见证了中国铁路从以煤炭为原料的蒸汽火车到高铁的发展历程。同样不变的还有河南郑州东站的运行控制中心对一天 300 多车次的精准监控，这让中国高铁以惊人的准点率向世界展现着中国现代化的发展水平和速度。如果说讲述中国高速向前的发展变化是一种对强国形象的重构，那么讲述高速变化中的"不变"则是传达中国人对理想和信念的坚守与传承，它作为一种精神图腾也是中国形象的重要组成部分。该片通过充满真实故事、朴素情感和亲身体验的软传播构建的视觉场，能有效激发海外受众正向的对华情感。

第四节 用交流"传奇"解析中国创新基因

经济转型、科技革命、大国工程、生态保护、传统文化、当代生活，以上这些中国式现代化发展的故事，都是在和世界的文化冲突与对话中展开的，这过程中的文化交流实则是社会变革的驱动力，因为中外文化能够在碰撞中激发创新，在合作与竞争中塑造文化新生态。新华社国家高端智库发布报告《以文明交流互鉴推动人类文明发展进步》，提出用"文明交融论"破解"文明冲突论"，也是一种联通世界的理论建构的积极尝试。[①]《你所不知道的中国》第三季以中国和世界在文化交流中形成的新文化符号来构筑文化共通面，对于海外受众而言，他们的视角跟随着世界文化乃至价值理念在中国的碰撞交流，则更易感知这场文化交流激发的发展活力以及背后所蕴含的创新基因，进而产生文化认同。

根据前文引用的面向海外受众的专项调研，近半数最想看到的是通过对比传统中国和现代中国来展示中国的变迁。该片展现的并不是中国孤立、封闭的变迁，而是在和全球文化交流碰撞中的变迁。唯有让文化传播从"单向输出"转向"价值共享"，从"文化展示"升级为"文明对话"，方能真正筑就一座突破认知藩篱、连接人类情感、激发文明创新的精神长城。[②] 最能体现这一特性的也许就是第一集中旗袍的故事。旗袍是世界认

---

① 刘滢，林渝景. 构建更有效力国际传播体系下的知识生产前瞻 [J]. 对外传播，2025（2）：19.
② 吕晓光. 构筑国际传播"文化长城"塑造中华文化全球影响力 [EB/OL]. 中国网，2025 - 02 - 12. http：//guoqing. china. com. cn/2025 - 02/12/content_117708823. htm.

知中国时尚的钥匙，该片的讲述让世界对这一中国时尚符号的理解没有停留在时尚本身，而是试图传达在服装这一载体上中国人文思想的变化。当主持人陆思敬自在洒脱地试穿改良款的旗袍，当有过西方留学经历的年轻女设计师在拳击台上拍摄自己的旗袍新品，当北京服装学院的旗袍专家施展她的精湛技艺，旗袍这一文化符号背后的女性力量崭露无疑。跟随陆思敬对旗袍历史的探知，受众了解到旗袍在 20 世纪 20 年代诞生之初就是中式服装与西式裁剪所融合的新时尚，无论是当时中国女性接受西方进步思想、追求男女平等而创造的传统旗袍样式，还是如今为了融入日常生活节奏和世界潮流而改良的创新旗袍样式，都是传统服装制式和当下生活态度相碰撞的创新产物。该片通过旗袍展现了东西方文化交流中产生的文化创新塑造力，既体现了中国的文化自信，又表达了对全球多元文化的认同，让海外受众极易产生亲近感。

另一个体现东西方文化互动创新力的故事和旗袍一样诞生在 20 世纪 20 年代，两者都是中华文化对世界文化的主动拥抱，形成一种东西方文化共生的现象，即指在人类文明发展的某一个阶段，身处不同地域的不同民族因交通环境阻隔，缺乏交流沟通而产生的相似的同时性文化现象。[①] Art deco（装饰艺术）在中国实现了东西方的文化共生与文化兼容，它的故事在第三集中主持人詹森和美籍艺术家 Spencer Dodington 漫步外滩的脚步中铺陈开来。在外滩林立的始建于 20 世纪上半叶的地标建筑，大多融入放射状线条、几何构图这些标志性的 Art deco 元素，甚至能够和中式风格相处得十分圆融。Art deco 起源于 1925 年巴黎国际装饰与工业艺术博览会，是"一战"之后在西方社会思想解放大背景下形成的极具现代感与工业感的艺术风格，而在大洋彼岸的国际化大都市上海，当时也正在经历经济与文化的短暂繁盛。那时的上海已经是全球时尚中心之一，在这种文化共生的氛围下，Art deco 作为西方舶来品，与中国本土文化进行兼容，通过双向调整实现了有效传承。Art deco 在上海的建筑、装饰、服饰等各方面留

---

① 李昊原. 文化共生现象与命运共同体构建［N/OL］. 四川日报，2019 - 11 - 07. https：// epaper. scdaily. cn/shtml/scrb/20191107/226412. shtml.

下深刻的烙印，"并构成上海近代城市形象的主要轮廓线"。① 值得一提的是，Art deco 在上海并非简单的复刻，而是和当地文化、日常生活、审美情趣融合成新的文化形态，正如彼时的海派旗袍也时兴采用 Art deco 纹样。触摸过历史的脉络后，詹森又在一位家居设计师的工作室里，和上海的年轻人交流他们正在定制的 Art deco 家具，这一至今仍活跃在国际时尚舞台上的美学风格在中国经历了整整一个世纪的创新发展，让海外受众直观地感受到中国现代化进程如许多年，与世界的同步一刻未停，这种同步也是能够引发共情的。

该片也试图寻找东西方文化交流中能够形成"互文"的符号，让海外受众能产生对照。在茶马古道上的云南城市普洱，茶与咖啡这对"互文"的文化标识，奇迹般地彼此相互影响、相互融合，共同塑造了这座城市全新的产业生态。普洱曾经是历史上重要的自由贸易市场，从唐代开始，普洱茶就在马背上走出云南，到清代更是名扬海外。但令海外受众未曾料想的是，云南的咖啡产业从一百多年前法国传教士种下咖啡树就已经开始，如今也已中外驰名，贡献了超过 60％的中国咖啡产量。詹森的普洱咖啡之旅，就从生机盎然的咖啡园开始，在这里他见证了这些即将向雀巢、星巴克等国际大牌输送的阿拉比卡咖啡豆火红的样子；在普洱的街边小店，詹森在现炒的云南咖啡豆升腾的热气间，看到了创新的咖啡产业链所带来的经济活力，本土化的生产也让喝咖啡这个潮流生活方式显得不再那么奢侈，而是走进日常生活，重塑了百姓的生活方式；在詹森探访的咖啡节市集上，来自海内外的人们正热情洋溢地投入这一生机勃勃的创新产业。普洱的咖啡和普洱茶一同在全球价值链条中重构了这座历史上的贸易名城在当下的发展之道。

国际传播中，科技叙事有着低文化折扣的优势，同时也因为国际舆论场中全球技术博弈这一焦点，成为国家形象塑造的话语体系建构的突破口。全球长期且普遍存在着科技资源分布不均、科技创新的短视与泡沫化、科技是否真正能实现对于民生的赋能、科技教育的不足、对全球科技合作的忽视等问题。中国也受到了各方面的质疑和限制，质疑中国科学技

---

① 武云霞，郭超琼. 和平饭店：标志近代上海建筑全面走向装饰艺术风格［N］. 文汇报，2023－10－31.

术不共享，限制中国在科技产业链中的地位，等等。为此，我国未来的科技叙事应聚焦科技合作与全球治理、科技成果与民生改善、科幻作品与人文向度、科技话语与文化底蕴等关键议题，并借助基于个体的内聚焦叙事，基于科技企业的品牌叙事，基于情感共同体的共情叙事等创新表达，塑造与科技强国建设目标相匹配的国家科技形象。① 如今，人工智能正在撬动一个能够被预知、但又有无限想象空间的未来。而这个未来蓝图的背后，也暗藏着中外技术博弈的对决。2025 年开年，横空出世的 DeepSeek 大模型将 2022 年 ChatGPT 问世以来东西方大模型之战推向白日化，而早在该片推出的 2017 年，人工智能才刚刚起步，万众瞩目的 Alpha go 人机对话惊艳全球。

《你所不知道的中国》第三季讲述的中国与世界在科技创新上的竞合故事从主持人安龙测试微型无人机开始，它有内置的运动传感器和全球定位系统，可以一直和太空中的微型系统保持通信，每秒钟可以运算成千上万个变量，甚至可以无需指令自主飞行。接下来，安龙的一句话十分值得玩味："但中国人会造的可不仅仅是些聪明的小玩意儿"，进而向海外受众展现出神威超级计算机这一重量级科技产品。是什么让当下的中国现代化进程保持如此高速与稳健？也许要归功于中国自主研发的超级计算机。片中提到中国 2001 年才开始生产自主研发的中央处理器，20 年前中国性能最好的计算机连世界前 50 名都排不进去，但自 2016 年江苏无锡"神威·太湖之光"发布后，就连续四次荣登世界超级计算机 TOP 500 榜单第一，并多次斩获"戈登·贝尔"奖这一高性能计算应用领域最高奖项。当神威的机箱门被打开，1000 万个核，从里到外都是中国造，彻底改变了过去大部分超级计算机被美国芯片垄断的历史。"神威"在中文里是神一样威力的意思，正如神威超级计算机每秒可执行令人惊异的 12.5 亿亿次浮点计算，一分钟可以完成的计算量相当于当时全球 72 亿人用计算器不间断地计算 32 年，全球气候变化、灾害预警、材料科学、医药科学甚至宇宙的起源，都是它能够产生效用的研究领域，在神威超级计算机助力下的盐城海

---

① 廖秉宜，狄鹤仙. 科技强国建设视域下中国国际传播科技叙事的关键议题 [J]. 对外传播，
    2025（1）：34 - 37.

上风电场，则是中国科技发展的民生落点，也是对国际舆论场中相关质疑最好的回应。

第五集中壮观升空的"云端号"亦是如此。在 2025 年的当下，"低空经济"赋能智慧城市发展已成风口，在该片拍摄时，中国已经开启相关的实践。主持人 Finn 来到中国的"创新之都"深圳，挖掘了一个有趣的黑科技，一项助力智能化的发明——云端号。这项发明正是采用了"超材料"来作为空间信息平台的皮肤，进行大数据的收集与分析，可以运用在空气质量监测和海事监测、地面灾害救援等广泛的领域，实现了比卫星成本低廉的通讯。Finn 见证了这个看似飞艇的装置从制作到升空、收集数据实时传送到监控室的全过程，这看似未来城市的一幕让主持人手舞足蹈。对超级计算机"神威"神秘面纱的首次揭露，以及从"云端号"向广袤神州的惊鸿一瞥，已经在回应全球对中国科技的关注，让海外受众在硬核地惊叹于中国科技领先的同时，更柔软地共情于绝密技术对于民生的全力支撑。

云端号所飞向的未来，正是当下已经进入的智能时代。人类似乎普遍要面临一个问题——传统文化的数字化、智能化传承，而这也是新兴技术与传统文化之间的互动而形成的文化新生态，并受到海内外受众的广泛关注。在中国居住多年、对汉文化有一定造诣的主持人安龙，便带领受众回归中国形象的本源符号，去溯源中华文化历久弥新的根脉——汉字。也许大家还记忆犹新，这些年来中国汉字最盛大的一次全球亮相，当属 2008 年北京奥运会上的大型表演《文字》，其展现了汉字"和"的演变过程，这场震撼的表演向受众传递的是文字作为一个国家文明根脉所能引发的情感共振。《你所不知道的中国》第三季也从安龙来到河南安阳一所小学的写字课上，和孩子们一起从写下一撇一捺开始，描摹出汉字六千多年的历史演变。作为汉字的故乡，安阳有一座中国文字博物馆，美籍汉字研究者 Richard Sears 在这里向安龙介绍了殷墟出土的甲骨文，那是我们所发现的最早的中国文字。殷商时代，这些刻在龟甲或兽骨上面的文字，通过对宇宙万物的模仿，成了化天地于形象、化形象于符号的"象形文字"。

中国人为了传承如此繁复的汉字体系，从简体字的推广、拼音的发明再到手机键盘上罗马字母打字软件的使用，一直在创新。针对智能化时代汉字书写面临的传承困境，安龙好奇地向语文老师提出了"如果中国消失了汉字"的假设，而语文老师"这绝对不会发生，汉字（书写）绝对不会消失"的坚定回答，既是回应安龙的，更是回应英方创作团队的，这个假设的提出来自英方编导，对方是想通过提问论证数字化时代汉字终将消亡，而一场深度的汉字文化体验课最终结束了中英团队对这一话题的碰撞。片中，语文老师身后黑板上用粉笔手写的"江山如此多娇，引无数英雄竞折腰"或许暗含了汉字所具有的生机与活力，而正是这种活力让中华文明得以在数字化的冲击下实现"文化突破"，这既给了海外受众以答案，也能引发他们对自身文化根脉在数字化生存环境下的处境的参考。

《你所不知道的中国》第三季正是从这些海外受众为之惊叹的东方传奇开始，深入提炼为他们所陌生的文明基因内核，并将这些文明基因在中国式现代化实践中的赓续与传承进行鲜活的表达，在全球语境下展开文明交流互鉴，最终完成视觉场里"他信"的中国形象塑造。这种"他信"最直接地体现在海外人士对该片的关注与好评。美国 HBO 前高级副总裁 Nate Rackiewicz 表示："该片符合我印象中当代中国的情况——经济快速发展，技术先进，并在发展现代化和保护丰富的传统文化之间寻求平衡。"澳大利亚广播公司 ABC 亚洲受众事务总监 Doug Fraser 认为："该片和传统的介绍中国的纪录片很不一样，无论是讲故事还是表达方式，制作质量均符合国际一流水准。"除了业内人士，美国、英国、俄罗斯等国的受众对此片评价也较高，他们普遍觉得《你所不知道的中国》第三季有趣且快乐，在多元的故事和话题设置中，真正感受到未曾了解的当代中国的魅力。①

---

① 南言. 影像中国：全球化语境下中国纪录片跨文化传播研究［M］. 北京：中国广播影视出版社，2021：306.

第二章

从流动的视角看社会变迁

作为农业大国，中国大运河自古以来便联通着国家的发展命脉，也滋养着中华民族的精神与气质。大运河贯通南北，历经千年风雨，自隋朝兴修通航以来，便一直扮演着交通漕运之要道的角色。而沿岸的城镇也随之兴起和繁荣，孕育了丰富的文化与艺术形式，并通过水流将之传播扩散进而融汇南北。大运河是中华文明的象征之一，讲好大运河的故事理应成为"讲好中国故事"的题中应有之义。①

近年来，跨国合作已成为影视行业的重要生产模式，纪录片被赋予了全球文化战略和文化外交的重要意义；与此同时，在创作者层面，通过日益频繁的国际交流，创作视野也更加开阔。②《沿着运河看中国》是江苏广电 2023 年 9 月 26 日推出的与美国国家地理联合制作的纪录片，该片对中外合拍模式中"他者"视角的运用，是其有别于此前大运河题材视频作品的最大特征。在视频影像制作语境下，该片以美国历史学者费嘉炯的视角来观察和理解运河沿线的文化传承与社会变迁，"他者"原有的文化背景与生活经验，天然地赋予该片一种差异化的观察和传播视角。费嘉炯在中国生活过 20 多年，了解中国历史，更为难得的是，他在 20 世纪 80 年代就曾坐船游历过京杭运河的部分河段，对大运河有着深刻的印象和珍贵回忆。正是基于这段经历，他此次在片中的大运河之行，不仅是用他身为海外人士的"他者"视角来解读大运河与中国，也是一次见证中国社会变迁的历时性考察，在他看来"大运河一直都在中国人的生活中扮演着重要的角色"。而他以"他者"视角所关注的水利工程、生态修复、城市发展、非遗文化等主题，恰恰也是海外受众在各自国家的发展过程中重点关注的议题。因此可以说不论是该片的主题表达还是讲述者的选择，《沿着运河看中国》从策划伊始就是一部立足于全球化语境的视频作品。

同样是讲述大运河故事，江苏卫视于 2024 年 5 月 24 日推出的文化类探索节目《启航！大运河》则以专家视角串联起影像叙事，为受众带来一场文化与知识的盛宴。节目邀请了以在海内外享有较高知名度的故宫博物院原院长单霁翔为代表的一批对大运河有着深入了解的文化名人与学者，

① 朱晓兰. 大运河文化国际传播的动因、议题与机制［J］. 国际传播，2024（03）：21 - 31.
② 陈家洋，蒋桢. 合拍纪录片与中国纪录片的国际化路径［J］. 中国电视，2015（08）：75 - 79.

他们以其深厚的学术积淀和独到的专业视角，通过沉浸式文化探索和深度体验，不仅生动还原了大运河的历史经纬，更通过跨学科的思维碰撞，揭示了这一世界文化遗产所蕴含的深邃智慧和当代价值。这种以专家视角为核心的叙事方式，既保证了节目的学术高度，又通过"边行走，边发现，边解读"的漫游、体验与对话，让厚重而深邃的历史文化变得平易贴近且鲜活可爱。

《沿着运河看中国》与《启航！大运河》以差异化的叙事视角形成互补。前者巧妙地运用"他者"视角，通过外籍主持人费嘉炯的跨文化解读，将大运河故事转化为具有国际通约性的叙事语言，契合海外受众的认知习惯，也大大降低了文化解码的门槛。后者则充分发挥专家视角的深度优势，以专业的解读带领海内外受众穿越具体的物象，挖掘大运河的精神内核。两档节目在内容层面交相辉映，共同将大运河建构为一个跨越时空、不断流转变迁的视觉场。

第一节　沉浸式"在场"感知运河流淌

善治国者，必重治水。大运河之所以能流经千年，滋养出无数文化与艺术、带动社会的变迁发展，是因为它"产生于一个对水有着极大需求的国度，产生于一个对水有着独到理解的国度，产生于一个有能力处理水资源复杂问题的国度"。① 从隋唐时期的漕粮北运，到现代大宗商品的物流周转，这条黄金水道始终以其独特的水运成本优势，持续滋养着沿岸城市的经济发展。时至今日，它依然是连接京津冀、长三角等主要经济区的重要运输通道，在现代化综合交通体系中占据着不可替代的地位。这条人工水道的永恒魅力恰恰在于其超越时代的工程智慧，保证水流稳定和航运通畅，这一看似简单的技术要求，实则凝聚着中国古代水利工程的精髓，正是对自然规律的深刻把握与巧妙运用，使得大运河在历经千年沧桑后，依然能够焕发新的生机，成为"活着的文化遗产"。

奥利弗·格劳将"沉浸"定义为"大脑的刺激过程"，认为"通过这

---

① 张廷皓. 新时代大运河文化遗产的新使命［J］. 中国文物科学研究，2019（03）：2-7.

种过程，用户和环境的审视距离缩短，对对象的情感投入增强"。① "沉浸式传播的核心价值在于它从'感官共振'与'形象还原'两个层面为受众提供了一种'在场参与'的沉浸体验。"② 虽然既往关于大运河的视频影视作品已形成相当规模的积累，但在现代活化利用的叙事层面和内容呈现方式上仍显不足。《沿着运河看中国》与《启航！大运河》通过创新性的叙事策略，对大运河水利工程进行了连珠式、立体化的景观呈现，它们不仅系统梳理了运河沿线古今水利工程的经典案例，更通过双重体验路径深化受众的认知，一方面借助嘉宾的亲历式体验，以第一视角带领受众感受船闸运作的实况；另一方面通过对话工程建设专家，深入解析工程技术原理与创新价值。这种由具象体验到抽象认知、由现象观察到本质把握的递进式表达，构建起层次丰富的沉浸式传播视觉场。

《沿着运河看中国》和《启航！大运河》都不约而同地将扬州作为探寻大运河故事的起点，这一选择颇具深意。扬州不仅是历史上大运河第一锹的落点，更是运河文化的重要发源地，这座因运河而兴的千年古城至今仍是重要的交通枢纽和物流中心。以此为开端，既能够依托扬州丰富的历史文化积淀，又能够直观展现大运河这条古老水道如何在当代依然迸发着蓬勃活力——从古运河畔的码头遗址到现代化的集装箱港口，从传统的漕运文化到现代的物流体系，大运河的故事在这里完成了古今对话，展现出中华文明生生不息的发展脉络。

《启航！大运河》第一期节目伴随着一路的旖旎风光，单霁翔等嘉宾循着古人足迹乘船过施桥船闸——这里是长江与大运河的交汇之处。一路上看到载满货物的行船往来如织，嘉宾们惊讶不已，"没想到现在的运河依旧这么繁忙"。在与船家交流后才发现，大运河如今依旧承载了一座城市部分的航运功能，而依水而居的百姓们不仅在大运河上"漂"出生意，更过上了丰衣足食的生活。施桥船闸同样出现在了《沿着运河看中国》中，而最令主持人费嘉炯感到惊讶的是施桥船闸的过闸速度。费嘉炯通过与船闸管理所阮向阳的对话，向海内外受众揭开了背后的奥秘：在后台控

---

① 奥利弗·格劳. 虚拟艺术 [M]. 陈玲，译. 北京：清华大学出版社，2007.
② 喻发胜，张玥. 沉浸式传播：感官共振、形象还原与在场参与 [J]. 南昌大学学报（人文社会科学版），2020，51（02）：96-103.

制室里，航行船只的各类数据被一一呈现，通过后台控制系统"船讯通"APP，船只就能完成线上登记，并通过智能调度系统自动进入排序，从而大大提升了船只的通行速度。中国是最早建造船闸的国家，也在这一领域积累了相当丰富的经验，尤其对于大运河这一古老水道而言，如何在现代航运环境下增强其运输功能，既是理水智慧与时俱进的体现，更是对世界所共同关心的水利工程建设议题的回应。两档节目围绕施桥船闸这一共同话题，一部侧重于感受体验的表达，一部偏向于技术原理的呈现，开篇就将大运河通过现代科技焕发活力的样貌做了生动呈现，让海外受众可以从感受与理解两个维度加深对大运河的认识。

《沿着运河看中国》还来到位于扬州的南水北调东线工程的起点——江都水利枢纽之畔，主持人费嘉炯做出了这样的评价："这是一项雄心勃勃的水利工程，将古老的运河转变成现代的水资源输送系统。"让他产生这一感受的是这里每天泵出约 2.5 亿立方英尺的水，沿着大运河延绵数百英里一路向北，不仅能防止南方的洪涝，还将水资源输送到相对干旱的北方，使大约 1.5 亿人受益。该片通过记录江都水利枢纽的运行细节，展现了这一工程的复杂性与精密性，泵站的机械结构在镜头下显得格外壮观，水流在管道中奔腾不息，仿佛在向受众展示现代水利工程的强大力量。

相比于对施桥船闸详细深入的对话解读，该片对江都水利枢纽的呈现则更多采用了对景象本身的视觉化叙事，这种叙事选择建立在对受众精准洞察的基础之上。南水北调作为中国代表性的超级工程，早已通过海外媒体的报道在全球范围内建立起相当的认知度。YouTube 上相关工程纪录片动辄数百万的播放量，评论区里各国网友的热烈讨论，都印证了海外受众对这类基建奇迹的浓厚兴趣。因此《沿着运河看中国》里无需重复解说工程原理，而是着重展现大运河与这一世纪工程的时空对话——古老的运河智慧如何滋养现代水利建设，传统的水运网络又如何在新世纪焕发新生。这样的视频影像处理产生了三重传播效果：首先是通过震撼的工程影像满足海外受众对中国奇迹的视觉期待；其次借助海外受众已有的认知降低文化折扣，提升传播效能；再次是在不动声色的画面流转中完成一个重要命题的阐释——大运河不是封存在历史里的干枯标本，而是持续参与当代中国发展的活性基因。当镜头在古老的运河河道与现代化的水利设施间自然切换时，海外受众得以直观理解这条水道承载的不仅是货物，更是一个文明延续千年的治水智慧与发展理念。

水利专家徐炳顺曾总结，中国古代水工在京杭运河上创造性地建设了宏大工程系统和完善的管理系统，破解了六大世界性难题。① 大运河如何与天然河流交汇这个难题，两档节目也不约而同地在另一座运河名城淮安找到了答案——建一座水上立交，用陆地上行车的立交桥理念让船只也能在不同的水道上交错行驶。淮安的淮河入海水道立交工程不仅是亚洲规模最大的水上立交工程，更是中国古代理水智慧与现代水利科技的融合典范，它打破了"江河交汇必冲突"的自然限制，以人类工程之力重构水系格局。这座水上立交通过上方建运河渡槽、下方建泄水涵洞的方式，使得大运河在上不影响航运，淮河入海道在下不影响泄洪，两者交错而行、互不影响，它不仅解决了河流交叉的航运矛盾，还为南水北调东线提供了输水通道。李璟以工程修建亲历者的身份向主持人费嘉炯阐述大运河的当代作用："我们有南水北调，是以运河为载体的，我们的航运也是以运河为载体的，大运河作为这么一条古老的河流，我觉得它到今天还是拥有勃勃生机，与人们的生活息息相关。"镜头从桥上俯拍下去，画面中是来往穿梭的船只，海外受众能从中直观感受到中国如何用科技延续着千年运河的生命力。《启航！大运河》第三期节目的航拍镜头也给到了这里，当镜头捕捉到一艘艘货船井然有序地在立体交叉的河道中平稳穿行的画面时，海外受众不仅能获得视觉震撼，直观感受到工程的精密设计，更能感受到中华文明在传承中创新的独特路径——既尊重自然规律，又勇于突破限制。

在展现中国水利建设的现代化成就之余，两档节目也都将目光投向了古人非凡的理水智慧。这种古今对话的叙事方式，不仅展现了中国治水文明的延续性，更在传播层面构建了一个跨越时空的文化视觉场。从自然地理条件来看，大运河本是一个近乎不可能实现的奇迹，它要逆地势而行，让水往高处流。这种违背自然规律的壮举，通过纪录片的视听语言被赋予了新的生命力，航拍镜头下顿挫的河道成为书写在大地上的史诗，特写画面中奔涌的水流诉说着千年的智慧。当《沿着运河看中国》拍摄到济宁段

---

① 刘朝晖. 中国古代的河工智慧［J］. 新民周刊，2024（23）：38 - 41.

时，主持人费嘉炯站在大运河全线制高点，目睹了堪称世界水利史奇迹的南旺分水枢纽。作为"他者"的费嘉炯对此处流露的惊叹神情正是中国古代治水智慧跨越时空感染力的最生动证明。当镜头跟随他的视线俯瞰这座古老的水利工程时，受众得以通过一双现代人的眼睛，重新发现古人的绝妙构思，在运河最高点实现了南北分水的壮举。而这一"他者"的视角也让海外受众得以超越文化的藩篱，从人类共通的工程美学角度理解这项"以人力胜天工"的非凡创造。

《启航！大运河》第三期节目同样也对这里进行了细致的考察，通过嘉宾间的对话探讨古代工程背后的巧思，并结合 AI 技术重现了南旺分水枢纽这一十分科学、完整、缜密的系统工程。单霁翔等嘉宾先后探访了南旺枢纽考古遗址公园、泰安戴村坝，并讲述了这颗"运河之心"跃动数百年的奥秘：明朝时期，时任工部尚书的宋礼临危受命，与民间治水专家白英合力解决了运河在当时所面临的缺水问题。宋礼利用戴村地势高于南旺这一有利条件，修建戴村坝拦截汶水，并开挖九曲十八弯的小汶河，将汶水引流至南旺，并开凿南旺分水枢纽，让汶水注入南北河道，有效实现了"七分朝天子，三分下江南"的合理分流，完美解决了大运河因地势高而面临的水源问题。为了让受众能更直观地窥探南旺分水枢纽的全貌，嘉宾们还利用实验还原当时的地形，大家穿上"下水裤"，化身古代水工，铲土开凿体验南旺分水枢纽的修建过程。通过历史故事与沉浸式体验相结合的方式，受众得以跟随嘉宾一起在生动有趣的叙事中对这一水利工程的理解更为深入和全面。这种将科学思维与人文精神相结合的叙事也是视频内容海外传播的优势所在，它既满足了海外受众对古代奇迹关注的兴趣，同时也能引导他们思考奇迹背后的文明特质。

在《启航！大运河》第一期节目的尾声，夜幕低垂，运河两岸的灯火渐次点亮。嘉宾们围坐在扬州冶春诗社，一边分享美食，一边回顾着大运河的申遗，运河的流水声与席间的谈笑声交织在一起。大运河申遗文本负责人张谨分享的申遗往事让在场嘉宾为之动容，她回忆说，当看到千吨级以上的船只在运河上列队而来时，来自法国的专家激动地大喊"我没有看见过活的运河呀""这是活的遗产啊"。这个瞬间，大运河不再只是一条中国的水道，而成为人类共同文化遗产的鲜活见证。两档节目通过不同的叙事视角，共同构建了丰满立体的大运河视觉场，《启航！大运河》以文化学者的深度解读展现了大运河作为文明载体的精神特质，而《沿着运河看中国》则通过外国学者的实地探访记录了这条古老水道在现代工程技术的赋能下持续焕发的活力。当数百年的古坝与现代化船闸聚合在同一段视频，当镜头在古运河的河道与巨大的货船间自然流转时，海外受众得以直观地理解大运河的永恒魅力，正在于它既能守护历史记忆，又能驱动当代发展，这种交融古今的特质使其成为人类改造自然、传承文明的杰出范例。

第二节　以典型意象符号解码城市发展

金黄的芦苇荡、碧绿的河水、湛蓝的天空，不时还有白鹭飞过……这是大运河最美的曲线扬州三湾在《沿着运河看中国》中呈现出来的样子，扬州中国大运河博物馆的落成，让三湾成了人们了解与认识大运河的网红打卡地。作为中国古代漕运的重要命脉，大运河的历史意义远不止于交通运输功能，还深刻体现了中国城市发展的内在逻辑。从空间维度来看，运河系统实现了三重空间的有机统一：物质空间、表征建构的感知空间，以及推动社会发展的动力空间。[1] 这种多维度的空间整合，使其成为观察中国城市发展的独特透镜。一个国家的发展离不开城市，而中国城市发展故事的许多重要篇章恰恰书写在大运河两岸，众多城市依托运河而生、因运河而兴，其兴衰变迁折射出中国社会发展与文化演进的深层脉络。

根据能指与所指之间关系的不同，符号之间的关系大致可以分为三种——象征关系、聚合关系与组合关系，这三种关系合力产生了事物的意蕴现象。[2] 城市形象在符号学视野中便可理解为由一系列象征性符号构建的意义表达系统。《沿着运河看中国》与《启航！大运河》都通过提取城市的代表性符号，以风格鲜明的意象，深入解读城市古今传承与演进的脉

---

① 周小雯，骆正林. 大运河空间转向的媒质、权力和表征 [J]. 传媒观察，2023（10）：111 - 120.

② 李华，刘立华. 罗兰·巴特符号学视角下的符号意指过程研究 [J]. 山东教育学院学报，2010 （2）：43 - 46.

络，从而让受众理解大运河如何为城市注入生命活力与发展动力。

　　苏州与杭州，是镶嵌在大运河这条美丽缎带上的两颗璀璨明珠，"上有天堂，下有苏杭"是每个中国人耳熟能详的古谚，它们不仅是风景如画的江南水乡，更是因运河而兴、因运河而盛的千年都会和文化名城。《沿着运河看中国》中，主持人费嘉炯乘船南下，带受众走进了苏州这座"东方水城"，船行水上，评弹的婉转唱腔随风飘来，那韵律仿佛在讲述着这座城市的故事。跟随景观设计师周安忆的脚步，费嘉炯探访了明代私家园林艺圃——这座曾经的文人雅集之地，如今已成为市民共享的城市客厅。斑驳的白墙、精巧的假山、曲折的回廊，处处都在诉说着苏州人对生活的诗意追求。对于电视作品而言，视听结合的审美感知同电视艺术的综合性相对应，对屏幕中形象的鉴赏才能达到相应的高度。[①]《沿着运河看中国》镜头下的苏州，是一幅流动的、典丽的画卷，评弹艺人的三弦声与园林的流水声交织，运河的水波与园林的光影辉映。这种视听交融的表现手法，不仅还原了苏州特有的生活美学，更让海外受众能够直观感受到东方文化中"虽由人作，宛自天开"的造园智慧，体会到中国人追求的人与自然和谐共处的哲学。

　　而在《启航！大运河》第二期节目中，嘉宾单霁翔、张谨走在苏州宝带桥上，这条始建于唐朝的连拱石桥是大运河的重要文化遗产点，它与不远处的现代桥梁交相辉映，串联起了大运河的前世今生。另一边，嘉宾西川、张鹏在作家范小青的带领下穿梭于平江历史文化街区的街巷中，还乘坐手摇船沿河道缓缓而行，感受江南水乡的柔情，从小生活在苏州的范小青介绍说大运河润物无声地滋养着沿岸百姓，"夏天开着窗睡觉，能听到运河上轮船的汽笛声"，她关于故乡的记忆让受众进一步感受到苏州人日常生活中流淌着的运河风情。

　　两路人马随后一同来到苏州碑刻博物馆，这里陈列保存了"四大宋碑"，还有展现清代苏州各类体现市井生活、工商经济的碑刻。嘉宾们探访了著名的《平江》碑，这块碑刻展现了南宋苏州城水陆并行的双棋盘格局，至今仍能从碑刻上找到与现在苏州城相对应的街坊、河道与桥梁。

---

① 杨刚毅 主编. 传播与创新：对外电视传播论文集［C］. 北京：中国广播影视出版社，2015.

单霁翔感叹道："这趟旅程我们像是走过了一幅从古至今的运河生活图景，在沿岸百姓的衣食住行中窥见了大运河的影子"，"河上的号子，岸边孩童的欢笑声，都是故乡。这片水很平凡，浮现着我们日常生活的倒影。这片水也不平凡，它串联起千百年来人们对家乡的情感寄托。"这场充满诗意的行走与讲述，将抽象的城市历史转化为可感可知的生活场景——吴侬软语的韵律美感、园林艺术的精巧构思、水乡人家的生活方式，都成为海外受众理解中国美学的直观教材。而嘉宾们深入浅出的解读，则让苏州的城市魅力跨越了民族与文化之界，向世界展示了一个东方古城如何在现代化进程中将文化遗产转化为独特的发展优势。通过大运河这一载体，海外受众不仅能领略中华古老文明的智慧结晶，也能理解当代中国如何以自信的姿态让千年文脉继续滋养人们的生活。

被马可·波罗誉为"世界上最美丽华贵之天城"的千年古都杭州就像一幅永远画不完的江南水墨。人们提到杭州，往往第一时间联想到的是西湖，而被誉为"江南运河第一桥"的拱宸桥却是相对比较低调的一处文化地标。《沿着运河看中国》中，主持人费嘉炯来到拱宸桥畔，走进了当地民俗画家吴理人的工作室。"一座拱宸桥，半部杭州史"，这里是吴理人魂牵梦萦的故乡，也曾是杭州工业化发展的重要地区，在改革发展史上写下了浓墨重彩的一笔。吴理人与费嘉炯聊到自己记忆中的拱宸桥时十分感慨："我们小时候游泳、摸螺蛳、洗澡都是这样走下去的。运河以前的水是可以吃的。但是到了 20 世纪 70 年代工业化起来了，所以很多的厂房都盖在运河两岸。"而近 20 年来，随着杭州进行运河滨水空间综合整治，拱宸桥附近又恢复了清新动人的风景。如今，桥东是车水马龙的运河上街，高楼林立成为"钱塘自古繁华"的当代写照；桥西是历史文化街区，曾经的老厂房被改造为博物馆、公共艺术空间、文艺赋美民乐角等场所，形成了全新文化集群，将诗画中无限的文韵风雅尽藏其中。透过拱宸桥这一具体可感的文化符号，海外受众更能理解中国在现代化进程中对城市风俗与文化根脉的守护，让历史遗产持续为城市注入灵魂，这也正是中国城市故事最打动人心的叙事方式。

同样以拱宸桥为符码，在《启航！大运河》第五期节目中，嘉宾们带领受众开启了一场穿越古今的商业文化之旅。当他们漫步在拱宸桥畔时，一场妙趣横生的猜谜游戏揭开了大运河沿岸中华老字号的神秘面纱。在解谜的过程中，嘉宾们也为古人经商智慧会心一笑，原来早在千百年前，商家们就深谙营销之道，这与今天杭州作为"电商之都"焕发商业活力的现状相映成趣。离开拱宸桥，节目镜头转向西兴古镇，这个静谧悠闲的水乡小镇曾经是人声鼎沸的商贸枢纽，嘉宾们穿行在青石板路上，将"过塘行"这一特殊行业的兴衰故事娓娓道来，由于河道水位差异，往来商船需要在此卸货转运，于是催生了"过塘行"这个相当于现代物流公司的古老行业，当年的西兴码头千帆竞发、货物云集，演绎着大运河商贸往来的繁华盛景。夜幕降临，嘉宾们在桥西历史文化街区围炉煮茶，水光灯影的映照下，单霁翔关于"大运河从古至今就是一条黄金水道，沿线的城镇因为货物的集散，带动了当地的繁荣"的一番话语不仅道出了运河与城市发展的内在联系，更通过拱宸桥的商业记忆、西兴古镇的物流往事这些具体而微的城市意象，向海外受众展现了中国城市商贸文明的延续性。

大运河不仅滋养了江南水乡，也在北方塑造了独特的城市记忆。《启航！大运河》第二期节目中，继在扬州中国大运河博物馆感受了古汴河剖面的千年古韵之后，嘉宾西川、张鹏来到开封州桥遗址，看到了曾经汴河河道上的巨幅石刻壁雕，生动再现了《东京梦华录》所记载的州桥胜景。夜幕降临，极具烟火气的开封也再现了张择端名画《清明上河图》中汴京灯火辉煌的市井百态。嘉宾单霁翔、张谨穿上汉服，沉浸式夜游清明上河园，虹桥左右店铺客舍林立，行人往来如织，丰富的夜生活已成为普通市民生活的一部分。单霁翔感叹道："开封的历史就是黄河和大运河交手的历史，它带给开封人民的不仅仅是一条通航的渠道，更是一种生活方式，是对于家园的想象，择水而栖，依河而居，是我们对生活故土的执着。"

通州这座曾经的漕运终点站，至今仍保留着运河文化的深深印记。《启航！大运河》第九期节目中，嘉宾们漫步西海子公园，远眺巍峨的燃灯塔，探访明清时期的"验粮楼"——大光楼，这里曾是漕粮北运的终点，见证了无数商船在大运河往来穿梭的盛景。而在大运河森林公园，嘉宾们偶遇的骑行爱好者们讲述着沿岸的变迁，不少老人在公园内打京韵大鼓、玩快板，处处弥漫着浓浓的幸福烟火气，现在一片又一片的公园在这里相连，簇拥着大运河，也丰富着沿岸人民最真实的生活，这些鲜活的市井画面，让受众真切感受到运河早已融入百姓生活的血脉。从通州进入北京，首期节目中张鹏就为受众讲解了元代科学家郭守敬开凿通惠河的智慧故事，单霁翔则生动解密了大运河如何"漂出"一座恢宏的紫禁城。镜头给到万宁桥畔，这座始建于元代的古桥默默诉说着七百年的沧桑变迁，成为大运河留给北京最珍贵的文化遗产之一。节目精心选取的城市意象——从漕运终点的历史建筑，到公园里的市井生活，再到科学家的治水智慧，不仅串联起北京与大运河的深厚渊源，更向海外受众展现了中国城市独特的发展轨迹。

地方生态的嬗变是观察中国城市发展的重要维度。《沿着运河看中国》通过主持人费嘉炯的"他者"视角，为受众讲述了徐州这座运河畔的工业重镇书写的 54 平方公里生态涅槃的故事。潘安湖曾是采煤塌陷区，2010年启动的生态修复工程，通过"挖深填浅、分层剥离、交错回填"的土壤重构技术进行生态综合治理，开掘沟渠引入大运河水源，构建起 12 平方公里的湿地生命网络。如今这里已经成为国家湿地公园，水质达 III 类水标准，有植物 328 种、动物 189 种，其中鸟类 106 种、鱼类 46 种。不仅东方白鹳、青头潜鸭成为"常住居民"，还吸引震旦鸦雀来"安家落户"。[1] 在总规划师田园的带领下，费嘉炯漫步湿地步道之上感叹道："我许多年前第一次来到中国时，运河沿线的许多地方都是工业区，周边环境受到污染，但今天，人们正有力治理环境，为居住在这里的人提供更高质量的生活。"潘安湖的蜕变向世界讲述了一个关于中国城市发展的鲜活故事，海外受众通过这个案例看到的不仅是一个工业城市的生态重生，更是一个文明古国在现代化进程中的深刻思考。曾经的"世界工厂"正在转型为"美丽中国"，这种转变展现出中国对可持续发展道路的探索。费嘉炯的亲身见证尤其具有说服力，他跨越三十年的观察让海外受众看到中国城市的变迁不仅是外在面貌的更新，更是发展理念的升华，是经济增长与环境保护、历史传承与创新发展的有机统一。

独特的人物意象往往也能成为观察城市变迁的绝佳窗口。凯文·林奇

---

[1] 百年产煤区徐州贾汪开展生态修复 探索绿色发展［N/OL］，人民日报，2024 - 12 - 17. http://www.china.com.cn/txt/2024 - 12/17/content_117612031.shtml.

在《城市意象》中提到，"城市中移动的元素，尤其是人类及其活动，与静止的物质元素是同等重要的。"① 《沿着运河看中国》正是通过这样见微知著的人物叙事，生动展现了城市文化的嬗变历程。以嘉兴南浔的船拳传人陶国平为例，通过他的口述，受众了解到船拳起源于古代江南漕运时期，是为抵御运河盗匪练就的在颠簸船板上格斗的独特技艺。陶氏家族六代传承，其祖父辈就曾亲身参与运河护航。随着现代航运技术的发展和社会治安的明显改善，船拳的实用功能虽已式微，却成功转型为兼具健身与文化展示功能的民俗活动，走进了校园与社区，如今船拳这项非遗技艺已成为运河文化活态传承的典范，船拳从实用武艺到文化展演的转型，恰是中国社会长治久安、文明发展的生动体现。对于海外受众来说，"中国功夫"一直是他们最熟悉的中国符号之一，其作为独特的东方文化景观，也能满足海外受众对中华文化的好奇心。② 这种通过具体人物命运折射时代变迁的叙事方式，既保存了集体记忆，又实现了文化价值的当代转化。

宁波作为《启航！大运河》的收官之站，也是《沿着运河看中国》南下篇的终点，完美诠释了大运河与海上丝绸之路交汇处的文化魅力。在《启航！大运河》第十期节目中，嘉宾们探访了我国现存最古老的私人藏书楼天一阁，这座矗立在月湖畔的文化瑰宝，珍藏着数以万计的古籍、字画和碑刻。当嘉宾们步入北书库时，眼前呈现的是匠心独运的藏书智慧：外为榆木书柜，内置樟木搁板，书页间还夹着装有芸草的白色布袋，这些传统防潮防虫技艺至今仍在守护着中华文明的记忆。为深入体会古籍保护的当代价值，单霁翔带领嘉宾们来到天一阁古籍修复室，在国家级非遗传承人王金玉的指导下，亲身体验了这项传承千年的修复技艺。而在《沿着运河看中国》的镜头里，宁波则展现了其作为国际大港的现代风貌。主持人费嘉炯探访宁波舟山港时，镜头记录下的是一幅生动的经济图景，巨型货轮有序停靠，自动化桥吊高效运转，五颜六色的集装箱如积木般整齐排列，展现了中国经济发展的蓬勃活力。两档节目中，宁波的双重形象向海外受众展现了中国城市发展的独特路径。一方面，天一阁所代表的传统文

---

① 凯文·林奇. 城市意象 [M]. 北京：华夏出版社，2001.
② 王善玲，李敏，韦琪. 基于影评内容的中国电影海外需求与满意度研究 [J]. 情报工程，2021，7 (02)：93 - 105.

化保护让世界看到中国对文明根脉的珍视；另一方面，舟山港的现代化场景则展现了中国融入全球化的开放姿态，展现出一条具有中国特色的城市发展道路。正如古籍修复与港口贸易在宁波并行不悖，中国的发展既守护着千年文明，又积极参与全球对话，这种平衡发展的智慧或许正是当代中国给世界的最宝贵启示。

大运河作为中国社会变迁的见证者串联起过去与现在，折射着中国的城市发展与生态建设，更影响着无数沿岸百姓的生活。《沿着运河看中国》与《启航！大运河》通过聚焦运河上现代化进程中典型的城市意象，展现了运河如何从一条古老的水道演变为推动社会发展的动力源泉。这些叙事不仅记录了沿岸城市经济的繁荣、文脉的延续、民生的发展与生态的改善，更以鲜活的细节和深刻的洞察展现了中国社会在现代化进程中的成就与突破，为海内外受众构建起一个明亮的、充满能量和活力的社会变迁视觉场。

第三节　共情叙事展现运河文化活态传承

河流是文明的摇篮，当水系被赋予社会功能，流动的河水便成为文化的彩墨，在时间的长卷上勾勒出文明的轨迹。大运河，这条贯穿中国南北的人工动脉，不仅沟通南北运载着漕粮与商货，更是联结历史与未来、见证传统文化与现代文明的千年文脉。

文化是相当有张力的概念，既有宏大高深的意蕴，又细碎地散落在日常生活之中；既是抽象无形的，却又在具体的人、事、物上变得"可见"。大运河文化作为活态的文化遗产，它凝结于千姿百态的物象里，充盈于世代相传的技艺中，同时也延展出了独特的精神气质和美学意韵。共情是心理学术语，在文化传播领域具象为"个体在面对群体的情绪情景时参与信息接收、感染和表达，以及传递分享的行为过程。"[①] 《沿着运河看中国》与《启航！大运河》都对大运河文化的共情传播做了深刻而丰富的呈现，正是借助共情叙事策略，异域文化元素被赋予了情感温度，能有效消解海

---

① 胡百精. 共识与秩序：中国传播思想史［M］. 北京：中国人民大学出版社，2022.

外受众因文化背景差异可能产生的认知隔阂，从而提升内容海外传播的接受度与影响力。

中华文明的传承方式主要有三种，或依托典籍文献，或依赖实物遗存，而最具生命力的则是"活态传承"——即通过师徒相授、口耳相传的方式，让文化在人的实践中生生不息。① 两档节目不仅全景式展现了大运河文化的深厚底蕴，更通过生动的影像语言，重点呈现了沿岸非物质文化遗产的活态传承实践。非遗活态传承的核心，不在于物化的形态的保存，而在于内在的生命活力的延续。② 非遗的活态保护与活化利用对于促进大运河历史文脉传承和传统文化创新发展都具有着重大而深远的意义。③ 节目将主持人或嘉宾对运河沿线非遗传承人的探访和对非遗项目的亲身体验通过视频记录加以呈现，让海内外受众在具体人物身上看到了文化的精妙与珍贵所在。

《沿着运河看中国》以细腻的镜头聚焦苏州盛泽的非遗瑰宝——宋锦。作为丝绸织造技艺的巅峰，宋锦以其繁复的工艺独树一帜，与普通单层织物不同，宋锦采用双层结构，需两位匠人默契配合，使经线与纬线交织出繁复花纹，因而格外珍贵。主持人费嘉炯探访了宋锦传承人朱云秀，她师承国家级非遗传承人钱小萍，在传统"传帮带"的授艺模式下，系统掌握了古织机的构造与工艺，并参与复刻了汉唐丝绸文物及明清时期的四件宋锦珍品。朱云秀向费嘉炯展示了一件华美的婚纱："这个就是英国凯特王妃的婚纱礼服，也是我们这边最好的面料"，这一细节生动展现了非遗技艺的国际影响力，同时也证明非遗并非博物馆中的标本，而是能够融入现代生活、参与全球文化交流的鲜活存在。当凯特王妃的婚纱与千年宋锦产生关联，文化的边界被悄然消弭，取而代之的是文明间的共鸣。而在参观了精美的宋锦制品后，费嘉炯亲自坐在一架古老的织机前，在朱云秀的教学示范下慢慢操作织机，完成了一次套梭。该片将非遗的活态传承以视频影像方式呈现给海外受众，不仅用镜头精准捕捉了宋锦织造的精湛工艺细

---

① 苑利. 非遗传承人：中华文明的另类传承者［J］. 中原文化研究，2020，8（02）：74-79.
② 高小康. 非遗美学：传承、创意与互享［J］. 社会科学辑刊，2019（01）：177-185+2.
③ 言唱. 大运河非物质文化遗产的活态保护与活化利用［J］. 海南师范大学学报（社会科学版），
　 2020，33（03）：136-140.

节，更通过朱云秀与费嘉炯之间充满温度的教学互动，通过作为"他者"的第三视角观察与亲身实践的统一，为海外受众搭建起一座通向中华文化内核的情感桥梁，使跨文化共情成为可能。

苏绣是苏州的另一项珍贵非遗，作为中国四大名绣之一，在两千多年的传承中沉淀出独特的艺术语言，其温婉典雅的风格不仅勾勒出江南水乡的柔美风韵，更承载着中华美学的深邃意境。在《启航！大运河》第二期节目中，嘉宾单霁翔、张谨拜访了国家级非遗传承人姚建萍，被誉为"苏绣皇后"的她向受众展示了苏绣的核心技艺——劈丝，她能将一根细如发丝的绣线劈至六十四分之一，甚至一百二十八分之一，以极致精细的针法再现自然的微妙变化。视频中的针法演示，不仅是对苏绣技艺的复现，更是一种文化解码的过程，苏绣"能、巧、妙、神"的美学原则在传承人的一针一线中被彰显得淋漓尽致。当海外受众看到苏绣叶片上呈现的百余种绿色渐变时，他们所感受到的不仅是中国匠人的超凡技法，更是一种以最细腻的工艺捕捉自然神韵的审美取向，是中国匠人"把一件事情做到极致"的价值追求。这种将平凡做到极致的匠人精神超越了语言与文化的隔阂，能以最直观的方式触动海外受众的心灵，而共情便会在这无声的审美体验中自然生发。

在呈现匠艺传承之余，《启航！大运河》同样重视对技艺背后更深层次文化脉络的挖掘，在第八期节目中，雕版印刷这项珍贵的非遗技艺得到了生动展示。梁周洋等嘉宾来到扬州广陵古籍刻印社，在非遗传承人陈美琦的指引下，不仅亲身体验了古老的印刷工艺，更通过翻阅雕版印刷的线装本"四大名著"，直观感受到这项技艺的文化魅力。在交流过程中，一个引人入胜的文化图景逐渐展开，中国古典文学巅峰"四大名著"与大运河之间存在着千丝万缕的联系：《水浒传》作者施耐庵不仅是运河畔扬州府兴化县人，更在淮安完成了该书的创作；其弟子罗贯中遍访江浙赣皖等地，搜集整理了大量流传于运河两岸的故事，完成了《三国演义》的创作；《西游记》作者吴承恩的故居就坐落于淮河与大运河交汇处的淮安河下镇；而运河沿线的风物人情在曹雪芹的《红楼梦》中随处可见。正如嘉宾西川所说"大运河塑造了丰富多样的璀璨文化，是一条流光溢彩的文学之河"，两千五百年的大运河在漫长的岁月里，早已不仅是连通南北的交通动脉，更是一部厚重的文学大典。

节目以"技艺—文学—历史"由浅到深、引人入胜的叙事结构，辅以嘉宾的亲身体验，让遥远的非遗技艺变得可触可感，而蜚声中外的文学名著与运河的地理联系使抽象的文化传承也在嘉宾们的讨论声中变得具象化，层层递进的共情叙事，使非遗技艺与文学名著对海外受众而言超越了"他者"文化的标签，成为能够唤起普遍情感认同的人类共同文化遗产，节目成功构建起让海外受众感知中华文化深层逻辑的视觉场，为促进跨文化理解提供了富有启发性的叙事范式。

沧州吴桥杂技作为大运河催生的非物质文化遗产，也是"他者"眼中极具话题度的运河故事。明清时期，大运河漕运繁华，吴桥杂技艺人沿河"撂地摊"，杂技技艺由此开枝散叶。如今吴桥杂技不仅走进现代剧院，更走向了全球。在《沿着运河看中国》中，吴桥杂技传承人魏春华向主持人费嘉炯讲述了自己及家人与杂技的不解之缘，自幼习艺的她如今身兼演员与教练双重身份，致力于为杂技培养更多的新人："我的学生都是我的传承人，我要把他们教会，把这些东西都传承下去。"魏春华讲述的传承故事赋予了这项技艺温暖的人文底色，连续几代人坚守同一门技艺的执着，折射出人类对文化传承的普遍珍视。吴桥杂技从运河边的"民间把式"到登上世界顶级舞台的华丽转身，生动诠释了传统文化如何在现代语境中重焕生机，正是这种技艺、故事与时代变化的完美融合，让吴桥杂技这一非遗文化能够激发海外受众的跨文化共情。

活态传承中的"活"可喻为"源头活水"，即源源不断的后继力量。[①]在非遗传承之外，大运河同样孕育着与时俱进的文化创新实践。在《启航！大运河》第六期节目中，镜头跟随嘉宾们来到运河烟囱书房，感受大运河历史沧桑与现代艺术的交织碰撞。这里原本是杭州的工业遗存，经过创新性改造和设计，如今这根 150 米高的大烟囱"摇身一变"成了一处舒适安静的城市阅读空间，与掩映于山林之间的万松书院、典藏丰富的文澜阁交相辉映，他们都深深浸润着中华文化特有的品格，让海外受众得以窥见绵延数千年的文化传承与发展智慧。

---

① 张中禹. 非遗文化 活态传承［J］. 文化产业，2025（4）：103－105.

　　与运河烟囱书房相似，在《沿着运河看中国》的镜头下，无锡北仓门的蜕变故事也生动展现了大运河沿岸工业遗产的现代重生。这座始建于 20 世纪 30 年代的蚕丝仓库曾是苏浙皖地区规模最大的丝绸储运中心，承载着大运河的文化记忆。2005 年这座工业建筑被改造为无锡首个文化创意产业园，在完整保留仓库原有建筑结构与风格的基础上，借鉴海外艺术家聚居区模式，这里被打造成为了一个城市生活艺术美学空间，彰显出独具韵味的情调。如今的北仓门以文创产业为引擎，吸引了大量艺术人士和文化机构入驻，形成了完整的文创生态系统，带动了周边商业与旅游业的繁荣发展。工业遗产的活化再利用是一个全球性话题，无锡北仓门的成功改造是文化创新实践领域的一个鲜活案例，该片将其巧妙地安排在大运河文化背景下加以叙事，讲述了一个既具中国特色又能引发海外受众共鸣的文化创新故事，故事讲述的将历史空间赋予当代文化功能的做法，展现的是人类对城市记忆的共同珍视，海外受众也能从中看到中国在快速现代化进程中如何平衡保护与发展，做到既珍视历史记忆，又不囿于传统；既吸收国际经验，又保持本土特色。

　　公元前 486 年，吴王夫差率师北上争霸，筑邗城、挖邗沟，成为大运河第一锹的开挖者。2014 年 6 月，中国大运河项目成功入选《世界遗产名录》，成为中国第 46 个世界遗产项目。与其他文化遗产形态不同，大运河兼具文化线路与遗产廊道的特征，是典型的线性文化遗产。[①] 线性文化遗产覆盖的空间广泛，无论是历时性的非遗传承，还是现代性的文化创新实践，都是大运河文化遗产内核的有机组成部分。这一具有渗透性的内核既能够提升自身发展动能，也可以与不同场域的各种文化资源有机串联形成新的正向反馈。在《启航！大运河》节目中关于大运河的活态特性，嘉宾张谨如是说："大运河不是名山大川、宫殿庙宇，是一个非常平凡的世界遗产，它就是房前屋后，水乡人家。"对于大运河的活态利用，单霁翔如是说："大运河的保护和利用，目的是传承。我们祖先创造的流淌了 2500 多年的运河，在我们的手中继续活着，再传承给我们的子孙后代，这才是真正的遗产。"

---

① 王吉美，李飞. 国内外线性遗产文献综述 [J]. 东南文化，2016（1）.

在广袤的华夏大地上,大运河是一条文化与文明的长河,勾连四海、通衢八方,让物产交流,让民族联结,让文化融合。《沿着运河看中国》与《启航!大运河》题材不同,却都是以运河文化为载体,展开一场场跨越时空的人文叙事,不仅从历史视角普及知识,还兼顾美食、民俗、文学、建筑、交通、水利等角度,潜入生活肌理,向受众呈现大运河上沸腾的烟火气。应该说节目对汩汩水脉探索的背后,见证着上下千年文脉的绵延与宏大的社会变迁。

因为连接、交通、航运的属性,大运河催生出码头,演化成生活,升华为文化。沿着大运河的轨迹,受众跟随镜头追溯历史的源头,触摸文明的脉搏,节目展现出的静态与动态交错的多元剖面,深刻塑造出大运河这条黄金水道的流动性。当海外受众从中既看到中国人应对自然与社会挑战的智慧与气魄,又获得超越国界的美学共鸣时,大运河便成为连接世界的文明纽带。通过这一以"流动"为主题的视觉场,不同文明得以在共享与共情中实现更深层次的精神联结,而这种交融本身,又丰富了大运河作为"活着的、流动着的文化遗产"的时代性内涵。

第三章

从『回家』的视角看和谐共生

　　河流是人类文明的摇篮，世界四大文明古国均发源于大河流域，无论是自然河流还是人工运河，人类的文明都因河流孕育，受河流滋养，随河流发展。与中国大运河在地理上形成垂直交叉的是绵延万里奔流不息、沁养着大半个中国的长江，她纵贯古今，连接着中国的过去、现在和未来，同样是中华文明开放包容精神的重要载体。

　　世界各地以河流为叙事主体的影视作品很多，美国国家地理频道推出的纪录电影《国家地理：河流与生活系列》就将镜头对准了全球著名的河流——亚马逊河、尼罗河、密西西比河、长江、恒河与莱茵河，并用专门篇幅生动描述了长江作为一条大河的发源、历史与变迁。河流在人类文明的发展进程中，承载了丰富的历史和文化内涵，成为文明记忆的重要载体。当展开中华文明的宏阔版图，不难发现文明与河流相伴而生、相互依存。中华大地上的大河，不仅仅是一条自然之河，更是一条文明之河，是中华民族的文脉所在。①

　　长江之水万古奔流，千年文脉生生不息。长江以其悠远的时间跨度和壮阔的空间广度留下众多历史文化遗存，承载着中华民族的共同记忆，浇灌出中华民族共有的精神家园。② 1983 年中央电视台推出纪录片《话说长江》，展现了长江沿岸的壮丽风光、城市景观和风土人情；由日本导演竹内亮执导的纪录片《再会长江》记录长江沿岸十年间的变化，展现了中国社会的飞速发展；国风动画电影《江豚·风时舞》聚焦长江生态主题，宣传生态保护与关爱野生动物。长江题材一直是各类影视作品关注的焦点，长江已成为一个国际通用的兼具地理和文化属性的符号。

　　《从长江的尽头回家》是江苏卫视于 2020 年 10 月 16 日推出的一档公益文化纪实类真人秀节目。这档节目时间跨度长，空间跨度大，集文化纪实、实地探访、公益带货等元素于一体。在全球化与现代化的双重背景下，节目以长江流域为叙事主线，通过"回家"的视角，围绕经济、生态、人文，多维度探寻生态保护、文化传承与乡村振兴的协同共生机制，从发源地到入海口，一幅物产丰饶、文化多样与百姓奋斗的美好画卷徐徐

---

① 夏厚杨，陈思. 一部河流史，一部文明史——《河流是部文明史：自然如何决定文明兴衰与人类未来》书评［J］. 黄河·黄土·黄种人，2024（9）：17-19.
② 成长春. 保护传承弘扬好长江文化［J］. 中国党政干部论坛，2024（10）：70-74.

展开，立体展现了当代中国在现代化进程中如何实现生态保护与文化传承的和谐共生。节目不仅唱响了一曲动听的长江之歌，更通过温情的叙事，唤醒了海内外受众对于长江的丰富想象与情感共振，为全球构建起一个以长江这一文化符号为延展的视觉场。

第一节 "回家"意象重构人文情感脉络

人类学家克洛德·列维-斯特劳斯在《忧郁的热带》中揭示，无论文明形态如何差异，对故土的眷恋始终是人类共同的精神密码。[①] 乡愁是跨越族群与文明的存在，家是人类心灵深处永恒的精神栖息之地。有学者指出，"文化乡愁代表了现代化之后本民族的历史性格和文化心态，是文化记忆从生成到发育成熟过程中不可或缺的重要组成部分，是文化记忆的内在灵魂"。[②]《从长江的尽头回家》以"回家"为题，将情感的缘起与归宿落到"回家"这一乡土情结之上，并赋予其三重维度的含义，分别是地理上的"回家"、心理上的"回家"和文化上的"回家"。节目通过建构地理空间、情感空间和公共空间，以丰富多元的视听呈现全面解读"回家"的概念，由嘉宾带领受众沉浸式感受长江沿岸城市与乡村的发展变化，让受众从叙事中感知每个人心中对家的眷恋，唤醒他们对长江的美好遐想和对与之相关联的文化记忆。节目播出后，海外华人华侨群体通过荧屏上的长江意象激活了内心深处的中华文化基因，自发形成情感共振，在此过程中，节目也完成了一次具有寻根意义的集体记忆重构。

首先是地理层面上的"回家"。

"回家"是人们内心的向往，而地理标识对于"家"的记忆建构具有重要意义。德国学者阿曼达·阿斯曼认为，把回忆固定在某一地点的土地之上，可以使其得到固定和证实，此外，它还具有持久的延续性。[③] 在节目编排上，《从长江的尽头回家》让身处异地的嘉宾以返乡人的身份"回

---

① 黄杭西. 一个人类学家的黄昏——读列维-斯特劳斯的《忧郁的热带》[J]. 世界文化，2015 (6)：35 - 37.

② 陶成涛. 文化乡愁：文化记忆的情感维度 [J]. 中州学刊，2015 (7)：159 - 164.

③ 阿曼达·阿斯曼. 回忆空间：文化记忆的形式和变迁 [M]. 北京：北京大学出版社，2016.

家",而对在地的嘉宾则强化了他们与家乡的联结感,完成了个体与族群的集体记忆回溯与链接。对中国人来说,家乡的山水,宗族的老幼,就是自己的根,这就是中国传统文化中的根祖文化,饱含着"落叶归根"的乡土情结。[①] 节目从现实空间出发,邀请返乡嘉宾和企业家、文化学者、网络主播等嘉宾一起共同塑造"回家"这个意义空间,在对脚下这片土地的过去与现在进行回忆的过程中,从泥土芬芳到现代技术,一个个真实生动的"回家"故事将传统的乡土情结转化为流动的空间叙事。

节目通过嘉宾与脚下土地间深厚的情感联系,体现了家乡的温馨与美好,以镜头带领海内外受众走进嘉宾们曾经成长的地方。节目中宗庸卓玛回到家乡的土地上,看到澎湃的长江之水滚滚流过,她难以抑制自己的激动和自豪之情,向其他嘉宾讲述起关于金沙江的美丽传说,在饱含着对家乡的热爱和赞美之中,集结在"长江第一湾"的云南之行拉开了整季节目的序幕。嘉宾刘仪伟出生在四川,他在节目中表示:"回家对我们来说是一份回归,回到了温暖的港湾。借这个机会,我们也重新认识一下我们的家乡。"湖北出生的嘉宾周觅自幼在长江畔长大,成年后因演艺事业奔波于各地,很少有机会回乡,他在节目中坦言这次回乡让他重新思考"家"的意义:"城市发展很快,但乡村的质朴和创造力同样珍贵。能用自己的影响力为家乡做点事,是作为游子最大的幸福。"嘉宾孟非 12 岁那年因为父亲工作需要举家从重庆迁来南京定居,回家乡的机会不多,他在节目中重走家乡路,首站便来到洪崖洞,在长江边与其他嘉宾一起品尝地道重庆火锅时感慨万千:"每次回到这里,熟悉的山水和人情总让我想起年少时的自己,但家乡的变化又让我充满自豪。"节目嘉宾们"回家"的过程和感受让海内外受众从"在场感"中生发起新的文化记忆。

无论过去还是现在,无论国内还是国外,"回家"都象征着回归亲情的怀抱,建立与家人紧密的联系,将"回家"作为核心叙事的影视作品也很多,如英国纪录片《人生七年》记录了被访者在人生不同阶段的返乡经历,日本电影《步履不停》将镜头对准普通人描绘他们的回家故事。而

---

① 畅轩博. 乡土情结与乡土油画 费孝通和他的《乡土中国》[J]. 环球人文地理,2024(20):25 - 27.

《从长江的尽头回家》通过独特的叙事方式，以嘉宾的回家之旅为线索，巧妙地将长江沿岸多城市的景、物、人串联起来，不仅展现了长江的壮美与厚重，更唤起了人们对家乡、对脚下这片土地的深深眷恋。德国哲学家海德格尔在《筑·居·思》中揭示，人类在地球上的原初存在方式就是居住，居住意味着习惯这些事物，逗留于熟悉的事物，关照这些事物。因此，人在世界中的生存，绝非仅仅与世界的空间关系，而是天然有与世界熟悉和亲近之意。① 《从长江的尽头回家》以居住地理位置的"原始意象"为引，激活参与者与围观者关于多场景的记忆碎片，构筑海内外受众共通的心理原型。

其次是心理层面上的"回家"。

每个人在家乡的成长经历都成为他们对家乡的个体记忆，由此形成与家乡的情感联系。《从长江的尽头回家》把落脚点放在了有感染力的百姓故事这一核心点上，在地域文化和当代生活方式深度融合中，呈现了一场兼具身体与心灵的双重归乡之旅，为海内外受众营造起一个共享的情感空间。现代神经科学研究发现，当人们回忆童年故园时，大脑中负责情感记忆的海马体与掌管空间定位的内嗅皮层会产生强烈共鸣。当一个场所或环境令人感动时，它就成为负载情感事件的载体或被想象为一个象征物。② 嘉宾们踏上自己曾经最熟悉的那片土地，与其个人成长记忆紧密相连的一草一木、一砖一瓦，都会化作心灵深处最柔软的部分，这样的家乡是每一个人无论走多远、走多久都无法忘却的。第二期节目中嘉宾龚琳娜回到家乡的第一件事便是唱响当地特色的布依族盘歌，她开心地表示："我是贵州出来的歌者，唱响家乡的歌给了我最大的文化自豪感，唱响家乡的好声音，是我最想做的一件事情。"

再次是文化层面上的"回家"。

费孝通指出："文化是依赖象征体系和个人的记忆而维持着的社会共

---

① 李红霞. 存在与空间——海德格尔存在论视域下的现代城市"居住"与"空间"问题批判 [J]. 中国现象学与哲学评论, 2024 (1)：105 - 118.

② 马宝建. 场所依恋、故地重游的本质内涵及其启示 [J/OL]. 旅游论坛, 2010, 3 (1)：118 - 120.

同经验。"① 文化形象是铭刻于人们记忆深处最具代表性的地域标志,当心灵在家乡的山水间找到栖息之所,文化的种子也在悄然间生根发芽。《从长江的尽头回家》突破传统地理范畴的刻板印象,在历史与现实的对话中,重构出兼具历史纵深感与时代生命力的长江文化精神图谱。节目中嘉宾们心灵的回家之旅,不仅是对亲情的追寻和对自我根源的回归,更是一次对家乡文化的探寻之旅。家乡的文化,如同一条无形的纽带,将过去与现在、个体与群体紧密相连,而对家乡文化的唤醒需要通过一些共通的文化符号凝结形成文本系统,在传播中重新构建关于家乡价值内涵的视觉场。

位于湖北省西部的秭归县拥有着丰富的非物质文化遗产,屈原文化便是其最著名的一张文化名片。第五期节目中,出生湖北的王茂蕾和其他嘉宾一同来到这里,与研究屈原文化的学者感受士大夫情怀的千年沉淀。作为中华优秀传统文化的重要组成部分,屈原文化早已超越国界,屈原的诗歌作品也被翻译成多种语言,在全球广为流传,其深刻的思想内涵和独特的艺术风格为世界文学宝库增添了灿烂的一页,以此构建的视觉场自然更为容易被海外受众所关注,而嘉宾们参与赛龙舟的真实场景将受众带入沉浸式体验,进一步提升了视觉传播的效果。

文化上的"回家"所传递出的乡愁不是简单的怀旧,而是通过对乡土记忆的创造性转化,构建出海内外受众的精神锚点,"我们探索的终点,终将抵达出发之地,并首次真正认识这个地方"。② 云南纳西族的服饰文化与东巴书画,贵州布依族盘歌和唢呐等特色民族音乐,四川泸州油纸伞与传统工艺酿造的酱油,安徽安庆千年痘姆古陶和黄梅戏,一幅幅交织着众多文化遗产的长江画卷在海内外受众面前徐徐展开,让他们身临其境感受长江沿线不同地域博大精深的文化内涵和历史底蕴。长江丰富多元的文化符号是节目的重要组成元素,《从长江的尽头回家》通过镜头语言与人文叙事,系统解构长江流域的物质文化遗产与非物质文化遗产基因,使原本静态的文化符号转化为流动的生命体验,最终实现长江地域文化形象的创

---

① 刘帅. 乡土文化节目的叙事创新研究 [J]. 当代电视,2025 (1):83 - 87.
② 彭桂芝. 从《四个四重奏》看诗人灵魂自救意识 [J]. 华中师范大学学报(人文社会科学版), 2009,48 (5):106 - 110.

造性转化与创新性表达，不仅让世界看到了长江文化的魅力，还架起了东西方文化交流的桥梁，促进了不同地域与文化之间的相互理解和尊重。

第二节　生态保护串编和谐共生影像书写

生态环境是人类最基本的生存需要，加快完善落实"绿水青山就是金山银山"理念的体制机制，是建设人与自然和谐共生的现代化的重要保障。作为世界上水系最复杂的流域之一，长江流域不仅物产丰富，而且具有生物多样性的特征，其生态环境的保护不仅关乎中国发展，也作用于全球，是世界自然基金会全球 35 个重点生态区之一。在推进生态文明建设的过程中，生态话语的表达与传播、以生态保护为主题构建视觉场显得尤为重要。生态心理学认为，最令人们关心的环境问题、后果和解决方法扎根于人类对自身和自然的想象和人类的行动之中。①《从长江的尽头回家》没有直接用大段落静态书写长江流域的生态保护，而是着重展现人类探索生态保护的动态过程，让海内外受众在欣赏自然美景的同时，感受人与自然相互依存、和谐共生的关系，更易为受众所接受与理解。

节目以充满人文关怀的视角，展现长江给予沿岸居民诗意栖居的生活状态，为节目嘉宾和海内外受众与"长江"之间建立起深厚的情感链接。地处江西九江的鄱阳湖是中国最大的淡水湖，它不仅满足了人类对水资源的需求，同时也受到了众多稀有动物的青睐，成为名副其实的"候鸟天堂"。每年秋冬季节，都有成千上万只候鸟不远万里来此越冬，当地专门成立了候鸟自然保护区，既得到了政府的支持，也获得了民间组织的帮助。据调查，保护区内有鸟类 310 种，其中国家一级保护鸟类 11 种，国家二级保护鸟类 40 种。鄱阳湖保护区不仅是当今世界上重要的候鸟越冬栖息地、全球最主要的白鹤与东方白鹳越冬地，而且是国际重要湿地、全球重要生态区。②

通过《从长江的尽头回家》第十期节目的镜头，受众看到了当地采取

---

① 秦春. 生态批评：寻求心灵的皈依 [J]. 广西社会科学，2009 (1)：120-123.
② 金杰锋. 鄱阳湖——万里长江第一湖 [J]. 森林与人类，2010 (2)：70-77.

的积极有效保护候鸟的举措。当地政府专设趸船，全天候跟进候鸟的活动轨迹，为了方便工作人员针对候鸟类别和飞行路线进行统计，趸船上不仅安装了执勤人员的休息室，还搭建了"候鸟医院"作为伤病候鸟的临时救护室，在候鸟遇到紧急或者危险情况时，能够帮助它们尽快脱险。更为重要的是，趸船停泊在这里，让那些想捕猎候鸟的不法分子望而却步，确保了不让一个候鸟在此受到伤害，大大减少了候鸟的伤亡率，完善了候鸟种类的多样性。节目中，嘉宾们通过实地参与和倾听守护者故事，了解到仅有 13 名工作人员守护着近 20 万只候鸟，正是他们的日夜轮班守护和奉献确保了候鸟的顺利越冬。嘉宾杨钰莹、李泊文还穿上防护服进入候鸟救助室，参与受伤苍鹭的消毒护理和救治工作，并亲手放生康复的"小白鹭"，目睹鸟儿在空中盘旋的场景，海内外受众都能从中体味到人与自然和谐共生的美好与价值。节目以小见大，巧妙地以候鸟保护为典例，为全球生态保护提供了一份鲜活的案例。

长江流域的生态保护不仅依赖于专业团队的努力，当地居民也积极探索与实践人与自然和谐共生的生活方式。通过综合治理和绿色发展，长江流域的人们在保护濒危物种的同时，发展出一种可持续的生活模式，为全球生态环境保护提供了宝贵的经验和范例。《从长江的尽头回家》第二期节目镜头捕捉到的画面是瀑布、河流、山川、森林，而这般好山好水好风光得益于"好人"的守护。天门村作为贵州少数民族布依族的聚集地，仍然保持着男耕女织的传统生活习惯，"叮叮当当"敲打铜器的声响在这个古老村落四处回响、融入日常，哪怕当地人穿着的衣服都是村民自己用织布机纺织而成，这种原生态的生活方式成了当地居民建设绿色和谐美丽家园的独特窍门。值得借鉴的是，这里虽然保存了古朴、自然的韵味，但也不缺乏应有的现代化设施，乡间有平坦干净的小路，屋里有一应俱全的家电，真正做到把传统民风和现代便利完美融合。如今，山歌融入智慧导览系统，非遗工坊与电商直播同院共生，垃圾分类回收站与古井清泉并肩而立，传统村落在现代文明的滋养中焕发出"望得见历史，留得住乡愁，跟得上时代"的蓬勃生机。

这一生态智慧与实践并非孤例，长江沿岸众多地区都在积极探索和努力。湖北罗田是一个"八山一水一分田"的山区，山峦起伏，河流纵横，风景秀丽，美丽的自然风光背后是当地人对环境保护的持久和坚定。节目第六期为海内外受众介绍了当地为游客提供乡间巴士出行来保护古朴生态环境的做法，游客可以选择在自己喜欢的地方下车步行游览，也可以选择乘坐巴士观光，有效减少了私家车的使用，控制了有害气体的排放，乡间巴士不仅成为景区中一道靓丽的风景线，更为不同地区实行生态保护提供了行之有效的范本。

《从长江的尽头回家》不仅让海内外受众看到长江流域城镇如何把传统风俗和现代气息相结合，也让他们见识到如何在保护生态的同时发展好经济作物产业，达成两者的和谐共存。第五期节目来到湖北秭归这座人口约 40 万的城市，这里 70％以上的人在从事脐橙相关产业，排除老人和孩子，可以说种脐橙是一项全民参与的事业。然而尽管种植规模如此之大，自然植被却完好无损，这得益于当地人对果树种植规模的合理规划和对先进技术手段的有效应用，同时他们还因地制宜，坚持从长江取水灌溉果园，避免了开渠取水对水源的破坏。正值"九月红"成熟，刘仪伟、王茂蕾等节目嘉宾在秭归江岸的橙园中，身背竹编背篓，沿着山路攀爬，他们在当地电商致富带头人李静的指导下体验了一把"喝橙子"的畅快，仅凭一根吸管插入橙子当中就可以把橙子的汁水与果肉一同吸食出来，因为秭归脐橙的出水量是普通橙子的 1.2 倍，这样的情景无疑能让海内外受众眼前一亮。如今，秭归绿水青山和金山银山的双向转化不断加速，秭归脐橙已经远销到欧美、中东、东南亚的 140 多个国家和地区，真正实现了中国农作物走出国门，也建构了独属于中国人自己的水果名片。有着这一水果名片的背书，节目在向海外受众传播脐橙种植故事的同时，也潜移默化地让他们感受到了中国人为生态环境保护所做出的不懈努力。

节目第七期走进因错落有致的建筑群、穿楼而过的轻轨、蜿蜒盘旋的山城步道而被网友称为"5D 魔幻之城"的重庆，来探讨这里是如何把时尚潮流和绿色生态融为一体的。节目中，当嘉宾们去往金佛山的路上时，偶遇了正在过马路的野生猴群，和人们习以为常的景区猴子不同，这群猴子身上没有任何驯化的痕迹，还保持着猴子原始的本能，嘉宾孟非有感而发："金佛山的猴子是那种特别淳朴的猴子，说明生态好才会有野生动物。从它和人保持的警戒距离来看，说明当地的人和动物之间关系是和谐的。"

不仅如此,在金佛山还上演了生态保护的奇迹,一组1900年被记录下来的影像资料显示这里多是光秃秃的石头,现如今已是绿树成荫。《从长江的尽头回家》以多元叙事视角,从自然、人文到生态层层递进,不仅通过航拍镜头全景式展现长江流域的险峻峡谷、蜿蜒水系与原始森林,更将镜头对准守护这片土地生态环境的普通人,一个个真实故事串联起人与自然和谐共生的视觉场,传递出"生态保护不是选择题,而是必答题"的坚定信念。

第三节　丰饶物产绘制长江流域微观图鉴

"江上往来人,但爱鲈鱼美。君看一叶舟,出没风波里。"范仲淹这首《江上渔者》中所提及的鲈鱼是一种非常受欢迎的长江鱼类,常被用来象征美好的食物享受。长江流域因其独特的地理位置和丰富的自然资源,孕育了丰饶的物产,也形成了特色的风情。《从长江的尽头回家》通过长江流域内丰饶物产的生长、流动与转化,构建起一幅跨越地理与时空的微观图鉴。节目每期在长江流域的一座城市展开,节目嘉宾组成的探访组会为受众介绍当地的风土民情与特产美食,并聚焦兼具地域特色与经济价值、适合当地可持续发展的物产进行网络直播带货,将自然馈赠与人文智慧编织成当地发展致富的纽带,最终通过节目让这些特色物产从山野秘境走进千家万户,被更多海内外受众所认知。从一粒稻种的基因改良到一套民族服饰的时尚蜕变,从一筐水果的冷链运输到一片湿地的候鸟归还,长江流域的丰饶物产早已超越物质范畴,成为解码中国式现代化发展道路的微观样本。节目以亲历者的角度切入,真实呈现所见所闻,让海内外受众都能从微观图鉴中"见识"到长江流域的丰富多元,串联起关于长江的文化记忆,进而把"长江品牌"进一步推向全世界。

江水碧波鱼虾跃动,两岸风吹稻浪翻涌,甜橙蜜柚压弯枝头,渔舟粮仓满载笑语,这是《从长江的尽头回家》中呈现的长江流域物产丰饶的景象。节目开篇选择了内陆地区历史悠久的云南白沙古镇,虽然在地理位置上远离海洋,并不适于对外贸易经商,然而古人凭借智慧打通了一条别样的通道,成为链接中国西南地区与南亚、东南亚乃至更远地区文化与经济交流的重要纽带。节目嘉宾宗庸卓玛、杨昆等从这条通道上最重要的枢纽站四方街出发，沿着五彩花石铺就的街道体验茶马古道"以物换物"的交易方式，带领海内外受众仿佛置身于千百年前的繁华集市和驿站。

茶马古道的名称即揭示了其起源的功能主要是运输茶叶，茶叶是长江流域重要的物产，这里气候适宜，土壤有机质和矿物质丰富，透水和透气性好，有利于茶叶的生长，而茶叶恰恰是中国流传世界的鲜明标签，茶文化也与中华文化紧密地关联在一起。和云南相邻的四川也是茶叶的重要种植地，元代李德载小曲中"扬子江中水，蒙山顶上茶"讲的就是在茶马古道的蒙顶山上种植的茶叶，而四川宜宾更被称为"茶都"，在这里茶不仅仅是经济作物，更富有传承千年的文化韵味。《从长江的尽头回家》第三期节目来到宜宾屏山，屏山茶园绵延千里，茶树像一片绿色的丝带妆点着大地，嘉宾们从茶园负责人那里了解到当地既保留了手工炒茶这样的传统技艺，也以标准化的生产、现代化的手段、线上线下的立体营销走出了一条全方位的产业发展之路，宜宾的茶叶已不再是当地人独享的物产，也成为遍布全国乃至驰名海外的醇香味道。节目中，嘉宾们现场体验屏山茶叶制作的全流程，一边是刘仪伟、龚俊在滚烫的铁锅中，以双手快速翻抖鲜叶锁住茶香，待叶片转为暗绿、叶梗折而不断时迅速出锅冷却，一边是汪小敏、彭宇学习揉茶，将松散的茶叶卷曲成条索，让其细胞壁破裂以便于在冲泡中释放茶汁，随后嘉宾们前往茶园品味茶香。从摘茶、炒茶、揉茶到冲泡，节目构建起不同地域茶文化交流与碰撞的视觉场，让海内外受众的"茶叶"认知得以深化，"长江"符号记忆得以强化。

相比于茶叶的土生土长，辣椒则是由海外传入中国的蔬菜作物。贵州从几百年前因缺盐而"以椒代盐"的辣椒输入地，到辣椒产品远销川湘渝、珠三角、长三角和海外 108 个国家和地区，输出"香辣天下"文化，成为影响辣椒贸易和指数的重要一环。① 主要由于当地土壤墒情适宜辣椒生长，且年均气温变化小、昼夜温差大的特点，更有利于干物质和风味物质的积累，使辣椒香味浓郁。在贵州人心目中辣椒是最能代表家乡味道的

---

① 澎湃新闻. 聚焦丨香辣天下！贵州辣椒远销 108 个国家和地区［N/OL］. 澎湃新闻, 2021 - 11 - 1. https：//www. thepaper. cn/newsDetail_forward_15181547.

一道食材，龚琳娜带领探访嘉宾在一片正丰收的朝天椒生产基地集结，"细细辣子辣又辣"是《从长江的尽头回家》第二期节目中的一段唱词，作为歌手的她用歌唱演绎的方式普及了不同的辣椒品种，串联起了贵州辣椒的新名片，更让海外受众了解到中国爱吃辣椒的地方，不仅仅只有四川、湖南，还有物产丰富的贵州，从中国的辣椒出口到全球的辣味狂欢，辣椒不仅重塑了饮食版图，更成为跨越文化的通用语言，将向海外传播长江文化联系在了一起。

对于海外受众来讲，产自中国的水果有既新鲜又常见的，还有既神秘又新奇的，在第二期节目中，龚琳娜带领一众嘉宾来到水城县野钟村，他们在"刺梨种植带头人"邓吉栋的带领下领略了贵州特色"小众"水果刺梨——其表皮长满了刺，果实素有"维 C 之王"美称，具有止渴、解暑的功效。当地由刺梨加工而成的各类食物承载了大多数贵州人的童年记忆，如将刺梨做成刺梨果干，泡成刺梨酒，煨成刺梨茶，果农们将小时候爱吃的水果巧妙变成了致富的金果。嘉宾们在刺梨园帮助果农们采摘刺梨，体验采摘的过程和品尝的喜悦，酸与甜交织的刺梨滋味，不仅承载着龚琳娜对故土的深情凝望，更让一众嘉宾从舌尖触摸到贵州山野间生生不息的馈赠，随着镜头定格在满山金黄的刺梨林，这富有冲击力的画面无疑向海内外受众昭示着乡村振兴的芬芳未来。

除了刺梨，还有甜柿。《从长江的尽头回家》第六期节目走进被誉为"中国甜柿第一村"的湖北罗田錾字石村。嘉宾周觅等跟随返乡创业人员来到百年古柿林，亲手为柿树挂上定制认领牌，体验"柿树认领"的新发展模式，在冷链物流与电商直播的加持下，一颗颗承载"柿柿如意"吉祥寓意的金果正从大别山深处走向全国、远销海外。嘉宾们还在探访中得知这里竟然生长着 5000 多棵 100 年以上的柿子树，200 年到 500 年树龄的柿子树甚至也达到了 4000 多棵，而节目中呈现的堪比化石一般历史悠久的柿子树，在令海外受众难以想象的同时无疑能吸引他们的目光，因为探秘与猎奇一直是海外受众对节目内容的刚性需求。

民以食为天，而在地理环境、自然物产、文化传承等诸多因素的作用下，长江地区各地孕育出自身独有的传统美食文化，这种口味上的印记也随着爱好者走南闯北，成为海外受众研究中国美食的一份独家"菜单"。

"饮食是凝固的文化，是'有味道'的文化传播方式。"① 而对于海外华人华侨来讲，味蕾上的记忆最顽固，人们无论走到哪里都有一个"故乡的胃"，这是一种由味觉记忆维系的民族、文化认同。② 正因如此，《从长江的尽头回家》瞄准长江沿岸美食这一文化符号，将蕴含在食物中的文化内涵和生活智慧分享给海外受众，同时也引发海外华人华侨对于家乡的思念之情。

"青滩嗦丢儿"是湖北秭归的一道特别美食，通过节目许多受众才第一次知道世界上有这样一道用石头做成的菜肴。在秭归的方言中，"吸食"就是"嗦"，"丢"则是"嗦"完即扔的意思，这也正是"青滩嗦丢儿"这道菜名的由来。这道菜发源于旧时长江船工之手，因为食材匮乏，他们便把当地青滩上特有的石头放入锅中，然后加入辣椒、麻椒等佐料一起翻炒，吃的是石头表面的佐料味道。随着生活水平日益提高，"青滩嗦丢儿"曾一度离开大众视野，如今随着新媒体的崛起以及年轻人"复古潮"的出现，"青滩嗦丢儿"摇身一变又化身为一道网红菜品，成为各地夜市中的一道特色菜。第五期节目中介绍了这道美食，其神奇的名字和吃法引起了嘉宾们的好奇，大家纷纷试吃，可以想见这样一道与众不同的食物，也足以给观看节目的海外食客带来不小的震撼进而勾起他们品尝的欲望。透过"中国菜"这一符号，一个百姓安居乐业、人民生活富足的中国社会现状便生动地立于海外受众眼前。③

作为中国菜的代表之一，火锅是中国饮食文化的重要组成部分，近年来火锅以其独特的烹饪方式、丰富的食材选择和浓郁的文化内涵，在全球美食舞台上占据了一席之地。在重庆洪崖洞吃一顿地地道道的火锅是许多海外游客来重庆旅游的必备体验项目之一，第七期节目的镜头就着重展现了洪崖洞这一独特靓丽的地标性网红打卡点，吊脚楼群依山就势、沿江而建、楼宇层叠往复，立体空间让这里极富二次元魔幻色彩，也极易吸引全球受众的目光。在这里吃一顿火锅，不仅是味蕾的狂欢，更是对山城烟火

---

① 草田. 热点透视 | 以"食"为"媒"：从饮食符号传播看甘肃麻辣烫爆火 [EB/OL]. 明德新声公众号，2024 - 3 - 20.
② 麻国庆. 全球化：文化的生产与文化认同——族群、地方社会与跨国文化圈 [J]. 北京大学学报（哲学社会科学版），2000（4）：151 - 160.
③ 陶瑞萱. 跨文化视阈下美食短视频海外传播中的国家形象塑造 [J]. 当代电视，2023（03）：109 - 112.

气的具象化体验，孟非一回到家乡，就带领其他嘉宾来到洪崖洞品尝火锅，毛肚、鸭肠、耗儿鱼、九宫格……点起菜来他如数家珍，可以说瞬间就变身"专业吃火锅选手"，关于火锅他有自己的理解："对火锅这种美食的记忆，其实是一个民族的基因。"放眼全球也确实如此，火锅的特殊烹饪手法和社交饮食文化在全球范围内越来越受到欢迎，火锅作为一种美食提供了多人共享的餐饮体验，这种互动性和社交性使其在全球化的都市生活中显得尤为珍贵。同时，火锅也体现了中国饮食文化的多样性和包容性，不同地域的火锅吃法不同，但其所承载着的中华文化内涵都十分丰富，如团圆、分享、和谐等价值观，这些文化元素在传播过程中极易引起海外受众的共鸣。

嘉宾刘仪伟在第三期节目中向海内外受众介绍四川享誉世界的水煮肉片、辣子鸡丁、回锅肉、糍粑等美食时，特别介绍到宜宾的燃面——因面条油重无水、点火即燃而得名。作为勾连身在外地宜宾人的食物，它不仅仅满足了人们充饥的需求，更代表了在外游子对于故乡美食的思念。节目将乡愁凝练成一种味道，绘就长江地域特色的美食画卷，节目多条短视频在 Youtube 等社媒平台引发广泛关注与讨论。美食是世界性的语言，中餐随华人"出海"长达几个世纪，在抚慰海外华人华侨心灵的同时，也在向海外传递着其文化底蕴和独特魅力。《从长江的尽头回家》以美食为媒、以乡愁为核，让美食、美景从长江走向世界，也让更多海外华人华侨跟着镜头"回家"，凝聚浓浓归乡情。

民俗文化最能凸显民族文化特点，是塑造国家形象不可或缺的文化内容，是塑造中国形象的重要元素。[①] 长江沿岸作为中国少数民族主要聚集区，拥有 50 多个民族，总人口约四亿。其中各民族的民俗文化丰富多彩，每个民族都有其独特的民情、风俗、服饰、建筑，正所谓"百里不同风，千里不同俗"。

服饰作为民众生活中最为熟悉的物件和审美表达载体，能在对外文化交流、传播过程中发挥独特的作用。[②] 作为中国传统文化的一部分，服饰

---

① 李璁. 论对外传播中的民俗文化与中国形象塑造［J］. 新闻研究导刊，2023，14（10）：38-40.

② 肖宇. 东风西渐：中国民族民间服饰在海外的收藏、传播及文化影响——以美国公共文化机构藏品、图像为中心［J］. 艺术传播研究，2023（4）：101-116.

文化的展现形式丰富多样，长江流域各民族通过桑蚕丝织、棉纺技艺的千年传承，形成了独特的地域符号，这些服饰不仅是物质载体，更通过纹样、色彩承载着族群记忆与审美体系，体现着中华千年文化的交融，构建出多元一体的传播纽带。近年来，随着越来越多的外国游客前往中国内陆地区旅行，少数民族独具特色的服饰文化也越来越吸引他们的关注。贵州居住了多达 18 个少数民族，传承而来的传统服饰是贵州重要的名片之一。第二期节目中，嘉宾谢安然与李宣卓走进贵州水城县天门村布依族村寨，体验了布依族传统服饰文化。两人在当地村民指导下，身着由织布扎染工艺制成的民族服装。谢安然身着轻盈的裙摆与层叠的头饰在吊脚楼间摇曳生姿，她欣喜地表示"仿佛在穿越时空"，李宣卓则换上靛青色对襟布衣与宽腿长裤，腰间系着手工编织的腰带，尽显布依族男性的质朴英气，别具一格的服饰令两人爱不释手。少数民族的民俗服饰和制作工艺不仅展现了中国古代的技艺水平，也象征了中国人民智慧的结晶，海外受众能从节目构建的视觉场中真切感受到长江流域保留着多元的特色制作工艺，有待海外受众实地探寻和了解。节目对少数民族传统工艺的呈现，突出了其独特的技法和美学价值，反映了当地的文化背景和生活方式，在一定程度上也将独特的东方艺术传播到国际，引发海外对于中国云贵地区文旅资源的关注。

长江沿岸丰富多元的民俗文化离不开劳动人民的聪明智慧。在四川屏山县流传着一种被称为"石工号子"的劳动号子，它是当地采石工人在开山采石的劳动中共同创造的一种民间音乐形式。在第四期节目中，嘉宾白举纲通过破解暗号"雄起雄起，腰杆硬气"引出"石工号子"的文化背景，并和其他嘉宾一道亲身体验了"石工号子"的实际应用场景，通过模仿"一人领唱、众人和声"的形式，互动还原了传统采石工地的集体劳作画面，让海内外受众从中感受到号子统一劳动节奏所激发出来的协作力量。无独有偶，在第五期节目中，嘉宾王茂蕾带领受众来到他的家乡湖北领略秭归高腔的韵味。秭归高腔是古老农村田间劳作的一种号子，作为长江流域独特的民俗文化符号之一，它以高亢激越的声腔、古朴苍劲的韵律，承载着三峡先民与自然共生的智慧。嘉宾们探访当地高腔传承人，通过观摩高腔表演、学习传统唱腔、模仿高腔曲调等形式，感受其激昂的声调,聆听其背后的传承故事。无论是石工号子,还是秭归高腔,它们既是劳动人民奋斗精神的写照,也是族群记忆重要的载体,更是长江民俗生态链中"声音基因"的重要组成部分,《从长江的尽头回家》将这些以口口相传的方式记录着先民智慧的劳动音乐与山歌体系,通过探访嘉宾的实地参与加以鲜活呈现,不仅让海外受众欣赏到活态传承的民间瑰宝,更向他们传递出长江流域各民族在"大杂居、小聚居"格局中的和谐相融,为中华文明多元一体格局提供了生动注脚。

第四节 礼艺交融构建文明传承多模态叙事

中国丰富优秀的传统文化资源,为跨文化传播开掘出充分的特色素材,这不仅能够引发海外受众对内容的强烈兴趣,更能够调动其想象力和创造力,进而增强受众内容的传播效果。[①] 浓浓的文化气息是《从长江的尽头回家》呈现出的一大特点,节目以中华传统文化为抓手,从微观叙事带动宏观认知,以长江沿岸特色文化遗产回溯历史,以普通人的特色生命体验打动人心,一幅交织着众多非物质文化遗产的长江画卷在片中徐徐展开,向海外受众展现出蕴藏于物、深藏于人的中华长江历史文化内涵。

在安徽安庆,有座陈列着世界陶艺精粹的洋宝馆,馆内有来自全球多个国家和地区的陶艺家们创作的陶艺作品,这些作品由海外艺术家们以痘姆龙窑为创作载体,将自己本国的文化基因融入中华制陶传统柴烧工艺,创造出兼具东方古韵与西方审美的艺术品,这便是痘姆古陶,它不仅延续着千年古法工艺,更以开放姿态吸引着全球陶艺家共创交流,成为中外陶瓷文化交融的桥梁。有学者研究表示,与静态的文化展示相比,文化交流因其动态性和互动性不仅仅能够在传播过程中实现多元文化主体间的深度互动,还可以通过持续对话和意义协商,推动文化内容的丰富和再创造。[②]《从长江的尽头回家》注重对话语境的调整与适配,将非遗的媒介传播转化为多元主体协同参与的共享价值构建过程,通过让嘉宾沉浸式体验非遗

---

① 宋航. 文化类短视频"出海"的情感性话语生产及其建构策略 [J]. 新闻春秋,2024 (6):46 - 52.

② 毕秋灵. 非遗国际传播的文化适应性与媒介创新 [J]. 大众文艺,2025 (4):94 - 96.

文化和展现东方艺术审美，吸引海外受众对节目内容产生愉悦感受。这种跨领域对话不仅实现了知识互补，更通过实实在在的实践行动，将非遗技艺从"被展示"转向"被激活"。节目最后一期姜潮、刘仪伟等嘉宾来到安庆痘姆古陶传承基地探访，参观了当地长百余米、形似卧龙的"龙窑"，还在制陶师傅的指导下体验了痘姆古陶的手工制作，和泥、塑形、抛光、装饰……不借任何机器帮助，全凭手的温度和触感，正是这样的匠心才让优秀的传统文化得以延续。非遗传承人程柏全向嘉宾们介绍不少村民通过学习陶艺制作走上富裕之路，痘姆古陶传承基地还被开发成景点，带动了当地旅游业的发展。

作为文化特色名片，非物质文化遗产成为中华文明海外传播的标志性符号，《从长江的尽头回家》通过对非遗的视觉场呈现，将非遗文化与长江品牌的打造有机地联系在了一起。与传统的痘姆古陶制作技艺一样，黄梅戏的声腔美学也是国家级非物质文化遗产，作为"中国五大戏曲戏种"之一，黄梅戏在安庆人人会唱，而且旋律优美朗朗上口，同样诠释着中华文化博大精深的深层内核。当姜潮等探访嘉宾到达再芬黄梅公馆时，舞台上正表演着传统经典剧目《女驸马》的唱段。黄梅戏演员吴美莲介绍说，不久前她们还引入了直播的新方式，让黄梅戏走进公益直播间，把安庆的好景好物通过黄梅"韵味"传唱传播出去。嘉宾们也现场拜师学艺，各自选定要扮演的戏中角色，在老师们的指导下有模有样的开始练习，换上戏服、挥舞水袖、模仿腔调，挑战在舞台上演唱黄梅戏经典选段，感受黄梅戏的无穷魅力。通过嘉宾们从学习到表演的全过程，节目系统呈现了黄梅戏艺术中声腔体系、表演程式与文化根基的独特价值，让海外受众从中感受中华传统戏曲艺术的内在之美。

花鼓戏是在湖湘大地流传很广的戏曲剧种，几位返乡嘉宾都表示熟悉且喜欢，认为这是生长在湖南地界独有的记忆，"花鼓戏在湖南，可以说是无人不知、无人不晓，而且它很符合湖南人的性格。它很热闹，无论在什么地方，当花鼓戏一下子响起，自豪感和思乡情怀都会油然而生。"《从长江的尽头回家》第九期节目通过邓莎、廖佳琳等嘉宾体验花鼓戏《刘海砍樵》的韵味引出张谷英村，而张谷英村本身也是中华优秀传统文化传承的代表。这里至今保存着具有 600 年历史的特色古村落形态，长久以来奉行"以保护为主，修旧如旧"的原则，始终把文化保护放在第一位，更打造出"孝友文化"这样一个标签式的文化理念，进而触动人们的情感认同，形成心理上的依恋。通过节目镜头，受众可以直观地看到张英谷村既有村民在此生活，保有原始面貌，散发着古村落群的古朴气息；又兼具多项文旅产业的开发，在修葺中加入新的人文气息，将传统文化的活力融入村落建设。这样的传统村落样板是海外受众在喧嚣中追求宁静的诉求所在，最易为他们所接受并引发共情。

《从长江的尽头回家》还以丰富的视听语言充分调度海外受众的情感，以他们熟悉的文化符号为切入口营造情感化氛围。在中国传统文化中，竹子以其挺拔的身姿和坚韧的品质成为极具象征意义的元素，也是海外受众对中华文化印象的共识。享誉国际的华语电影《卧虎藏龙》，其竹林打斗的场景尤为经典，给海内外受众留下了深刻印象，而其中重要的取景地之一便是四川宜宾的蜀南竹海，这里不仅展现了竹海的壮丽景色，还通过电影这一国际化的艺术形式，将中国的竹文化推向了世界舞台。节目也将镜头对准四川宜宾，当刘仪伟、龚俊等嘉宾乘坐小船，朝着宜宾最漂亮的蜀南竹海行进时，海内外受众跟随镜头也看到了绵延不绝的山脉、清澈的湖面和青翠的竹林。中国是竹子的原产国，在海外受众眼中竹子也是中国风的代名词。节目以"竹"为媒介，构建起一条连接本土与全球的文化通路，这种以生态为底色、以故事为纽带的传播模式，为中华文化的海外传播提供了可复制的范式。

节目以长江这一世界性文化符号为切入点，突破传统纪实类作品的地理志书写范式，通过经济、生态、文化三重维度的互文性叙事，在长江流域的时空坐标中展开了一场关于文明存续的深度对话。以"乡土情结"为情感纽带，通过游子归乡的叙事视角，构建了跨越文化差异的情感共鸣，为海外受众理解现代中国提供了一个具象化的观察窗口。节目将脱贫攻坚、生态保护、文化传承等中国式现代化进程中的核心议题，转化为可感知的个体故事与地域经验，通过文化探访加直播带货的立体化传播模式，不仅呈现了长江沿岸的物产资源与文化遗产，更以扶贫扶智的实践案例，向国际社会传递了中国减贫经验中"授人以渔"的可持续发展理念，节目第一期就聚焦"海安舅舅"——江苏海安支教云南宁蒗彝族自治县的教师群体，描绘他们 32 年来持续支援宁蒗教育事业的生动画卷。在彝族家里，舅舅是最尊敬的称谓，而这一群海安教师用自己的关爱、坚守和担当，诠释着教师这一职业的神圣和伟大，被当地人亲切地称为"海安舅舅"。

作为一位特殊"回家"的代表，节目邀请曾在宁蒗支教的朱朝书跟随探访嘉宾一起故地重游，宗庸卓玛、杨昆等嘉宾悄悄策划了一场别开生面的"教师节"师生见面会，邀请到当年由他教导、而后走出大山、走上各自工作岗位的学生们"回家"，他们中有继续传道授业解惑的大学教授，有救死扶伤奋战在医疗一线的医生，有选择回到家乡为宁蒗发展做贡献的村官……原本身处大山深处的他们正是通过"海安舅舅"们搭建的桥梁，汲取了知识的养分，认识了外面的世界，成就了如今丰富多彩的人生。通过节目介绍，海内外受众了解到 32 年间有 280 多名海安教师奔赴千里外的宁蒗支教，这场教育的接力培养出 2 万多名合格的初、高中毕业生，输送了一万多名大、中专生，从而彻底改变了他们人生的命运，也将曾经贫穷落后的宁蒗树成了云南教育的标杆。节目用平实的画面和语言描摹出师生间的质朴情感，向海外受众展现出中华大地上不分地域、不分民族的深情厚谊，以及教师们对年轻一辈的无私奉献，生动展现了"知识改变命运"的美好图景。

《从长江的尽头回家》将教师群体赋予"文化摆渡人"的使命，他们以课堂为舟楫，以知识为橹桨，在历史长河的激流中守护文明的星火，这一设定巧妙地将人与文化传承巧妙融合，推动长江文化的共融和传播。世界各地，教师都被视为知识的传承者、智慧的启迪者和心灵的塑造者，海外华人华侨从"海安舅舅"的身影中能看见文化的故乡，其他海外受众也能透过教师这一角色消解文化的陌生感。片中，当年意气风发、鲜衣怒马的少年们，如今都已是成熟稳重的从容壮年，他们相聚在一起，只为当面和朱朝书老师再说一声："谢谢您！"已过而立之年的学生们回忆起朱老师曾经的教诲仍记忆犹新，"今天学习不努力，明天回家吃土豆，是你的'土豆精神'一直激励着我们"，有时候简单朴素的话语却让学生们铭记于心，当镜头定格在朱朝书与学生们重逢泪奔的瞬间，海内外受众从中看到的是跨越了地域界限的大爱和生命价值的温暖与力量。

从媒介社会学的角度出发，《从长江的尽头回家》在叙事策略上，打破城乡、古今、雅俗的二元区隔，构建起跨时空对话的符号系统。在传播效果上，实现了从文化消费到价值共鸣的跃迁，使长江从地理概念升华为文明意象。节目以微观具体的视角，通过个性化的故事连接共鸣感，促成更有效的跨文化传播。在长江经济带发展战略纵深推进的当下，节目提供的生态人文主义观察框架，为展现中国式现代化提供了兼具历史纵深与现实关怀的认知图谱。

第四章

从人文的视角看百姓奋斗

有这样一群人，对你来说可能既熟悉又陌生，你大概率叫不出他们的名字，但或多或少跟他们都会有所接触，这样一群"熟悉的陌生人"就是外卖员。2020 年 3 月 19 日，中国外卖骑手高治晓因为"非凡的使命感"登上《时代周刊》的封面，在他看来，"其实这份（荣誉）肯定不是给我个人的，还有环卫工人、小区安保、快递员等所有最平凡普通的劳动者。"① 的确，外卖员服务于社会经济生活的方方面面，已经成为保障现代社会正常运转的重要一环。根据中华全国总工会在 2023 年发布的第九次中国职工队伍状况调查结果显示，中国新就业形态劳动者成为全国职工队伍重要组成部分，以外卖员、快递员、网约车司机等为代表的中国新就业形态劳动者数量已达 8400 万人，新就业形态从业者占全国职工总数的 20.89%。②

或许当 2019 年江苏卫视元宵晚会播出的小品《外卖囧事》最后定格，大屏上无数外卖骑手的画面和舞台暗场中被一束光亮照见的"外卖员"相互映衬时，以外卖员为主要表现对象的节目构想就已经萌发。2023 年 6 月 2 日，江苏卫视策划推出人文纪实观察类节目《子夜外卖》，节目采用单元式叙事，每期以三名外卖员为记录主角，穿插其他人物群像，外卖员既是被记录者，也是原生态社会风貌的观察者，这种叙事方式既能保证每个故事的独立性和完整性，又能通过多个故事的集合展现外卖员群体的生活状态，使节目既有个体故事的深度刻画，也有集体群像的广度展现。节目从人文观察的视角，从子夜时分切入，以外卖接单、送货为线索，以温暖动人的真情流露为内核，不仅走近外卖员酸甜苦辣的生活，也透过他们的眼睛，直观感知温暖向上的社会氛围，折射丰富多彩的世情百态。节目向海内外受众呈现了富于立体感、充满烟火气的中国社会图景和百姓奋斗故事。

① 封面新闻. 外卖小哥登上《时代周刊》封面：我见证了那些穿越隔离的爱、关怀和坚守［EB/OL］. 百度百家号，2020-3-4. https：//baijiahao. baidu. com/s? id=1662047422351752865&wfr=spider&for=pc.
② 易舒冉. 全国新就业形态劳动者达 8400 万人［N］. 人民日报，2023-03-27（1）.

第一节　用纪实手法勾勒温暖群像

纪实观察类节目最突出的优势在于其真实性,它以现实生活为蓝本,没有过多虚构与修饰,避免抽象归纳与说教,将真实的人物、事件和场景原汁原味地呈现给受众,这种真实感具有强大的感染力和说服力,符合人类普遍的认知和情感模式,易于被不同文化背景的受众所接受并引发共鸣。要推动节目更好地"走出去",用平凡人的视角聚焦日常叙事、采用客观纪实影像呈现真实是必不可少的。① 纪实性是《子夜外卖》最为鲜明的特质,从节目呈现的画面来看,拍摄过程没有任何剧本预设,而是纯粹记录真实的人物在真实的环境下发生的真实故事,以及流露出来的真实情感,节目也由此焕发出一种真实的力量,通过共情的暖心故事向海外受众传递出温暖向上的价值观。

第一期节目就从富有人性温度的情感切入讲述了一个用送外卖的方式治愈孤独症少年的故事。16 岁的黄志能两岁时就被确诊患有孤独症,父亲黄少礼希望以送外卖的方式,让儿子更好地接触社会并融入社会,于是父亲带着他跑闪送。跑了六年闪送的黄志能如今已逐渐打开心扉,不仅变得越来越开朗,还展露出独特的空间感和超强的记忆力,成为深圳地铁的"活地图",他的社交能力也在跑单中得到锻炼。通过节目的真实记录,受众看到现在的黄志能可以独立接单,可以与客户打电话沟通,并为过生日的顾客送上祝福。为了更好地让海外受众理解"来自星星的少年们"的行为模式,实现与海外受众的共情,节目采用简洁的镜头语言更加直接地表现出孤独症少年眼中的世界,用手绘和动画让抽象具象化,把一句句朴实的话语变成一幅幅鲜活生动的画面,把一次次成长变成一帧帧可见可感的快乐与收获,正如节目旁白所说:"人生海海,山山而川,把寻常的人生过好,就是最不寻常的事。"受众也可以从黄少礼的目光中闪烁着的欣慰与欣喜读懂温暖和感动。

人文纪录片在叙事中不仅需要通过镜头语言组织画面、表现人物、串

---

① 张志安,廖翔. 中国纪录片国际传播的四个创新策略［J］. 电视研究,2024(04):52-55.

联事件，同时也需要将事件与受众进行情感联结，产生双向共情，从而升华主题。① 这里的事件体现在《子夜外卖》节目中，就包括镜头多次记录下的"突发状况"。在第一期节目中，正在送餐路上的外卖员唐柳东遇到一起外卖员摔伤的突发事件。看到摔倒在地的外卖员久久不能站起，他连忙提醒路人不能移动伤者以免造成二次伤害，并迅速跑到附近派出所报警求助。另一位送单即将超时的外卖员也选择在旁守护并拨打急救电话，看到有越来越多的人照顾伤者后才默默转身离开。尽管救人耽搁了送餐时间，唐柳东还是全力飞奔将外卖送到顾客手中，并真诚地表达了歉意。顾客的一句"没关系，辛苦了"让他松了一口气，对可能收到差评的担忧也随之消散。节目完整记录了外卖员接单到送餐的全部过程，也记录了这一温情的瞬间，镜头与街头嘈杂的汽笛声、路人的谈话声交织在一起，带给受众如临现场的真实感，也向他们展示出城市夜晚最真实、最温暖的模样。

第二期节目录制过程中同样遭遇一起突发状况，位于青藏高原东南边缘的四川甘孜藏族自治州色达县，外卖员甲热就临时接到一位游客需要氧气瓶的订单。当地有着 4000 米以上的海拔，甲热因为担心游客身体，临时决定先去送氧气瓶再去取餐送外卖，这样的情况对于她来说早已习以为常。四年前，因为一次偶然机会接触到外卖的甲热，瞒着家人从事起这份辛苦的配送工作，如今她已是这座川西县城资历最老的外卖员之一，也是唯一一名女外卖员。坚强独立的她和年轻大学生登子都曾见过大城市的繁华，但他们都毅然回到家乡，希望把现代生活的便利通过自己的双手回赠给热爱的土地。色达的秀丽风光吸引着各地游客慕名而来，但也经常让初来乍到的游客出现高原反应，于是包括甲热和登子在内的高原外卖小分队，经常把自己的电话留给游客，以便游客有需要时能及时提供帮助，承担起配送氧气瓶的"急救"任务。

外卖员的工作每天都要面临不同的挑战，如复杂路况、恶劣天气、突发状况等，《子夜外卖》的拍摄过程也处于"不可控"状态，这也让节目

---

① 王立君，刘璐. 人文纪录片叙事中共情技巧的应用研究——以《人生第一次》为例［J］. 新传奇，2024（22）：48-50.

呈现出内容更加真实、节奏更加明快的特点，契合了海外主流纪实类节目内容真实可感、情节铺陈紧凑的特征，更加符合海外受众的审美习惯。节目采用全程跟拍的方式，第一时间对取单、送单过程中发生的状况进行实时记录捕捉，这种拍摄方式摒弃了预设剧本与刻意安排，让外卖员的工作日常原汁原味地呈现在受众眼前，节目用最朴实的镜头语言记录了外卖员的工作过程，细致捕捉他们与商家交流的礼貌用语、面对顾客时的真诚微笑以及在狭窄街道中灵活骑行的身影，受众跟随镜头目睹外卖员奔跑送单的场景。第一期节目讲述"西湖单王"严冬冬的故事，开场就打出"距离订单超时还剩 07:18"的字幕，运用变速和倒计时叠加镜头，让受众跟随镜头体验"速度与激情"，制造悬念提升受众收视欲望。节目中常常可以看到手持跟拍捕捉到的外卖骑手们急促呼吸、额头汗珠与接单时手机屏幕的微光，这些细节在夜色中显得格外清晰。在纪实手法的呈现下，每一个画面都饱含温度，每一帧影像都在诉说着夜幕下不为人知的温情。在一家24 小时便利店里，摄像镜头记录下的对话没有刻意的摆拍，没有设计的台词，只有最朴实的交流，当外卖员接过店员递来的热咖啡，道谢时的微笑让受众油然而生一种暖意，这一温情的瞬间也让受众更加能体会他们的内心，理解他们的不易。在纪实镜头下，外卖员不再是城市中匆匆而过的模糊身影，而是一个个有血有肉、充满故事的个体。

外卖行业在全球广泛存在，是人们生活的一部分。《子夜外卖》记录了外卖员遭遇突发状况后伸出援手帮助他人的故事，此时的他们已化身为温暖与正能量的传递者，背后折射出的是中国城市的活力、社会的秩序以及民众积极向上的精神风貌，海内外受众能从中看到人性共通的善良与互助，节目构建的跨越国界情感连接的视觉场，也让海外受众更容易消除因文化差异带来的陌生感与距离感，进而引发情感共鸣。如果说甲热是在4000 米的高原上给出现高反的游客送去温暖，那么第三期节目中 54 岁的外卖员王计兵则是"用 4000 首诗爱着这个世界"，他利用送外卖的间隙写了 4000 多首诗歌，还出版了一本名为《赶时间的人》的诗集，被读者誉为"真正劳动者的诗歌"。节目中记录了一天深夜王计兵买药、送药的经历。在接到一个买药的订单后，他跑了多家药店都已经关门，给收件人打去电话，对方说自己在外地，家中年迈的父母身体不适，恳请王计兵想办法帮忙，王计兵说他听到老人这两个字心里就咯噔一下，他坚持寻找，终于在找到第七家药店时买到了药，并马不停蹄地给收件人家中送去。纪实片的叙事不仅不与其对真实的主张冲突，并且是决定其创造性的关键。① 其中包含的人物、背景、事件、冲突和悬念等叙事元素，在起承转合中让受众获得沉浸感和体验感。深夜买药、药店关门、顾客焦急、坚持寻找、送药成功，这个过程中受众随着王计兵的脚步，自我投射之后更容易与其实现情感连接。《子夜外卖》节目中这些看似平淡无奇的跟拍过程却充满了人间温情，"赶时间的人也有诗和远方"既反映了中国当代社会的城市脉动，也蕴含着打动海内外受众的共情力量。

这样的故事在第七期节目中同样发生在外卖员刘壮身上。也是为老人买药，也是夜间，也是跑了好多家药店，终于赶在药店关门前买到了药。相似的记录过程，呈现的却是不一样的感动。节目中最打动受众的地方是刘壮与于爷爷、于奶奶之间形成的不是亲人胜似亲人的"亲情"，当他扶起老人帮助喂药、细心询问老人身体状况、确认老人是否需要其他帮助时，当"再见，奶奶"与"慢点"叮咛的相互道别时，这些看似平凡的日常场景通过纪实镜头原汁原味地呈现出如同亲人般的关心与关爱。"即使曾经素未相识，只要一点善良、一点温暖，我们就会彼此无比靠近"，《子夜外卖》用平实的节目旁白诠释温暖故事，以小见大展现和谐向上的社会样貌，通过对人类共通情感内核的深度挖掘打动海外受众，让他们能从节目构建的视觉场中感受不同文化背景下人性中最本真的温暖。

外卖员在深夜为老人奔波买药虽是生活中的细微之事，但当节目中反复出现这样充满人性关怀的内容时，能够以一种直观且易于理解的方式，将普通百姓的善良与互助传递出来，不断强化"中国人乐于助人"这一关键信息，使海外受众在众多文化符号和信息中，对中国普通百姓的善良与热心留下更为深刻的印象，进而对尊老敬老、邻里互助等中华传统美德在当代社会的延续形成更为深切的体认。海外受众或许对中国的社会运行模式、生活细节并不熟悉，但这种人与人之间纯粹的关爱是共通的情感语

---

① 佟珊. "后真相"时代国际主流纪录片的"故事化"转向［J］. 当代电影，2023（11）：126 - 133.

言，通过重复讲述类似故事，就像在文化传播的桥梁上不断加固基石，让海外受众逐渐跨越文化差异带来的理解障碍，更深入地走进中国普通百姓的日常生活，他们看到的已不仅是个体的善举，更是整个中国社会积极营造温暖、互助氛围的努力。

《子夜外卖》中记录的温暖故事远不止这些。第六期节目主人公之一的洪成木是一名超时成为常态、乐观开朗也是常态的外卖员，镜头从记录他又一次可能延误的送单开始，让受众对节目进程充满了悬念。尽管他受到了顾客的责难，但受众很快从镜头记录中看到了这位"迟到大王"的另一面。在送外卖的途中，洪成木经常会发现一些举止异常的走失者，他们大都为阿尔茨海默病患者、智力障碍者或迷路人员，走街串巷的工作特性让他加入"寻人者"的队伍，他会通过假装问路等方式与他们沟通，记下他们的外貌特征，然后在网络平台搜索寻人信息，或者通过报警等方式帮助他们，近四年时间他通过线上、线下多种途径帮助了 93 名走失者与家人团聚。这份温暖不仅给予了走失者，也传递到他周围的人，他的同事得知情况后会主动帮忙接手他未完成的订单，群里的热心网友也会转发信息形成一张庞大的爱心网络。洪成木的故事展现了人性中最纯粹的善良，他没有太多顾及可能面临的因送单超时造成的客户投诉，而是将帮助他人放在首位，用实际行动诠释了什么是关爱，让受众从中感受到人与人之间的温情，这样温暖人心的故事同样也会激发海外受众自发地去品味和感悟。

有的外卖员在大城市霓虹灯下奔忙，也有的外卖员在小城市街巷之中穿梭。在无法实现预期的经济和社会地位以及需要面对无法融入的城市社区和不断增加的职业压力时，主动或被动产生返乡意愿乃至最终选择返乡是部分青年外卖骑手应对上述困境的一种选择。① 第二期节目中，外卖员杨九明从上海回到江苏南通老家，通过逐个介绍推广、手绘乡村地图，把外卖带进家乡小镇，为乡村留守老人送去便利。更难能可贵的是，杨九明将职业尊严升华为人文关怀，他建立了"特殊订单档案"，记录了多位老人的健康状况与生活需求，主动为老人检查药品有效期、冰箱食物保质期

---

① 崔岩，张宾，赵常杰. 农村青年返乡意愿影响因素研究——以外卖骑手为例 [J]. 中国青年社会科学，2022，41（05）：78 - 86.

等，这种超越配送的服务意识，让他的外卖订单不仅承载着异地子女的亲情牵挂，也让他收获"大管家""家人"的称谓。这样的返乡外卖骑手用数字化工具重构了乡村温情的网络，让外卖箱成为连接城乡的纽带，在阡陌间传递着温暖。

子夜外卖人群的构成复杂多样，他们的需求和背后的故事也丰富多样。也许是加班到深夜的上班族，用一份外卖慰藉疲惫的身心；也许是夜晚失眠的人，借食物寻找些许温暖和安慰。在这个情绪相对放松、更容易打开心扉的时刻，正如节目旁白所说的那样："深夜里的点单人，更能凸显出真实内心诉求。"外卖员作为连接这些人的桥梁，见证着一个个温暖的故事。第八期节目的主人公之一是深圳"最年轻的女骑士长"蒋小溪，深夜时分她将一份外卖送到顾客家中，顾客看到她是位年轻姑娘，转身将自己平常使用的面膜赠送给她并道一声"辛苦了"，这个场景让蒋小溪温暖了很久。第一期节目中，外卖员严冬冬在深夜依然坚持去接一些不赚钱的订单，在他印象中这些不赚钱的订单，要么来自地铁站的工作人员，要么来自医院值班的护士，抑或来自建设工地的工人，在为城市深夜"打工人"送去温暖的同时，严冬冬也成为观察者与参与者，他和蒋小溪一样见证着城市夜晚鲜为人知的温情时刻。

节目让摄像镜头既成为外卖员工作与生活的"隐形旁观者"，也成为外卖员眼中点单人背后故事的"真实记录者"。凌晨给家人订一个生日蛋糕，送上一份祝福；为心爱的女孩订奶茶和炸鸡，营造一份深夜浪漫，这些看似普通的订单背后，是人与人之间那份深厚的情感牵挂。外卖员们在配送过程中，不仅是传递物品，更是传递着温暖的情感，当他们将蛋糕准时送到顾客手中，看到顾客脸上洋溢的幸福笑容时；当他们把奶茶送到女孩手中，看到女孩惊喜的表情时，受众也能从中感受到那份由衷的喜悦和温暖。节目中有许多温暖人心的瞬间，也有许多看似平常却动人的温情故事，这些瞬间犹如繁星点点温暖着受众的心灵，这些故事拼凑出社会生活的真实模样，极易打动受众的内心。

从纪实美学角度看，电视纪录片具有记录历史、关注情感、抒发情怀、构建文化认同的创造功能。① 《子夜外卖》坚持纪实美学的创新表达，努力在不完全可控的实时记录中捕捉真实的生活，节目大量运用同期声记录下外卖员接单时的提示音、骑行时的风声、送餐路上的嘈杂声以及他们与家人通话时充满牵挂的话语，进一步增强了节目的现场感和真实感，未经修饰的原生态画面呈现成为节目最鲜明的特质。节目还采用海外受众易于接受和理解的叙事手法，在真实客观记录的同时，清晰简洁地讲述故事，以温暖故事串联起的视觉场，向海外受众呈现出一个充满烟火气与正能量的现代中国。

第二节　从子夜观察照见社会百态

2022 年，中国夜间经济总规模达到 3.96 万亿元人民币，占国内生产总值的 4.1%。"夜经济"的快速发展为城市经济注入了新的活力。② 作为夜生活的组成部分，夜食经济支撑起重要一环，外卖随着物流的发达，也正在成为新的消费习惯。饿了么数据显示，水果、茶饮、零食是各类城市夜间外卖的热门品类，消费者习惯于线上选购、即时送达、解放双手。③ 子夜时分已没有了嘈杂喧嚣和车水马龙，人们大多已进入梦乡，而外卖员的工作却仍在继续，用一个个订单补足即时零售的最后一环。

《子夜外卖》打破常规，将拍摄聚焦在子夜，让受众看到城市不为人知的一面，为他们带来全新的观看体验和思考，也让他们在关注外卖员群体的同时，看到城市在夜晚依然跳动的脉搏。节目记录了 20 多座城市，以跨越城市层级与地理形态的叙事格局，构建起中国夜间经济的全景图画，不仅让"子夜"成为观察城市经济活力的独特棱镜，更通过外卖员流动的轨迹构建起解读夜间消费经济的动态图谱。央视财经发布的首个"中国夜经济活力指数报告"显示，2023 年夜间消费最活跃的十座城市分别为成

---

① 张志庆. 论电视纪录片的纪实美学及创造功能 [J]. 纪录视界，2025 (1)：37 - 40.
② 吴雨桐，雷达，阳鑫. 文旅融合视域下"夜经济"实施路径与发展策略 [J]. 北方经贸，2024 (6)：107 - 110.
③ 邵鹏璐. 夜经济 正光明 [N]. 中国经济导报，2023 - 10 - 17 (3).

都、北京、上海、重庆、杭州、深圳、长沙、郑州、武汉、广州。① 作为一档 2023 年初就策划的节目，《子夜外卖》所涉及的拍摄地与这份报告几乎完全重合，而在节目策划之初并没有上述调研报告可供参考，最终形成的这种巧合或许正是作为个体形象的外卖骑手与作为宏观概念的夜经济之间的必然关联，这也从一个侧面反映出节目所呈现的子夜外卖的故事具有相当的代表性。

子夜里，每一个为生活努力打拼的人，每一个为梦想奋力奔跑的人，都散发着莹莹微光，汇聚成璀璨的星河。表面上《子夜外卖》是在讲述外卖员这一群体的故事，实际上节目也聚焦百姓生活，通过代入外卖员的视角，展示他们跑单、送货的过程，娓娓道来他们接触到的社会百态。深夜的城市在节目镜头下呈现出与白天截然不同的样貌，节目通过多维视角呈现不同群体的子夜故事，生动刻画了不同城市的夜间消费场景，让受众从节目构建的视觉场中洞悉城市子夜时分的活力密码。

第四期节目中，受众通过对被誉为"长沙单王"的谢欣欣的观察，重新认识了子夜里的长沙：夜是安静的，路是宽敞的，时不时有三五个外卖员骑车飞驰而去，很多 24 小时营业的美食店门外聚集着正在等待接单的外卖骑手，晚上十点到次日凌晨两点是人们点外卖的"午夜高峰"，烧烤、小龙虾、长沙米粉等美食成为最受欢迎的夜宵选项，到了凌晨三四点，包子、豆浆、粥、螺蛳粉等又成了很多夜间下班族休息前的"夜宵"。在为受众揭示长沙深夜密码的同时，谢欣欣也从长沙夜宵店火爆的背后生发出自身发展的思路，希望在不久的将来，利用跑外卖学习到的经营经验，在长沙市中心开一家烧烤小龙虾夜宵店。如此朴实的话语、朴素的追求通过对社会现实的深度记录与挖掘加以呈现，无疑能让受众在触摸到真实温度的同时引发情感共鸣，这种真实感也能跨越文化和语言的障碍，引发海外受众的关注。

人类天生具有好奇心，对于新鲜、未知的事物充满探索欲望，新奇特节目元素恰好迎合了这一心理特征，它以新颖、奇异、独特的特点激发受

---

① 央视财经. 央视财经首个"中国夜经济活力指数报告"发布［EB/OL］. 百家号，https：//baijiahao. baidu. com/s? id=17949977711708515827&wfr=spider&for=pc.

众的好奇心，进而成为吸引受众关注、突破传播界限的关键因素。第二期节目中出现的广州"握手楼"就有着这样的特点。建在山坡上的"握手楼"区域，共有 14 条巷子，近 30 个出口，区域内道路交错，门牌排列复杂，导航在这里没有用武之地，不少外卖员进去后很难找到出来的路，也因此被外卖员称为"外卖禁区"。节目带领受众来到广州的员村山顶探访，因为商家、顾客需要解决配送餐，外卖员陈志文选择在这里坚守六年之久，逐渐用脑力和脚力破解了此处的"迷宫"，并且还培养出一支约 200 人的外卖骑手团队，在他们的努力下，员村山顶不少濒临停业的商户起死回生，再次焕发出欣欣向荣的夜经济生机与活力。

同样有着"外卖禁区"之称的重庆白象居也有着以新奇特吸引受众的潜质。白象居是重庆一片高达 24 层的住宅群，住宅依山地而建，大楼没有一部电梯，不同楼层有多个出入口，可通往不同的街区，具有"你以为在一楼，实际上在十楼"的魔幻感。第四期节目中就记录了程俊杰和陈奎一对师徒深夜探访"外卖禁区"的经历。90 后的徒弟陈奎在经过一段时间的学习后开始独自送外卖，一天晚上就接到了白象居的订单，面对这样的订单，哪怕是土生土长的陈奎依然着急犯难。为了让徒弟能积累经验、快速成长起来，师父程俊杰全程隐于幕后观察，仅是通过电话提供帮助，陈奎不得不通过多频次问询与渐进式路径探索来寻找目的地，完成配送时的他已是汗流浃背、气喘吁吁。看似习以为常的送外卖，当它出现在重庆这座城市的时候，竟变得如此充满挑战，这本身就已经具备十足的看点。《子夜外卖》选取展示这样的故事，不仅让受众体会到外卖行业的不易，也让他们在对重庆城市特色留下深刻印象的同时，将新奇特的元素与节目联系起来形成独特的记忆点，进而引发对节目的关注。富于新奇特的内容往往蕴含着独特的文化元素，也能激发海外受众的好奇和探知欲望，放大视频内容的海外传播。

在现代城市生活的庞大体系中，外卖员已成为不可或缺的一部分，他们风驰电掣于大街小巷，在城市的各个角落穿梭，就像城市的"流动名片"，以其广泛的社会接触，将城市的魅力与特色传递给每一个与之接触的人。西安的外卖闪送员高一凡凭借自己能准确辨认出西安街景照片的独特优势，在跑腿送订单的同时，把介绍西安的美食美景和文化风俗当成了

自己的另一份工作，当起了西安的"义务宣传员"。第五期节目中受众跟
随记录高一凡闪送订单的镜头，总能看到一群群身着汉服的女生，在这座
充满古风气息的城市不用担心收获异样的眼光，这也是高一凡喜欢西安的
原因之一。海外受众也能在看到中国城市夜生活丰富多彩的同时，感受到
中国社会的活力与包容。

《子夜外卖》通过外卖员的观察记录着子夜时分的社会百态，而一些
特殊的外卖员也成为子夜被记录的亮丽风景，他们已不只是送单的匆匆身
影，而是怀揣梦想的追光一族。第四期节目中的蒋一冰是油画专业毕业的
硕士研究生，她离开家乡来到文化氛围浓厚的成都追寻自己的绘画梦想，
对她而言送外卖不仅是一种谋生手段，更是灵感的源泉。当骑着电动车穿
梭在深夜的大街小巷，她能真切地感受到自己与这座城市的融合，生活里
平凡的瞬间都被她捕捉成为绘画素材，用纸笔定格下最美的瞬间。在她看
来，外卖的每一单都是生活中的"六便士"，支撑着她追逐心中的"月
亮"，展现出一位文艺青年在生活与理想间的独特追求。

三位热爱音乐的外卖员——上海的钢琴手李瑞丰、蚌埠的吉他手宋金
文和威海的鼓手尹海帛组成了"蓝骑士乐队"，生活的压力让他们选择送
外卖，但音乐梦想从未熄灭。在奔波送单的间隙，李瑞丰看到医院的钢
琴，试弹一曲便登上热搜；宋金文抱着吉他边弹边唱，视频在网络引发热
议；尹海帛在休闲时唱歌舒缓心情，成了外卖员中的"百灵鸟"。走红后
的他们依旧坚守外卖岗位，在现实与理想中找到了平衡，诠释了平凡人对
梦想的执着。第三期节目中，在夜幕下的上海渔人码头，他们吹着口琴、
弹着吉他、以桌为鼓，大声唱着喜爱的歌曲，其沉醉于音乐的场景何尝不
是子夜里一幅打动人心的温暖画面。这些特殊的外卖员在子夜的夜幕下，
用自己的方式展现着社会的丰富与多彩，打破了海内外受众对外卖员单一
的刻板印象，呈现出外卖员群体丰富的内心世界和多元的人生追求。

跑完夜单后，陈志文经常在自己的出租屋里举行"围炉夜话"，外卖
骑手们总会相约在这间小小的出租屋里，谈论着一天的收获和遇到的困
难，互相打气鼓励，小屋不大但充满着欢乐，屋内微弱的灯光在黑夜中显
得尤其耀眼。《子夜外卖》以子夜为切口，以真实为底色，通过独特的观
察视角填补了外卖及夜经济题材的创作空白。节目通过即时的跟拍、平实

的剪辑，呈现出外卖员在夜幕下的平凡生活以及夜间城市在镜头下与白天截然不同的样貌，向受众呈现了勤劳、踏实、可爱的百姓群像。同时借由外卖员的眼睛，也让海外受众看到了夜色中缤纷多彩的中国社会景象和人生百态。

第三节　以人文视角讲述奋斗故事

外卖行业的蓬勃发展是中国经济快速发展和社会变迁的一个缩影。截至 2023 年，中国外卖员数量为 1300 万人，并以年均近 20％的速度增长。[①]《子夜外卖》将镜头对准这群在城市灯火中繁忙穿梭的外卖骑手，借由个体叙事呈现群体形象，以人文视角大尺幅描摹由外卖员奔忙不息的身影编织而成的"奋斗烟火图鉴"，用多元个体的真实故事共同勾勒出新就业群体的立体画像，展现其多样化的职业价值与社会贡献，海内外受众也能从节目构建的视觉场中深切感受到城市周遭的烟火气，并能对那些披星戴月、努力追梦的普通中国人多一分理解与善意。

人文纪录片是通过记录人的生活，展现文化变迁、历史变迁的纪录片，具有记录历史和反映现实的作用，强调从人性化的视角挖掘影像的文化内涵。[②] 可以说，有温度、有深度、有透度的人文内核是纪实类节目打动受众的关键要素。在《子夜外卖》的镜头里，那些穿梭于城市霓虹间的外卖员，背负的不只是保温箱里的热汤饭，更载着无数深夜里不肯熄灭的温度。节目采用纪实与温情交融的叙事风格，以真实记录为基石，用镜头捕捉外卖员在子夜的奔波身影，让受众直观感受他们的工作日常，又融入温情元素，赋予人文关怀特质，展现出抚慰人心的温暖底色。节目以细腻的视听语言在纪实与抒情间找到平衡，传递出普通百姓的坚韧与奋斗。纵观全季节目，呈现出三种具有代表性的奋斗叙事。

首先是个人的励志叙事。

在快节奏的社会环境中，每个人都需要在面对生活压力的同时，追逐

---

① 中国人民大学劳动人事学院新就业研究课题组. 以骑手为代表的新就业群体研究报告［R］. 北京：中国人民大学，2023.

② 陈霖，曾一果，高峰. 新世纪人文纪录片研究［M］. 苏州：苏州大学出版社，2014.

能力的提升和事业的发展，《子夜外卖》中的外卖员也是如此。近年来，新人文主义叙事成为构建中西方人文传统的重要路径。运用到电视内容上，立足多元主体的对话与参与，以微观具体的视角通过个人化、个性化叙事展现人民群众的美好生活。[①] 新人文主义叙事不仅展现个体的励志故事，还通过人物的经历折射出时代变迁与社会现实，帮助受众在个体的奋斗中找到共鸣。《子夜外卖》以新人文主义叙事为内核，用平民化的视角凝视外卖员的生活境遇，用细腻的影像语言捕捉他们的平凡生活，赋予他们的故事以诗意与深度。这些人物和话题与普通人的日常生活紧密相连，仿佛一面镜子，映照出受众自身的影子，从而能最大限度地唤起海内外受众的共鸣与共情，让其感受到生活的温度和奋斗的力量。

　　"可能是我送外卖从不会抱怨，每天都笑呵呵的，所以大家才关注我吧。"在第七期节目中，"网红外卖员"张老九为受众展现了一位普通人身上善良、真诚的品格和拼搏、奋斗的精神。"张老九"本名张力，2004 年因家遇变故，他独自一人来到西安，在建材市场找到一份工作。工作十几年也没有攒下什么钱，眼看年龄越来越大，他决定选择送外卖。虽然生活中有诸多不尽如人意的地方，但张老九始终保持着乐观的心态，他坚持节俭生活，却毫不吝啬为家人和公益事业慷慨解囊。在外卖员这份职业之外，"张老九"每天还通过短视频平台分享送单路上的点滴趣事，最初是为了扩大朋友圈，结果受到很多网友的关注和好评而爆红。节目对于"张老九"作为网红通过直播带货增加收入的经历一笔带过，更侧重其作为"城市夜行侠"的平凡与坚守——既是认真送餐的外卖员，也是短视频平台乐于分享的博主，《子夜外卖》在讲述人物故事时着重强调人物的不同侧面，细致勾勒他们丰富的内心世界，让人物更加真实可感、符合现实，进而引发海内外受众的情感共鸣。

　　在坚持真实性和现实主义原则的同时，如果能将简单的事件转化为更加有趣和戏剧性的故事，可以提升受众的观看体验。[②] 白天忙学习，晚上送外卖，第一期节目中 00 后外卖员唐柳东的双面人生就很容易吸引受众的

---

① 胡钰，朱戈奇. 全球文明倡议视角下的地方文化国际传播：理念、叙事与路径 ［J］. 对外传播，
　　2024（11）：4 - 8.
② 管美娜. 现实主义题材电视剧的戏剧性建构研究 ［J］. 当代电视，2022.

关注。作为一名法学院的学生，他选择送外卖，一方面是解决生活压力，另一方面是想要充实自己。他将学到的法律知识运用到工作中，送单时他会习惯性地用涂改笔把客人订单上的隐私信息画掉；遇到无法面对面交单的情况，他会将物品送到顾客指定的位置并拍照留存；身边同事遇到法律方面的问题，他会提供专业性的意见，他也成为外卖员群体里众所周知的"普法小能手"。这些细节让唐柳东外卖员和大学生的双重形象更为具体可感，也让海内外受众从他身上看到了为了梦想不畏艰难、勇于拼搏的精神。

在西方文化中有许多关于个人英雄主义的故事，主人公在面对重重困难时，往往凭借自身的勇气和超凡的能力实现逆袭。中国外卖员的个人奋斗故事同样展现了个体在困境中崛起的力量，所不同的是这种力量并非来自超凡的能力，而是源自普通人对生活的热爱和对家庭的责任感。外卖员们在风雨中骑行的身影，不仅仅是为了完成一份订单，更是为了跨越生活的障碍，追逐属于自己的梦想，奋斗在他们身上更多体现为一种砥砺前行、永不言败的精神力量，这种中国式的奋斗精神对于海外受众而言或许更具亲和力和感染力。通过个体的奋斗叙事，《子夜外卖》不仅深刻展现了外卖行业的酸甜苦辣，更以一个个热辣滚烫的故事折射出普通人的顽强奋斗，让外卖员的生活日常成为一幅充满人文关怀与社会观察意义的时代画卷，吸引那些有过相似奋斗经历的海内外受众从中找到属于自己的坐标。

其次是家人的亲情叙事。

人文纪实类作品之所以广受欢迎，正是因为它满足了人们在日常生活中对情感共鸣的需求，帮助人们通过他人的故事实现自我认同与内心联结。美国心理学家保罗·艾克曼曾经提出，即便是不同地区、民族的人们，都因为拥有共通的情感而产生了相似的面部表情，为人们的沟通和交流奠定了基础。①《子夜外卖》深谙"共情"之道，在创作中以贴近生活的叙事主题为根基，用人文的视角、细腻的笔触描绘外卖员在子夜时分工作

---

① 保罗·艾克曼. 情绪表情理论 [M]. 心理学家的面相术：解读情绪的密码. 北京：当代中国出版社，2006.

的点滴故事和家人之间的关爱扶持，以真挚的情感触动海内外受众的心灵。节目通过展现外卖员在平凡岗位上的坚守、面对生活困境的不屈、逐梦途中的执着以及他们传递的温暖与善意，生动诠释了奋斗精神的深刻内涵。

第八期节目讲述了马闯一家五口送外卖的故事。曾和妻子开披萨店的马闯，面对创业失败的逆境，选择从河南老家来到北京送外卖补贴家用，他还带动父母、妻子和弟弟也加入外卖骑手的行列，他们相互支持与鼓励，为了共同的目标——让家庭生活得更好而努力拼搏，也在异乡实现了团圆。全家送外卖的日子里，他们有着自己的温馨时刻，比如路上互相遇到了，他们会按下喇叭鸣个笛，向对方打个招呼；不忙的时候，还会停下来唠唠嗑，分享彼此在送餐过程中遇到的趣事，相互逗乐解闷；平常有谁遇到难题了，只要在微信群里吆喝一声，也可以得到快速解决，这种亲情的羁绊和相互关怀，成为他们在奋斗路上的强大精神支柱。"外卖一家人"的故事也是无数普通人在生活中努力奋斗的缩影。

近些年，国内的女性主题纪实性作品不再猎奇式地捕捉女性人物的传奇性和个人成就，或对女性苦难生活境遇的单纯记录，而是将女性与社会连结起来，从社会大环境的角度重新认识与介绍女性。[①] 第七期节目将目光聚焦到武汉的沈盼身上，从她与女儿的亲情切入，记录这位"兼职女外卖员"的一天，白天她是售卖麻椒鸡的摊主，晚上则成了送外卖的骑手。因为丈夫跑网约车不在家，沈盼时常带着女儿一起送外卖，她的电动车前箱被改造成女儿小果冻的"座舱"，女儿戴着迷你头盔，一路陪伴母亲穿梭于城市。沈盼坚持"爱是陪伴"，即使工作繁忙也不愿错过孩子的成长。送外卖爬楼梯时，沈盼数着"一、二、三、四"，小果冻懂事地回应："妈妈，我们加油一起上"，这种相互鼓励、相互陪伴的童真对话，既印证了小果冻的不断成长，也成为沈盼坚持下去的动力，更赋予奋斗以温暖的情感内核。这样的记录直观地向海内外受众展示出普通劳动者的自强和坚韧，诠释了奋斗精神里最质朴的家庭责任感。沈盼带着女儿奔波于城市夜

[①] 吴丽君，王思淇. 在场与言说：近年国内女性纪录片中的女性意识探析 [J]. 东南传播，2019
（08）：128-130.

色中的身影，像一束独特的微光，也照亮着海外受众的心灵。

《子夜外卖》里外卖员群体的亲情关系叙事成为展现奋斗精神的独特窗口。在西方文化中，个人成就往往与个人价值紧密相连，而中国外卖员的奋斗故事则强调个人价值与家庭价值的统一，这种差异为海外受众提供了全新的视角，这样的亲情故事向海外传播时，或许会因为东西方的文化差异，一时难以被理解和认同，但也会激发海外受众关注的好奇心，毕竟人类对亲情的渴望和对美好生活的向往是共通的。中国外卖员们在亲情的支持下努力奋斗、追求幸福生活的故事，一定程度上也能触动海外受众内心深处对家人的关爱和对梦想的追求，看到普通中国人在生活中展现出的坚韧与温情。

再次是助人的利他叙事。

利他叙事作为一种极具传播接受度的叙事方式，有着深厚的理论支撑，从人性根源到社会发展，从道德伦理到进化心理，多个学科理论视角交织，共同勾勒出利他叙事丰富而深刻的内涵。从社会学层面来讲，利他叙事对社会凝聚与整合至关重要。涂尔干提出的"机械团结"和"有机团结"理论表明，社会成员间的相互依赖和互助是社会秩序的基础。[1] 在紧密联系的社会中人们相互支持，利他行为是人类共情能力的外在体现，社会的进步离不开个体的利他奉献，利他行为增强了社会的凝聚力和归属感，个体利他行为的集聚推动着整个社会不断向前发展。《子夜外卖》将一个个温暖的利他故事以符合国际传播的叙事方式呈现在受众面前，让海外受众自己去感受、去理解，能够避免文化折扣，实现节目内容更为有效的传播。

第六期节目将镜头投向了一群"无声的骑士"，讲述了听障外卖员徐三毛为他人点灯，也照亮了自己的故事。在徐三毛看来，外卖员就是"追赶时间的人"，他成为很多听障朋友的师傅，带领他们靠自己的努力去打拼。有时他会因为及时帮徒弟们解决送外卖过程中遇到的问题而赶不上自己外卖的送达时间，但他从来没有后悔过，"虽然我们听不见、说不了，但我们看得见、跑得动、有智慧。只要我们不怕苦、不怕累，肯定可以赚

---

① 埃米尔·涂尔干. 社会分工论 [M]. 渠东，译. 北京：生活·读书·新知三联书店，2000.

到钱，养活自己，给我们听障人士争取荣誉！"无声骑士们通过自己的努力逐渐找到自己人生坐标、实现人生价值的故事消弭了不同职业之间的固有差异，让海内外受众从他们身上可以窥见更多类似的平凡劳动者。节目以一种具有跨文化传播潜力的叙事策略所展现出的人类共通情感与精神追求，成为与海外受众达成共情的关键要素。

　　如果说徐三毛的故事是利他了一群人，那么唐泽权的故事则是利他了全社会。石牌村，这座被高楼大厦环绕的城中村，是无数初来广州的年轻人追逐梦想的第一站，第五期节目主人公之一唐泽权的故事就发生在这里。他始终记得五年前刚来石牌村从事外卖工作的时候，因为道路不熟而迷失方向，手足无措之际，一位外卖骑手伸出援手，带他找到了商家。在被感动的同时，唐泽权希望将这份善意传递下去，"在石牌，可以遇到很多刚来广州、刚到石牌追逐梦想的年轻人。曾有人帮过我，所以我也希望在他们有需要的时候，有一个领路人。我想成为这些进入石牌村新人的星光领路人。"一次偶然的机会，唐泽权得知当地相关部门与外卖平台合作，开展石牌村社区治理探索，邀请外卖员参与设计手绘地图，以解决石牌村"找路难"的问题。他毫不犹豫地加入其中，与社区工作人员和居民一起，用脚步丈量石牌村的每一条街巷，为这座迷宫般的城中村绘制出一张充满温度的地图。

　　这些利他行为看似平凡，却蕴含着强大的精神力量。从个人层面看，外卖员在帮助他人的过程中实现了自身局限的超越和自我价值的升华，这种超越自我的精神正是奋斗精神的核心内涵之一。在西方语境中，个人价值的实现一直备受关注，而节目所记录的外卖员通过利他行为实现自我价值的故事，可以让海外受众从中找到与他们所追求的个人成长理念的共通之处。从社会层面而言，很多国家都在倡导社区精神和社会互助，节目中外卖员的利他行为展现出社会的温暖与互助，对于海外受众认识和理解和谐中国也具有一定意义。

　　这样一个又一个描述着普通中国人个体努力、亲情扶持以及助人为乐的故事，既记录了中国百姓的人间烟火，也将外卖员这一群体的奋斗叙事立体勾画出来。这些故事不仅体现了人与人之间的相互支撑，更折射出社会的进步与温暖。在电视语言和表现手法上，《子夜外卖》构建出"诗意化"的纪实特征，即并非一味强调叙事，而是侧重于传递情绪和思想，在彰显真实性的同时融入思想性和艺术性，表达丰富的隐喻与哲理，就像片尾结束语所说的那样："原来夜，在他们的眼里如此美丽。生活的模样如此多样，希望温暖的订单，在今晚之后的夜里不断抵达。"通过节目镜头，海外受众既能深切感受到中国城市周遭的烟火气，也能更加理解那些披星戴月、努力追梦的普通百姓传递的温情与善意。节目中外卖员和所有奋斗者的经历各不相同，但他们用梦想重塑着自己的生活，他们就像城市血管里的血液，用奋斗共同塑造了城市的脉动。

《子夜外卖》通过真实记录、多元叙事、情感浸润，用 20 多组外卖骑手的奋斗故事串珠成线，以"小切口"激发"大共鸣"，实现了"个体奋斗—群体镜像—时代精神"的升华，实现了人文纪实观察类节目在世情记录上的全新立意。节目恪守现实主义的创作路线，选题视角独辟蹊径、情感表达真实温暖，与近年来回归生活本真、触摸社会生机、观照大众心灵的人文视角一脉相承，极度契合当下海外受众的文化审美，为向海外受众讲好中国故事提供了创新的范本。

第五章

从竞合的视角看青春风采

全球化进程推动了不同文化之间的互动和相互影响，而互动的核心之一就是"文化共融"。电视传播符号的视像性决定其意义传播必然要和具体的物像呈现相联系。而只要有具体的物像呈现其意义表达也就自然而然地被划定了意义域。这一意义域完全可以在超越语言的基础上超越种族进而成为当然的意义使者。[①] 视频作品不仅仅是本土受众的娱乐消遣，也成为文化交流和全球传播的重要媒介。在这一背景下，各具特色的内容产品层出不穷，其中有不少优秀的视频作品都构建起"竞合"节目的视觉场，展示出这一具有双重力量的主题——既有竞争的挑战，又有合作的精神。

"竞合"指的是参与事务的多方之间既竞争又合作的关系，这一概念由耶鲁管理学院 Nalebuff 和哈佛商学院 Brandenburger 于 20 世纪 90 年代中期提出。[②] 全球视频内容的制作也借鉴了这一概念，打造了一批融合竞争与合作机制的精彩节目，其在内容和结构上都体现了竞合模式，不仅能增强节目的娱乐性和吸引力，也让参与者能够展示其综合能力，包括竞争力、创造力以及团队协作能力，既以对抗性的视觉语言展现竞争的激烈，又用细腻的镜头传递出互助合作的人文温度。

海外的竞合模式综艺节目巧妙融合了对抗与协作的张力，将人性的复杂博弈浓缩于内容之中。从《幸存者》中荒岛部落的结盟与背叛，到《天才》里高智商玩家在合作游戏中暗藏杀机；从《极速前进》里双人搭档环球竞速的信任考验，到《社会实验》中虚拟身份下的社交暗战——这些节目以生存挑战、商业博弈、策略社交或跨界任务为载体，构建出多重规则交织的竞技场。选手们既需要携手攻克团队目标，又要在暗流涌动的淘汰机制中权衡利弊，或缔结短暂联盟，或上演致命反转，最终在集体协作与个人利益的拉扯中揭开智慧、信任与野心的终极对决。这种"合作中竞争，竞争中依存"的节目模式，不仅放大了戏剧冲突，更折射出现实社会中人际关系的微妙本质，让受众欲罢不能。

与海外的成功案例相比，江苏卫视《最强大脑》和《闪闪发光的你》

---

① 刘川郁. 电视文化特征的符号学审思 [J]. 西南民族大学学报（人文社会科学版），2011，32（3）：165 - 168.

② A. M. Brandenburger, B. J. Nalebuff. The Right Game: Use Game Theory to Shape Strategy. Harvard Business Review，1995，73（4）：57 - 71.

凭借其独特的竞争合作模式和引发的情感共鸣，不仅在国内取得了巨大成功，也在海外引发了广泛关注。作为中国首档大型科学竞技类真人秀节目，《最强大脑》源自德国 Super Brain 节目模式，由江苏卫视于 2014 年 1月 3 日首播，节目以展示科学与脑力为主要内容，不同年龄段、不同教育背景、不同职业属性的脑力选手们，在亮剑交锋中谱写着智慧光芒，以脑力竞技为核心，涵盖记忆力、计算力、空间力、推理力等多元能力挑战，各具特点的青年才俊轮番上场展现技能，通过脑力竞技展现人类认知极限，通过中外战队对决争夺"脑王"称号，节目让整个节目充满生机与活力，也充满燃点与看点，一经播出就成为当年最亮眼的综艺节目，真正实现了"让科学流行起来"。

《闪闪发光的你》是江苏卫视 2021 年 4 月 10 日推出的青春职场观察类真人秀，节目以金融行业为切口，聚焦即将毕业的学生初入职场的状态，力图用更加真实的摹写、更加青春的视角、更加年轻化的表达，给予奋斗中的年轻人以温暖和引导。目前推出的两季节目在内容架构与价值输出上呈现出显著的差异化创新。第一季以证券行业全景式职场启蒙为核心，通过经纪业务客户谈判、行业研究模拟路演等阶梯式任务设计，配合观察团对职场软技能的拆解，构建了大众化的职场生存指南；第二季则通过垂直深耕投行赛道，以更具颗粒度的实务操作重构内容逻辑，更创新引入"带教导师"，在高压任务中同步输出硬核技能与职业心理建设方法论，成功塑造了职场综艺的"知识型破圈"样本。从海外传播的角度来看，《最强大脑》与《闪闪发光的你》均创新运用了竞合的节目模式，并以其精彩的内容和普适的价值，引发海外受众对中国年轻人拼搏、进取青春风貌的共鸣，为其构建起一个富有青春张力的视觉场。

第一节　国际视野中多维竞争的纪实叙事

综艺节目的竞争机制本质上是微观社会系统的实验性重构，通过压力情境设计、阶层流动规则、神经激励系统和群体动力学模型的有机融合，视觉场的维度更进一步丰富和深化，既满足受众对冲突叙事的本能需求，又为职场社会化、代际价值观碰撞等议题提供观察窗口。其成功依赖于对群体行为规律的精准把握，以及利用媒介技术放大冲突效应，最终实现真实人性与虚构情境的共谋。

真人秀节目中的游戏内容不外乎是比体力、比智力、比胆量、比反应能力，有的节目还会设置物质奖励以吸引参与者，因此，真人秀节目必然具有一定的竞争性，而节目的紧张刺激和扣人心弦都源于竞争性。[①]《最强大脑》的竞争机制以此为基础，又并非单一维度的智力比拼，而是通过层级化竞争设计与符号化荣誉体系，构建了智力资本的竞技场域，既激发了个体的内在动机，也通过科学的规则设计激发了人类认知潜能。节目通过对参赛者在极限挑战中的表现，展现了中国年轻人卓越的思维能力和应变能力。海外受众通过节目认知了中国年轻人不仅具备扎实的知识基础，还拥有超强的解决问题能力与创新精神。节目通过层层推进的智力考验，使参赛者在挑战中不断突破自我，揭示全球化竞争中"硬核实力＋战术智慧"的制胜法则，为海内外受众呈现了智力竞技与人类认知边界的双重探索。

凯尔纳媒体奇观论用"奇观"一词来凸显大众传媒的示范效应和广泛深刻的影响力。为了强调真人秀节目带给受众的视觉冲击力和心理震撼力，奇观化特质能够较为准确地表达受众的主观感受。奇观化是一种审美情趣的外在演进过程，是一种价值观的外在呈现。[②]《最强大脑》也制造了许多脑力竞技的奇观。早期节目赛制中的竞争以单项能力比拼为核心，涌现出王昱珩等"天花板级选手"，通过如微观辨水等超高难度项目展现个人脑力极限。在第二季第六期节目的舞台上，520 杯同质、同源、同重的水，对普通人而言无异于一片混沌，但对王昱珩来讲却如同万花筒中的每一片花瓣，都独一无二。他仅凭肉眼便能在短时间内准确找出自己曾观察过的那一杯水，这一表现震惊了海内外受众，也让他从默默无闻到名声大噪，收获了"水哥"的绰号。节目中的微观辨水项目以极致的观察力与记忆技巧为核心，其直观的视觉呈现突破了语言与文化壁垒，符合国际科学竞技类节目以奇观化展示吸引受众的共性特征，极易引发海外受众对人类

---

① 杨磊. 真人秀节目游戏规则的快感生产研究 [D] 南京师范大学硕士论文，2020 - 3 - 16.
② 田昊. 论真人秀节目的奇观化特质 [J]. 现代传播（中国传媒大学学报），2016，38（07）：103 - 105.

潜能极限的惊叹与好奇。而王昱珩在中日对抗赛的扇面识别项目中的压倒性胜利，通过短视频片段与媒体报道在 YouTube 等海外平台传播，被海外网友评论为超越科幻电影设定。而他故意放慢答题速度以施压对手的反常规策略也被解读为心理战的艺术，极大契合西方受众对智力竞技戏剧性的偏好。王昱珩的微观辨识能力还被警方用于案件侦破，① 其特异技能脱离综艺舞台后仍具实用价值，更使海外受众增加了对节目内容表达真实性的可信度。

《最强大脑》制作的"最强道具"也为推进节目竞争环节提供了有效助力，并大大提升了节目的可视性。节目通过斑点狗方阵、魔方像素墙、道具零件数量直线突破百万级的"钉子画廊"等标志性道具，构建了多维度的竞争生态。在个体能力层面，密集的斑点狗方阵考验生物特征辨识与抗干扰能力的极限突破，而由数千魔方组成的像素墙则以庞大规模挑战视觉处理的精准度，推动选手在空间逻辑与动态想象等专项能力上不断突破，其富于冲击力的视觉化呈现成为达成海外受众理解的智力通用语言。在系统博弈层面，广场精英方阵等协作项目通过团队分工优化与资源分配策略，将竞争从单一脑力对抗升级为群体效能竞赛，道具的技术可靠性与赛制公平性形成制衡，三维扫描技术等科学验证手段的引入推动了竞技评判体系的迭代。这些"最强道具"既是智力对抗的载体，也是规则创新的催化剂，最终以科学与艺术的交融重新定义了人类脑力竞争的边界。节目通过平衡科学语言全球化与文化元素艺术化，逐步构建起能引发海外受众共鸣的竞技符号体系，进而拓展了其海外传播。

从第四季开始，节目竞争机制逐步升级，从第四季的"人机大战"到第七季的"圈层战场"，从第八季的"脑力天梯"再到第十季的"脑王争霸"，《最强大脑》在赛制上推陈出新，内容上精进笃行，项目上出巧出彩，都让海内外受众印象深刻。这几季节目更是直指竞争的本质，旨在通过比较优势或差异化手段实现目标。除了考察选手的智商之外，《最强大脑》也推出许多新的概念，引入很多非智力元素，如领导能力和决策能力

---

① 陈超.《最强大脑》选手王昱珩协助警方破获肇事逃逸案 [N/OL]. 西安晚报，2016－3－24.
https://society. huanqiu. com/article/9CaKrnJULxF.

的比拼等，扩展竞争的维度。

第九季的赛制就颇具竞争性。在第六轮冲击赛中，节目通过资源卡竞拍、团队连带责任、多维能力考核及高压规则设计，构建了个人与团队、策略与执行、心理与脑力的多层次竞争体系，既考验选手的即时决策力，也是规则设计下的策略博弈，充分体现出高强度脑力竞技的复杂性和残酷性。选手根据资源卡数量选择单人、双人或三人组，形成"强者抱团"或"弱者联合"的分化，仅当小组成员全部晋级时，整组才算成功，若个别成员失败，全队需重新争夺名额，加剧了团队内外的协作与竞争压力。稍微弱一些的，可以挑选强者作为搭档，结为队友进行团队作战，但强者未必同意，因为他们有着自己的思考，他们也在追求最大概率的晋级可能，落单的要么是对自己信心十足，要么是没被人挑选。这里的竞争已不再是单纯的脑力比拼，而是综合素质的较量，看似有着互助协作的成分，但最终体现得更多的还是竞争，追逐的还是总决赛夺魁的目标。

节目中出现的强对抗、高冲突的竞争机制无疑是吸引海内外受众的看点，而年龄与经验的反差打破了经验至上的认知框架，展现了新生代选手的爆发力。第十季的亮点之一就是新秀和脑王之间的挑战赛，新秀只有在成功挑战脑王后才能获得荣誉勋章，而脑王如果未能成功守擂则面临出局的风险，这样的竞争机制无疑能激发海内外受众的收视欲望。西方社会普遍接受挑战权威的叙事，尤其在强调个人英雄主义的国家，这种逆袭或以小博大的故事极易引发受众共鸣。

海外受众对《最强大脑》的青睐根本来源于智力竞技本身的魅力。在许多西方国家，智力挑战类节目早已有成熟的市场和受众基础，海外受众很容易被《最强大脑》中展现出的多样化智力竞技所吸引，节目项目涵盖记忆、心算、魔方、数独、听感、空间、观察、推理等多个领域，不依赖于特定的文化背景知识，而是基于人类共通的认知能力和思维方式。如魔方挑战考验选手对空间的感知和手眼协调能力，无论来自哪个国家，受众都能直观地感受到选手在快速还原魔方过程中展现出的惊人脑力。再如心算项目选手对复杂数字的快速运算，更是让海外受众惊叹于人类大脑运算速度的极限，这种超越文化差异的智力展示，使得不同国家、不同文化背景的受众都能沉浸其中，感受智力竞技的魅力。节目还始终将科学作为核心，全程邀请科学家从专业角度解读选手的竞技表现和挑战项目背后的科学原理。对于海外受众而言，这不仅是一档综艺节目，更是一次学习科学知识、了解大脑奥秘的机会，节目中对脑科学知识深入浅出的讲解，满足了他们对未知领域的好奇心和求知欲。节目通过智力项目竞技这一让受众易于理解接受的形式，充分展现出在场选手的观察、推理和创造能力，而科学性与娱乐性的完美结合正是《最强大脑》吸引海外受众的重要因素。

竞技类节目评判输赢的结果并不止步于节目舞台，更在于广阔的社会与人生舞台。[①] 如果说《最强大脑》的智力竞技是吸引海内外受众的看点，那么《闪闪发光的你》则将职场竞争置于社会现实语境中，以生活化的叙事方式为受众提供了一面多维度观察的媒介棱镜。节目选择金融行业为切口，不仅因为金融行业是全球性行业，具有广泛的国际关注度，还有一个重要原因就是金融行业尤其是投行具有快节奏、高压竞争、高专业性的特点，节目设置了要求实习生在限定时间内完成行业研究报告、客户谈判等任务，此类任务场景能快速制造矛盾冲突，符合真人秀节目对"强情节"的需求。相较于其他行业，金融行业的强规则性与高冲突场景为节目提供了天然叙事优势，其职场逻辑的国际化属性和视觉化任务设计，便于通过任务拆解实现可视化叙事，降低海外受众的理解门槛。

竞争的叙事从第一季首期节目就已开启。从全球一万多名求职者中选拔 30 名参与节目，这一庞大的竞争基数凸显了职场竞争的残酷性。节目中，30 名来自海内外名校的求职者需要通过四大象限考核以及导师的压力面试，展示自己的专业知识、技能及个人特质，以争取九个进入实习阶段的名额。四个象限考核涵盖了多方面能力的考察，从逻辑思维到沟通表达，从团队协作到应变能力，第一象限考核题目是"你觉得你懂投资吗？"每位求职者将随机抽取一个盲盒，并对其中物品进行一段三分钟的路演，以争取到导师 1000 万的投资意向金。第二象限考核题目是"你觉得你聪明吗？"每位求职者将分别持有 20 枚闪光币，用以竞拍闪光交易所内价值300 枚闪光币的十支对外募资的虚拟基金，最终经过十轮竞拍，手中闪光

---

① 陶涛，李书豪，张琪. 视听节目模式中塑造人物的三种类型叙事［J］. 中国新闻传播研究. 2021（3）：212－223.

币最多的考生获胜。第三象限的考核形式是无领导小组讨论，求职者需要现场为 S 公司制定一个提升客户服务的优化解决方案，且将成本预算控制在五万英镑以内。第四象限的考核则是一场辩论赛，求职者将就人生的第一桶金应该投资自己还是投资理财展开激烈辩论。只有在众多竞争者中脱颖而出，才能获得实习机会，这就如同现实职场中，求职者需要在海量的竞争对手中突出自己，才能获得进入企业的入场券。

四个象限考核结束后，求职者还需要进入导师的压力面试环节。为了测试求职者的抗压能力，也为了检验他们简历的含金量，导师们也是火力全开，如"三个多月不可能做那么多事情，你做得很皮毛吧"等犀利发问可谓一针见血。求职者必须要有真才实学，才能不让导师抓住漏洞，在压力面试中顺利过关。节目中，求职者展现的个人专业智慧、处事水平和领导能力都是海外受众所熟悉且认可的竞争优势，加之海外受众对"业绩排名""团队淘汰"等竞争机制有着较高的接受度，辅以求职者群体来自全球名校的国际化背景和熟练的英语沟通能力，进一步增强了节目对海外受众的代入感，构建起契合海外传播叙事的视觉场。

职场竞争叙事具备国际通约性。学者李普曼指出：揳入在任何环境之间的拟态环境（Pseudo - Environment）是媒介构造出来的符号环境。① 在这个"拟态环境"中呈现着真实的职场缩影：有一骑绝尘，也有跌入谷底；有逆风翻盘，也有黯然离场。这样的职场竞争叙事在《闪闪发光的你》第二季节目中表现得尤为明显。该季节目聚焦投行实习生的成长历程，以高强度任务和职场规则学习为主线，为实习生们设置了参与招股书更新、行业研究、尽职调查、发行定价、模拟并购等专业性极强的投行细分工作任务，这些任务不仅要求实习生具备扎实的专业知识，还考验他们的工作态度、思维能力和团队协作能力，如在招股书更新任务中，任何一个由于工作不够细致或专业水平不够到位的小失误都可能影响整个任务的完成质量，其"高压竞争＋职场现实"的框架与海外同类节目有着异曲同工之妙。

---

① 沃尔特·李普曼. 公众舆论［M］，阎克文、江红译. 上海：上海人民出版社，2006.

　　界定真人秀的三大特征包括人造情境、自由时空以及真实记录。①《闪闪发光的你》模拟金融职场情境，于有限的真人秀时长篇幅中，设置了诸多强竞争的关键转折点，每期一个任务有竞争，每一次竞争中又暗含博弈的策略和化竞争为合作的机遇，当难度升级、竞争加剧，选择联袂还是逐鹿就成为影响实习生抉择的关键。而强竞争的模式设定则让节目变成一次职场中的大型社会实践，实习生们不同的性格、迥异的选择、机敏的交锋，都让节目成为高手过招的擂台，形成了足够多有矛盾冲突的看点与亮点。即使从海内外金融圈的实际运作来看，节目为实习生们设置的任务一点也不简单。第二季第八期节目中，他们被分为买卖双方挑战"并购谈判"的竞争堪称白热化，围绕公司估值这一焦点，双方在价位方面寸步不让，谈判升级为辩论赛，初出茅庐的实习生们通过此次模拟的并购谈判，深切了解了商业谈判的复杂与反复，同时也明白了竞合关系的微妙转换，在实战中不断挑战自我的同时也实现了自我的成长。

　　节目设置的淘汰机制无疑给实习生们带来了巨大的压力，每一次任务考核的结果都可能决定着他们是否能继续留在实习岗位上。在面对淘汰压力时，实习生们的表现各不相同，有的会更加努力，不断提升自己，积极应对挑战；有的可能会因为压力过大，出现失误，这种淘汰机制真实地反映了职场中的竞争现实。随着实习的不断深入，实习生们也在竞争环境中不断成长，有的会更加注重发挥自身优势以展现独特价值，有的会主动学习他人长处以弥补自己的短板，他们逐渐明白只有不断提升自己，才能在竞争中占据优势，海内外受众也从中看到了青年群体拼搏向上的精神风貌。

　　《闪闪发光的你》采用纪实拍摄手法真实记录求职与实习的一群年轻人，从他们日常的工作场景，如在办公室里忙碌地处理文件、与团队成员讨论方案，到面对领导批评时的紧张表情，以及在任务压力下的焦虑情绪等细节的生动呈现，让受众直观地看到年轻人初入职场时的状态，并能身临其境地感受到职场竞争的氛围。节目没有职场剧中精彩的转折、痛快的逆袭，抛开了讨喜模式的真人秀，以真实细节展现出职场冷暖，职场新人

① 苗棣，毕啸南. 解密真人秀——规则、模式与创作技巧［M］. 北京：中国广播影视出版社，2015.

的生存境遇与喜怒哀乐牵动着受众的心。职场综艺敢于打破柔光滤镜、抛开剧本套路，也许不再那么温情美好，却因吻合现实的职场生态而引发了海内外受众更多的理性思考与追问。① 可以说，《最强大脑》和《闪闪发光的你》在国际视野中的多维竞争叙事，通过规则设计、情感共鸣与文化适配的三重融合，以创新的视频语言将竞争的场景和内涵呈现给受众，将人类对胜负的本能渴望转化为兼具娱乐性和社会价值的沉浸式体验，让更多海外受众通过对节目的喜爱进而产生进一步了解中国社会生活特别是年轻群体生活的兴趣。

第二节　全球语境下合作精神的内涵探求

《最强大脑》和《闪闪发光的你》各自展示了全球共通的语言，前者对标"智力"，后者对应"职场"，其本身不拘泥于地域、语言和文化的差异，在全球范围内都是受众能够感同身受的主题。两档节目在合作精神的呈现上有着相似点，均体现了目标优先、能力互补、规则共识的核心特征，揭示了现代竞争中"个体卓越"与"群体智慧"的辩证关系，所不同的是，《最强大脑》里的合作服务于智力极限突破，通过动态策略调整应对抽象挑战，更偏向认知边界的探索；而《闪闪发光的你》里的合作则聚焦职场生存法则，平衡个人竞争与团队效能，映射真实职场生态，更加贴近社会化协作的实践逻辑。

节目主要围绕默契配合展开合作叙事。在《最强大脑》的赛程中，诸多组队比赛项目为选手们提供了合作的契机，充分展现了他们之间的默契配合，以第六季为例，其赛程设置的一大特点就是在比赛中更加强调合作的理念。从百人抢位赛开始，节目就推出了组队比赛项目"寻找阿基米德"，场上年纪最小的两位中学生凡正阳和吴圣洁成为队友。面对复杂的题目和紧张的比赛氛围，凡正阳在观察环节中凭借敏锐的洞察力迅速捕捉关键信息，吴圣洁则在分析和推理过程中展现出严谨的思维，两人紧密协

---

① 朱怡璇. 情感共鸣与价值引领：职场类综艺节目的演进历程与创新逻辑［J］. 中国电视，2021
（06）：47－51.

作将各自的优势发挥得淋漓尽致，最终凭借出色的发挥和彼此间的信任感共同晋级。

该季最后一期的国际赛终极战中，中国战队与国际战队对决"立方雷阵"项目，三位中国选手默契配合，宋一骜作为接力赛第一棒的选手，凭借冷静的心态和出色的能力为队友积累下巨大的时间优势，王易木每接收到有效讯息都会快速搜索出相匹配的正确答案，郑林楷则拼尽全力，仅用三分多钟就将立方体拼接成功。在这场比赛中，三位选手不仅在技术层面上密切配合，更在精神层面上相互支持、相互鼓励，每当王易木解锁一个立方体，宋一骜都会及时伸出大拇指给他鼓励，他们展现出的协同制胜能力成为中国战队最终获胜的关键因素。

同样《闪闪发光的你》对于现实生活的观照使其创作出有趣的竞合模式赛制，模式促动实习生发挥出更好的表现，而实习生在这种竞合机制下的表现，最终都反哺为足够精彩的节目观感。第一季第六期节目中的任务是采取团队赛的形式进行课题考核，比拼如何成功为大学生讲授一堂投资教育课程。谢真组的成功就体现了团队间的默契配合：谢真把控整条逻辑主线，苏俊鑫负责设计互动小游戏，林子健和林鹰谷负责完善方案，引出"基金应该长期持有"的观点。尤其是苏俊鑫，完美发挥了一名隐形领导者的角色，不论大方向的制定还是团队分工，都在竭尽所能让大家的合作朝着一个好的方向发展。在团队任务中，成员之间的协作和配合至关重要，不同性格和专业背景的实习生需要在短时间内磨合，共同完成任务，既要展现个人能力，又要为团队目标努力。节目中这样的团队赛项目还有很多，实习生们充分发挥各自专长和优势，有的凭借扎实的专业知识，负责收集和整理海量的行业数据，对各类报告、文献进行细致的研读，为团队提供丰富的信息；有的擅长数据分析，运用专业的工具和方法对收集到的数据进行深入挖掘，从中提炼出关键的趋势和问题；有的具备良好的沟通能力，积极与团队成员交流想法，协调各方，确保整个任务的进度和方向，他们在合作中克服了个人能力的局限，实现了优势的互补，充分展示了在任务攻坚中相互协作、共同努力的合作精神。

跨越地域与文化的差异，人们对于团结协作的向往是一致的，节目中所呈现出来的合作精神，基于人类共通的情感与价值追求，无疑能引发海外受众的共情，而合作精神中隐含的奉献与责任感，与人类共同情感中的利他主义相通，同样能够超越文化隔阂引发海外受众共鸣，节目还将合作精神与青年成长紧密结合，让海外受众从中感受到青春奋斗的美好模样。而对于合作精神内涵的探求无疑成为视觉场隐喻表达的重要内容。

一、信任是合作的基石

信任是合作的基础，各方需要通过坦诚、透明和及时的沟通来建立和维护信任关系。[1] 在《最强大脑》节目的合作场景中信任贯穿始终。选手们在组队比赛和团队战中，需要将自己的"后背"交给队友，相信对方的能力和判断。在需要接力完成的项目中，前一棒选手必须毫无保留地将自己获取的信息传递给下一棒选手，而下一棒选手也必须充分信任前一棒选手的判断，迅速基于这些信息展开后续的操作，如果选手之间缺乏信任，就会在传递信息时犹豫不决，从而影响整个团队的效率和表现。在国际对抗赛的高压环境下，信任更是显得尤为重要。面对来自不同文化背景的对手，选手们需要更加坚定地信任队友，才能在复杂的比赛中保持默契，协同作战。这种信任不仅是对队友能力的认可，更是对彼此人品和责任感的信赖，是合作得以顺利进行的基础。

信任同样贯穿《闪闪发光的你》节目中团队合作的始终，是合作得以顺利开展的基础。当实习生们组队开展任务时，他们必须毫无保留地信任队友的能力和责任心。在涉及复杂财务分析的任务中，负责数据收集的实习生需要将收集到的原始数据准确无误地交给负责数据分析的队友，如果前者对后者的专业能力缺乏信任，就可能会对数据进行过度处理或反复核对而导致时间浪费，而后者若不信任前者收集的数据质量，也会在分析过程中产生疑虑，影响分析的准确性和效率。只有双方相互信任，才能确保数据的顺利交接和分析工作的高效进行。在团队决策过程中，信任同样至关重要，如果成员之间缺乏信任，就可能会出现对他人观点的无端质疑，导致讨论无法深入进行，决策也难以达成。只有建立在信任基础上的讨

---

① 李建华，刘树源. 分工与合作：源起性社会伦理的生成 [J]. 社会科学战线，2024（3）：17 - 24.

论，才能让团队成员充分发挥各自的智慧，共同做出正确的决策。

二、沟通是合作的桥梁

有效的沟通是实现合作的关键。在《最强大脑》节目的比赛中，选手们需要通过清晰、准确的沟通来协调彼此的行动。无论是在分工协作的过程中明确各自的职责，还是在遇到问题时共同商讨解决方案，沟通都发挥着不可或缺的作用。在一些需要团队共同完成的项目中，选手们会在比赛前制定详细的沟通策略，明确信息传递的方式和频率。在比赛过程中，他们会及时交流自己的进展和遇到的问题，以便队友能够根据实际情况调整策略。在面对一道复杂的逻辑推理题时，选手们会各自提出自己的思路，通过沟通交流整合出最佳的解题方案。这种高效的沟通机制，使得团队能够在最短的时间内达成共识，提高解决问题的效率。

《闪闪发光的你》节目中，有效的沟通也得到了充分体现。在项目执行过程中，团队需要完成多个子任务，各个子任务之间存在着紧密的逻辑关系。负责不同子任务的实习生通过定期的会议和即时通讯工具，及时交流自己的工作进展、遇到的问题以及需要的支持，他们会明确地表达自己的需求和想法，同时也认真倾听其他成员的反馈。在面对分歧时，沟通的重要性更加凸显。在讨论项目的方案时，实习生们会对项目的重点和方向产生不同的看法，他们会分别阐述自己的理由和依据，互相询问对方的想法和考虑，通过深入的沟通交流，逐渐找到双方的共同点和差异点，最终在充分沟通的基础上达成共识，制定出一个综合考虑多方意见的优化方案。这种有效的沟通机制，使得团队能够在合作过程中及时解决问题，避免冲突的升级，确保项目的顺利推进。

三、互补是合作的优势

每个团队成员都可以从他们独特的背景和经验中引入新的视角，进而带来新的解决问题的方法和策略。[①] 个体样本的多元，在真人秀节目中可

---

① 曹莉. 多元化人力资源团队对创新能力的影响研究［J］. 商讯，2023（14）：179 - 182.

以概括为团队成员的优势互补。各具独特技能的《最强大脑》选手在合作中实现优势互补，从而更高效地发挥出团队的最大效能。有的选手在空间感知能力上表现出色，有的选手则擅长数据分析和逻辑推理，还有的选手拥有超强的记忆力。在团队合作中，他们能够根据项目的需求合理分配任务，让每个成员的优势得到充分发挥。在一些涉及空间构建和图形识别的项目中，空间感知能力强的选手就能够发挥主导作用，快速完成任务的关键部分；而在需要处理大量数据和信息的项目中，擅长数据分析的选手则能够凭借其敏锐的洞察力和严谨的思维，为团队提供准确的决策依据。通过优势互补，团队能够克服单一选手能力的局限性，实现整体实力的提升。

同样《闪闪发光的你》节目中的实习生们也各具特长和优势。围绕市场营销策划任务，具有创意天赋的实习生可以负责提出新颖的营销创意和概念，为策划方案注入独特的亮点；擅长市场调研的实习生可以通过深入的市场调研，收集消费者需求、竞争对手情况等关键信息，为创意的落地提供坚实的市场基础；精通数据分析的实习生则可以运用数据分析工具，对市场调研数据进行深入分析，评估营销创意的可行性和预期效果，为决策提供数据支持，这种优势互补的合作模式容易避免盲目决策，取得明显成效。团队成员们充分发挥各自的优势，相互配合，不仅可以提高团队的工作效率和质量，也会让每个成员在合作中能够发挥自己的特长，实现自身价值的最大化。

《最强大脑》与《闪闪发光的你》在展现中国年轻人面对挑战时的独立性与团队精神时，突出了"自我超越"这一在全球范围内被普遍认知的核心理念，能够引发海外受众的强烈共鸣。而节目中融入集体主义元素的竞合理念，与中华文化中的"和而不同"异曲同工，向海外受众艺术化呈现这一理念，不仅能让海外受众看到其实际价值，更能促使不同文化背景的受众从自己的文化视角出发对其进行再诠释，其对于当代社会具有广泛而深刻的意义，应用场域既涵盖微观层面的个体互动，也可以延伸至宏观维度的国际关系建构。

第三节　可视化极致表达形塑青春榜样

《最强大脑》是一档科学竞技真人秀节目，《闪闪发光的你》是一档职场观察类真人秀节目，二者的共同点在于都是真人秀节目，而"真"是真人秀节目的核心要义。两档节目通过对选手与实习生真实表现的现场记录和心路历程的叙事表达，成功将原本专业性较强、可能略显枯燥的脑力竞技和金融职场转化为充满故事性和情感张力的精彩视频。《最强大脑》通过智力竞合的极致化彰显科学探索精神，而《闪闪发光的你》则以职场竞合的镜像化揭示社会化生存法则，从不同维度成功形塑青春榜样，共同构建了"硬核实力"与"协作智慧"并重的成长视觉场，成为观察青年风采的重要窗口。节目还借鉴海外综艺节目制作理念，使其更符合海外受众的审美习惯，以极致的可视化表达吸引海外受众的关注。

一是个人风采的可视化表达。

通过赛季的养成，一些普通人（素人）获得了一定的名气，也能够成为节目的收视动力点。因此，人物塑造作为叙事动力源之一起到了重要的功能和作用。①《最强大脑》选手周玮的故事被称为"中国雨人"的逆袭故事。这位被医院诊断为顽固性低血糖及智力发育低下的选手，却有着惊人的速算天赋。在《最强大脑》第一季第三期节目中，他进行速算挑战时，节目先通过背景介绍，展现他坎坷的成长经历和曾经遭受的外界质疑，与他在舞台上即将进行的挑战形成强烈反差。在挑战过程中，镜头紧紧跟随他的手部动作和面部表情，当他快速写出答案时，现场观众和嘉宾从最初的怀疑到震惊、赞叹的情绪转变被完整记录，这种情绪的传递也感染着屏幕前的受众，而主持人蒋昌健饱含深情的解说和采访时的动容表现，进一步强调了周玮创造的奇迹，让受众深刻感受到周玮在困境中逆袭的坚韧和强大内心，使周玮的形象立体、丰满，富于励志色彩。

白宇鹏是《最强大脑》节目第九季和第十季的"脑王"。第九季节目首战"乾坤魔方"，他凭借对空间的敏锐感知和快速计算，在众多选手中

---

① 彭宇灏. 我国电视真人秀的叙事动力研究［J］. 视听界，2022（1）：62-66＋72.

脱颖而出，以绝对速度拿下第一。此后在"索玛秘图"等高难度项目中，他也接连取得第一，直至总决赛夺冠。第十季节目里，面对十位新人的挑战，他开启"一对十"模式，零封对手，蝉联"脑王"。节目采用多机位的切换全面记录了白宇鹏的答题过程：在"乾坤魔方"挑战中，远景镜头展示他在众多选手之中，身处复杂的比赛环境，却能气定神闲地观察魔方；中景镜头跟进他的手部动作，敏捷且精准地转动魔方；而当他完成作答，第一时间按下按钮时，近景镜头捕捉到他的神情，那是一种大功告成的畅快与自豪。特写镜头还捕捉到白宇鹏的关键瞬间，当他面对复杂的题目时，镜头会聚焦在他的眼睛上，那专注且锐利的眼神，透露出他大脑正在飞速运转，仿佛能看到他在拆解难题的逻辑架构；而在思考时微微皱起的眉头以及嘴角自信的浅笑等细微表情的特写，则将他的心理状态直观地传递给受众，让受众能感受到他的沉稳与自信。在后期制作上，当白宇鹏进行数字推理时，屏幕上会同步展示出他推理过程中的关键数据和运算步骤，以动态图形的形式呈现思维逻辑，帮助受众跟上他的节奏，更好地欣赏他的脑力绝技，从而全方位地将他在舞台上的惊艳表现生动地呈现给受众。面对众多顶尖选手毫不怯场，凭借实力一路过关斩将，展现出白宇鹏超强的稳定心态，他从默默无闻到成为众人瞩目的焦点，完美诠释了青春的拼搏与热血。

在《闪闪发光的你》节目里，林鹰谷以独特的个人风采赢得受众关注。节目通过旁白适时介绍他的背景，提及他获得北京大学金融硕士，还担任过校学生会主席，而有着优秀履历和卓越能力的他却在首轮面试中被意外淘汰，成为被导师复活的第九位实习生。这样的反差贯穿了林鹰谷在整季节目中的呈现，视频剪辑将他初入职场时的青涩与懵懂，与后期逐渐熟练应对各项任务的成熟进行对比剪辑，特别是在他面试时因策略失误被淘汰，被导师复活后在会议纪要考核中，他不仅精准概括发言人内容，还巧妙分层，逻辑清晰地完成了一份简洁明了的纪要，让导师赞不绝口。此后各项任务，他都凭借扎实的专业知识和严谨的思维出色完成，这种前后变化的可视化呈现，清晰地串联起林鹰谷的成长轨迹，塑造出完整的人物弧光，一个积极向上、充满活力的青年形象立体且生动地跃然荧屏，让受众深刻领略到青春职场的独特风采。青春奋斗、梦想追求是海内外共通语言。节目通过对青春榜样的塑造，极致展现他们面对挑战时的专注和执着，以及在失败后重新站起、继续拼搏的精神，借多元视角呈现丰富内容，靠创新表达拓展传播路径，以普适主题引发情感共鸣，海外受众也能够从他们身上看到自己追求梦想、克服困难的影子，从而产生情感认同，使节目在海外获得广泛的接受度。

二是团队精神的可视化表达。

"团队精神"，就其最一般意蕴而言，它是指一个团体为了实现某一特定目标，通过主动调节团体内部的矛盾和行为，从而呈现通力合作和一致对外的精神面貌。[①]《最强大脑》第九季首轮团战中，选手们面临分辨 264 种魔方变化规律并找出正确侧面展开图的难题。限时助力环节，选手可消耗资源卡为全员加时，曹奂东、韩东明慧等选手以团队利益为重，积极参与助力，他们的尝试让第二轮挑战的选手比赛时间从五分钟延长至 17 分钟，为选手们提供了犯错和试错的余地，也让大家吸收到适合自己的解题方式。特写镜头聚焦曹奂东听到助力规则后眼中闪过的坚定光芒，没有丝毫犹豫，迅速起身走向助力挑战区，那毅然决然的步伐彰显出他以团队利益为先的决心，而主持人的点评"韩东明慧虽挑战未成功，但她的团队精神同样值得称赞，她的这份付出激励着每一位队友"，进一步升华了选手为团队无私奉献的精神，节目通过展示选手们为集体利益牺牲个人资源的行为，以及团队成员共同备战、交流解题思维的场景，生动地解读了团队精神，让受众对团队精神的内涵有了更为深刻的理解。

申紫豪组在面临困境时实现逆风翻盘的故事体现的也是团队精神，《闪闪发光的你》第一季节目镜头就聚焦到这个在任务中紧密协作的团队。当接到任务，面对实力强劲的对手，镜头迅速聚焦在申紫豪坚定的眼神上，那眼神中透露出不服输的劲儿，让受众感知到他带领团队拼搏的决心。讨论方案时，韩滨蔚认真记录要点的笔尖、赵峰楠专注倾听的神情，这些特写镜头将团队成员积极投入的状态一一呈现。而当遇到难题，组员们紧锁的眉头、紧抿的嘴唇，也凸显出他们为解决问题而付出的努力，让受众能真切体会到团队在困境中挣扎与坚持的心境。全景和中景镜头则着

---

① 余俊渠. 领导力视角下竞争意识与团队精神的理性解构 [J]. 领导科学，2017（29）：42 - 44.

重呈现团队协作的过程，全景镜头展示出他们围坐一起热烈讨论的场景，成员们你一言我一语，资料铺满桌面，营造出紧张又充满活力的氛围；中景镜头聚焦在两两交流的成员身上，捕捉他们分享想法、互相启发的瞬间，伊木兰和申紫豪针对项目细节激烈讨论，肢体语言丰富，展现出思维的碰撞。剪辑手法也在其中发挥了重要作用，节目将申紫豪组从困境中的迷茫、努力寻找解决办法，到逐渐找到方向、齐心协力推进项目的过程，以时间线为轴进行了前后对比、层层递进的剪辑，让受众深刻感受到团队精神所带来的巨大力量，以及团队在困境中不屈不挠、奋勇向前的精神风貌。

团队精神的展现贯穿《闪闪发光的你》节目始终，实习生们在合作中展现出青春的团结与友爱。第二季节目中，在展开企业尽调任务时，丛广赫凭借丰富的实习经验负责整体规划和协调，刘坤酿发挥医学专业优势查阅大量研究数据，薛梦淇则利用出色的沟通能力与企业、医生和患者进行交流访谈，三人小组在尽调过程中展现出的团队精神被节目通过一系列视频化手法生动记录。节目用特写镜头捕捉到团队成员的细微神态与动作：丛广赫坚定的眼神凸显他作为团队核心的担当，刘坤酿神情专注体现出对工作的积极投入，而在实地调研与企业负责人交流时，薛梦淇脸上始终挂着亲和的微笑。节目将丛广赫小组从接受任务时的信心满满，到调研过程中遇到困难的迷茫，再到齐心协力解决问题的过程全程记录，受众能清晰看到丛广赫小组如何凭借团队精神克服重重困难完成尽调任务，深刻领略到团队合作带来的高效与力量。节目中所展现的实习生们积极向上的工作态度、专业精神以及团队合作意识，与国际社会所倡导的价值观相契合，能引发不同文化背景受众的共鸣，进而使得节目在海外传播时更容易被接受和认可。

三是成长蜕变的可视化表达。

十多年时间，从台上到台下，很多选手在小时候看着《最强大脑》长大，心中埋藏着参加节目的种子，而参与节目的经历与收获更一路伴随他们的成长。杨英豪 14 岁登上《最强大脑》第五季节目的舞台就助力中国队夺冠，节目开篇通过旁白与家庭影像资料回溯杨英豪的成长背景，镜头聚焦在他儿时专注玩拼图的画面，小小的身影坐在地上，认真地拼凑每一块拼图，还通过特写镜头展现他比赛时专注的神情及快速运算的手部动作，凸显出他的冷静与智慧。节目巧妙地运用剪辑手法串联起他的成长脉络，将他初赛时崭露头角的画面与后续比赛中不断突破自我、战胜强敌的片段剪辑在一起，特别是他在国际赛中打败日本"脑王"的高光时刻，这样的前后对比清晰地呈现出他在节目中的成长蜕变，让受众见证他从初出茅庐的少年逐渐成长为自信且强大的脑力高手，并用节目嘉宾的称赞和现场观众的惊叹进行了侧面烘托。

《最强大脑》并非一味放大选手们的天才之处来见证其成长，在节目推进过程中往往也让受众看到选手们作为普通人成长的另一面。第五季第三期节目30进12的比赛中，在不被三位导师看好的情况下，孙勇凭借用时更短战胜了实力强劲的对手。在宣布结果前，镜头一直关注着孙勇的表情，他眼中闪烁的泪光和紧张的神情，让受众能感受到他内心的起伏。当得知自己完胜时，孙勇先是转身握拳低吼，此时镜头紧紧跟随他的动作，捕捉他的每一个细微反应，接下来他弯下腰失声痛哭，镜头则切换为近景，将他背过身去哭泣的画面清晰地展现给受众，这一画面将他一路走来的委屈、努力与此刻的喜悦尽情释放，让受众看到了他的真性情，也见证他完成了从备受质疑到被认可的成长跨越。同一季第四期节目中一场"天才少女之战"在陶佳颐、蔡月辰一对好友间展开，最终蔡月辰以一格之差惜败陶佳颐，但她完全没有嫉妒或者失落，微笑着给好友送上了一个热情的拥抱，这个拥抱也让受众见证了选手的成长蜕变，这也是节目的人文关怀所在，人文关怀天然具备跨文化传播基础，使海外受众更易被代入节目构建的语境之中。

实习生苏俊鑫在金融实习中面临着专业知识不足的挑战，《闪闪发光的你》第一季采用故事化叙事手法，通过跟拍他在实习期间的学习过程，完整讲述了他的成长故事。节目将他从初入职场的青涩到逐渐熟练应对各种任务的纪实片段剪辑在一起，开头展示他面对复杂金融术语时的迷茫，随着实习推进，后续画面是他自信地运用专业知识分析问题，这种前后对比的剪辑清晰地呈现出他的快速成长，让受众看到他在青春职场路上的蜕变。节目还穿插他在休息时间独自学习的画面，以及与父母通电话时表达自己压力和决心的场景，让受众不仅能更深入地了解到他的内心世界，也能感受到他在成长道路上的付出和坚持，进而引发情感共鸣。

展现青年成长与蜕变符合海外受众对励志和成长类叙事的审美偏好。

在全球化的文化传播中，这种强调情感共鸣的节目内容可以被视为文化共享的一部分。共同情感的"凝聚性"为人类群体建构超越政治和文化边界的共同体形态提供了潜在情感动力基础与链接。① 通过找准契合点，个人成长与奋斗的民间叙事便可以在国际传播中跨越意识形态和文化差异的藩篱，激发情感的共鸣、共振。② 借助《闪闪发光的你》，海外受众不仅看到了中国青年成长的经历，也感受到了全球范围内对青春梦想的情感共鸣。

《最强大脑》和《闪闪发光的你》向全球传播的已不单是娱乐内容，更蕴含着"勇于拼搏""敢于竞争""善于合作"的精神，在竞合的视角下为海外受众提供更为多元和包容的文化体验，展示中国青年群体的自信与实力，传递中国青年群体积极向上的精神风貌。视觉化的表达在国际传播中具有突破文化语言障碍、激发情感共鸣的显著优势，海外受众从中形成的直观感受超越了语言复杂表述和文化背景限制，能在瞬间被理解和接受并形成共鸣，极大地提高了内容的海外传播效力。

在国际上推动中国价值观深入传播，并非基于狭隘的对抗心态或国家利益驱使，而是要为全球贡献中国"和而不同"的思维方法，彰显中华文化包容、和合的价值底蕴，创造出交流互鉴、和平共处的"对话式文明"。③ 在全球化的语境下，《最强大脑》和《闪闪发光的你》通过不同文化符号构建的视觉场，传递了中国青年不惧竞争的勇气和才华、团队合作的默契和能力以及对梦想的执着和追求，这种在集体中成就个人的价值观成为海外受众了解中华文化内核的重要窗口，为跨文化传播提供了富有启示性的实践样本。

---

① 徐明华，李丹妮. 情感畛域的消解与融通："中国故事"跨文化传播的沟通介质和认同路径［J］. 现代传播（中国传媒大学学报），2019，41（03）：38-42.
② 徐明华，李虹. 国际传播中的共情层次：从理论建构到实践路径［J］. 对外传播，2022（08）：53-57.
③ 陈伟军. 人类命运共同体构建与中国价值观的国际传播［J］. 新闻界，2019（03）：92-100.

第六章

从情感的视角看婚恋观变奏

2023 年 7 月，新加坡驻华大使陈海泉先生访问江苏广电，表达了对新加坡文化传媒机构和中国广电机构加强交流合作的意愿，陈大使还讲述了他多年来在新加坡当地收看《非诚勿扰》的情况，表示非常期待收看到《非诚勿扰》的新加坡专场。

2010 年 1 月 15 日，江苏卫视生活服务类节目《非诚勿扰》首播并迅速火遍海内外，成为年度全国收视第一的节目。从节目的相亲属性来看，要具备为普通男女牵线搭桥的服务性；从节目的综艺属性来看，又要有为受众提供消遣的娱乐性；从节目的真人秀属性来看，还要始终保持内容呈现的真实性。因此，《非诚勿扰》采用一种原生态的方式展示男女嘉宾由素未谋面到决定牵手的全过程，给受众一种贴近生活的真实感。而男女嘉宾在相互交流的过程中常常因为性格、职业、经历乃至价值观等的不同碰撞出火花，这些恰恰是海内外受众最为关注的内容，因为不同的人都可以从中找到自己的影子，与嘉宾产生一定的共鸣。

作为最佳生活服务类节目代表的《非诚勿扰》是中国第一个入选哈佛商学院课程的电视节目案例，发行到美、加、澳、韩多国电视媒体以及多条国际航线，是有着真人秀属性的中国节目真正意义上具备全球影响力的超级品牌。英文字幕版《非诚勿扰》自从 2013 年登陆澳洲以来一直在 SBS 电视台周末黄金时段播出，成为首个在澳大利亚主流媒体播出的中国综艺节目，也曾是该台外语类综艺节目收视之冠。对于这个火爆的相亲真人秀，SBS 直接制作了一档名为《最爱'非诚勿扰'的 19 个理由》的纪录片，采访了澳洲本土各界知名人士，探讨大家喜爱《非诚勿扰》的原因。真人秀节目模式是海外受众所熟悉的，作为带有真人秀与娱乐双重属性的节目，《非诚勿扰》"出海"十多年，以娱乐为切入口赢得海外受众的关注与接受；以内容的接地气且具有共情力吸引了非常广泛的海外受众人群；以年轻男女嘉宾婚恋观的碰撞激发海外受众的情感认同。婚恋观反映了个体对婚前恋爱、婚恋过程、婚姻生活的基本认识、态度和看法，是两性人生观、世界观和价值观在恋爱与婚姻问题上的体现，对个体择偶取向、婚姻意愿、婚姻行为等具有直接甚至决定性影响。[1]《非诚勿扰》风靡全球的

---

① 杨菊华，史冬梅. 新时代中国青年婚恋观变迁研究［J］. 青年探索，2024（04）：15－29.

背后，折射的是新一代年轻人婚恋观的变化。在《非诚勿扰》成功的基础上，以"带着父母来相亲"为核心模式，2018 年 3 月 25 日江苏卫视推出代际婚恋节目《新相亲时代》，次年推出时更名为《新相亲大会》，节目通过展示素人婚恋需求与择偶观，在代际沟通层面上展开深层次的探讨，其在代际婚恋观上的碰撞同样易于激发海外受众的共情。上述两档节目在潜移默化中将中国当代价值观植入其中，使海外受众在不担心受意识形态影响的视觉场中愉悦地接受节目传递的信息。

"跨文化概念的重点不在讨论差异、认同与沟通（文化的接触往往造成误解），而是关注各文化的混杂本质及各文化间的相互连结，体认他者文化的不断渗透如何成为自我不可分割的部分，进而促成自我的转化与创新。"[①] 中国的视频产品在对海外传播的过程中，尤其是在欧美市场常常遭遇"水土不服"，由于文化差异、思维模式不同等原因，一些视频产品的拍摄手法、表达方式、叙事节奏很难引起海外受众的共鸣。而爱情作为人类永恒的主题，能够天然地跨越地域和语言的隔阂，引发不同文化背景视觉场受众的共情。《非诚勿扰》等两档节目已经远远超越相亲的主题唯一性，生发出更多积极的跨文化交流的深义。通过淡化文化差异性，突出人类共同命题——爱情，并以人性关怀为基本切入点，以人物、故事情节为文化叙事焦点，使跨文化交流在这一空间变成现实。[②] 向海外受众打开了一扇展现当代中国年轻人生活情感方式的窗口，它不仅呈现了中国改革开放后婚姻、恋爱、家庭观念的变化与碰撞，一定程度上更是让海外看到了一个开放、自信、进步的中国。

第一节　时代演进中的婚恋观变迁

在社会学家章友德看来，情感类真人秀虽然以相亲、婚姻为主题，试图探讨"是否爱"与"如何爱"的问题，但在更广泛的公共领域中，受众的讨论往往超越了婚姻观本身，延伸至价值观、是非对错等更深层次的社

---

① 彭小妍. 何谓"跨文化"：自我与他者的吊诡共生［J］. 探索与争鸣，2022（06）：132－138＋179－180.
② 马自泉.《非诚勿扰》——跨文化交流的平台［J］. 新闻爱好者，2012（07）：50－51.

会议题。① 与社会氛围紧密关联，婚恋类节目不仅随着社会思潮的变化不断调整其形态和话题设置，同时也以一种隐性的方式记录了婚恋观念的社会变迁。据《2009 中国婚恋状况调查报告》显示，"单身男女的恋爱经历过少，约 50％的人恋爱经历少于一次""超过四成的单身人士不会为约会刻意准备，不懂得如何约会""近 62％的人认为社交圈子太狭窄"等，暴露出现实生活中的婚恋状况不容乐观，婚恋问题无疑已成为当时中国社会的一大热点。2010 年，《非诚勿扰》应运而生，以其独特的择偶节目形式，为年轻人提供了一个解决婚恋问题，探讨恋爱、婚姻和事业发展的平台。

人们透过语言的低语、行为的流转、场景的交织，在彼此的交汇中编织意义的网。每一次互动，都是一场无声的对话，每一处细节，都是一枚隐形的符号，悄然构筑起我们对世界的理解与共鸣。《非诚勿扰》精心设计的符号化互动场景，如"爱之初印象"的心动选择，"爱之再判断"的亲友团建议和"爱之终决选"的牵手悬念，不仅为男女嘉宾创造了面对面交流的机会，还通过真实的情感互动和价值观碰撞，帮助参与者更清晰地认识自我和他人。通过主持人、情感导师和男女嘉宾的多方视角，节目深入探讨了现代社会中婚恋观念的多样性，引导海内外受众思考爱情、婚姻与个人成长之间的关系。节目还通过展现不同职业、背景和性格的嘉宾故事，打破了传统婚恋节目的单一模式，为年轻人提供了一个多元化婚恋观的参考框架，使其在观看节目的代入式情境中，"解码"节目中的场景、角色和故事等多重符号意象，继而在分享的过程中对"爱是什么""如何爱""维系爱"等问题实现深层思考与解读。

海外也有类似《非诚勿扰》这样的节目，比如美国 ABC 电视台 2002 年推出的相亲节目 The Bachelor 及 2003 年推出的其女性版本 The Bachelorette。两档节目都有类似于《非诚勿扰》等相亲节目的基础形式，以其戏剧化的剪辑、真实情感的展现和精美的场景设置吸引大量受众，在内容设置、流程安排和悬念制造上都表现得相当成熟，并形成了具有自身特色的模式，不仅让参与者有机会寻找真爱，也为受众提供了娱乐和讨论的素材，已成为具有广泛影响力的电视相亲品牌，可以说是国际上非常成

---

① 王彦. 被建构的后真相，被流量围剿的私域情感［N］. 文汇报，2024 - 12 - 02（005）.

功的相亲真人秀。在 The Bachelor 中，男士是否会向他心仪的女性送上玫瑰的仪式设置为节目增添的紧张感和悬念感，与《非诚勿扰》爆灯、灭灯等模式点设置如出一辙。

《非诚勿扰》之所以能引发巨大反响，与节目模式上的创新和内容上同当代中国文化状态的契合有关，其顺应现代社会快节奏、高效率的处事方式，巧妙地创设了一种原生态的邂逅场景，在男女嘉宾相互了解、沟通、选择的过程中，给海内外受众带来一种情境满足。节目不但再现了当代城市空间男女渴望爱情的文化景观，还以独特的方式表达了 80 后、90 后不同于以往的价值判断和文化取向。① 中国年轻人的婚恋观越来越注重个体的情感诉求与个人的价值实现，这与海外受众的婚恋观与价值观是相当契合的，《非诚勿扰》通过对婚恋话题的普遍关注以及相似的节目场景符号设计，成功吸引了海外受众的广泛关注。

伴随着媒介形态演进、大众文化变迁以及政策法规调整，中国婚恋节目始终折射着受众对爱情与婚姻的渴望和深刻理解。婚恋节目不仅展示了现代爱情发生时的各种情境，同时也是受众了解、认识当代婚恋现象的重要窗口。② 十多年来，《非诚勿扰》通过不断创新，持续拓宽恋爱观察类综艺的边界与视野，不仅唤起了海内外受众对婚恋话题的深度思考与情感共鸣，也生动展现了中国适婚青年在婚恋观念上的变迁与成长。

人类的两性关系发展到社会制度范畴的婚姻关系是一个复杂、曲折、漫长的历史过程，婚姻伦理则是人类社会关系中最基本也最重要的伦理规范。黑格尔认为，婚姻实质上是伦理关系，是具有法的意义的伦理性的爱。③ 在中国传统社会，婚姻往往是家庭、社会安排的结果，个体的选择往往被集体和长辈意愿所影响。20 世纪 80 年代以前，人们的思想观念还处于相对保守的状态，那时的恋爱婚姻观大多受到社会和家庭的双重影响，年轻人谈恋爱往往要遵循"父母之命，媒妁之言"，结婚对象的选择

---

① 苗棣. 制作为王：《非诚勿扰》的成功之道 [J]. 现代传播（中国传媒大学学报），2010（05）：83－84.

② 李诚婧. 以媒为娱：中国婚恋节目的媒介变迁及其观念迭代 [J]. 当代电视，2025（02）：57－64.

③ 龙书芹. 当代中国的家庭婚姻伦理及其群体差异性——以江苏省为例 [J]. 东南大学学报（哲学社会科学版），2015，17（01）：28－34.

更多看重双方的家庭背景与经济条件而非个人感情，人们普遍认为婚姻是人生的头等大事，因此更加注重稳定和长久的婚姻关系。

改革开放以来，市场经济的建立、城市化的进程以及全球化的文化交流，为婚恋观念的多元化发展提供了条件，人们越来越重视个人的选择权和自由度，越来越追求个性化和多样性，一些传统的婚姻观念逐渐被摒弃或淡化。随着现代社会中个体意识的不断觉醒，青年群体的婚姻缔结追求已经发生了巨大变化，传统的婚姻缔结追求逐渐式微，婚姻的爱情意识觉醒，情感功能日益强化。[①]《非诚勿扰》开播当时，80 后作为适婚人群是节目的主力军，这一时期的青年男女开始敢于表达自己的感情，敢于追求自己的幸福。他们不再受到传统观念的束缚，更加注重个体的情感需求和追求更加自由、平等、多元的生活方式；更加注重与伴侣之间的精神沟通和情感交流；更加注重双方的感情基础和共同的生活理念，这种变化反映了当时社会文化的开放和进步。

个体的需求满足是在特定情境中实现的，情境包括时间、地点、社会环境、文化背景等因素，这些因素共同塑造了个体的行为模式和满足方式。[②]《非诚勿扰》通过构建相亲仪式情境，将婚恋话题置于一个既真实又戏剧化的情境之中，为受众呈现了现代社会中婚恋关系的多样性与复杂性。节目不仅还原了相亲过程中的情感互动与价值碰撞，还通过嘉宾的真实表达和选择，折射出当代年轻人对爱情、婚姻和个人发展的思考。这种仪式化的场域设计，既满足了海内外受众对婚恋话题的情感共鸣需求，也通过微观的婚恋场景构建起照见婚恋观变迁的视觉场，为研究现代婚恋文化提供了丰富的观察样本。

在 2017 年 11 月 16 日的节目中，来自南京的男嘉宾冯志伟分享了对于爱情与家庭关系的看法，"我有个朋友的哥哥和嫂子，两个人的婚姻就和长辈们绑定得太深，两个人有点争执，从双方父母到七大姑八大姨都要参与进来，甚至要变成双方亲戚如同三审会堂一样表决。我非常不认同，婚姻应该是两个人的事情，应该简简单单，而不能变成两个家族之间的纠

---

① 李桂梅. 中国传统家庭伦理的现代转向及其启示［J］. 哲学研究，2011（04）：114－118.
② 张海燕.（2007）. 电子媒介、场景与社会行为. 北京：清华大学出版社.

葛。"主持人孟非在节目中有一段"送给女儿的话"也佐证了上述嘉宾对于婚恋的看法:"我非常不同意一句话,经常听人说'结婚不仅仅是两个人的事情,是两个家庭的事情。'结婚跟两个家庭当然有一定的关系,但归根结底还是两个人相爱,愿意走到一起共同生活的决定。"这充分印证了爱情是青年男女走到一起的前提条件,且爱情被青年赋予了关系规范意义上的内涵,强调双方的责任、付出、尊重、信任等。① 孟非在节目里的这段话同时也引爆了海外社交媒体,许多海外受众纷纷留言表示也要读给自己的父母听听。

十五年时间,上千期节目,《非诚勿扰》相亲主体从80后变成了90后甚至00后,积累起一个庞大而丰富的中国社会婚恋样本。随着社会的发展和人们生活水平的提高,90后年轻人对婚姻的期望也变得更加多元和个性化,他们开始追求更加自由、开放的生活方式,更加注重自己的梦想和追求,更加注重个人的成长和幸福,这一现象在西方发达国家也普遍存在,这也成为《非诚勿扰》被海外受众迅速接纳的原因之一。在2013年5月25日的节目中,出现一位时尚前卫、个性鲜明的90后男嘉宾程龙,他独爱流浪式生活,"我想放下现在稳定的一切,收拾行囊去一个陌生的城市重新开始。过后再继续寻找下一站,我想找的也是一个能陪我一站一站走下去的女朋友。"如此个性的择偶标准,也让一些海外女受众直接留言表示想要认识这位男青年。孟非也曾点评过这类个性嘉宾"很多人都是活在别人的眼中的,但是也有很多人是活在自己的世界里,这都是不同的生活方式。"

海外受众对于嘉宾的情感互动,比如牵手成功时的感动、争执时的价值冲突等,表现出强烈的代入感,甚至主动参与讨论"是否应接受某位男嘉宾",形成类似追剧的社群互动。男嘉宾关可欣在2025年2月8日的节目中分享了他的恋爱经历。他曾经全心全意地投入到一段感情中,愿意向另一半分享自己的一切,但这份毫无保留的信任最终却遭遇了背叛,让他深受伤害。"恋爱初期的边界感是否是必要的"这个话题在节目中引发了

---

① 李煜,徐安琪. 普通人的爱情观研究——兼开放式问题的量化尝试 [J]. 社会科学,2007 (7):132-141.

不小的讨论，有的女嘉宾认为"真心永远没有错，但是真心要给对的人。"有的在感情方面则显得比较谨慎，"我觉得在恋爱中还是需要保持一点边界感的，不能轻易向对方坦露一些你特别脆弱的经历，很容易会发生'破窗效应'。"孟非则认为，这体现的是交往中的"同频"问题，彼此的"升温"节奏是否同步很重要。如果自己已经毫无防备地相处，但对方依旧划清边界，势必造成感情的不平等。

2020 年 10 月 31 日的这期节目中，男嘉宾程春铭在录制现场抛出"恋人之间该如何快速拉近距离"的话题引发现场热议。女嘉宾们建议，一些羞于说出口的话可以通过文字的形式来表达情感；可以约定几个纪念日，给爱情一点浪漫惊喜和仪式感；一起做做饭、一起去旅行也是不错的增进感情的方式。孟非对此给出了解析和建议，恋人交往初期表现出的紧张和拘谨，大多是因为缺少了解、缺乏安全感，要消除这种感觉需要尽快建立尽量多的交集。在建立交集的过程中，要让对方感觉到你的可靠和诚意、感觉到和你互相认同，才能提升相处的舒适感。形式可以多样，重要的是要传递给对方你的关心和体贴、积极向上的生活态度，能够带给对方一种安全感、信任感。

《非诚勿扰》通过"嘉宾互动＋导师点评"的形式介入婚恋问题，与英国《Take Me Out》的"主持人引导＋受众投票"机制存在结构相似性，均通过第三方权威角色（导师/主持人）引导话题并强化冲突，这种机制早已被海外受众认可和接受。而美国《Married at First Sight》中的心理咨询师、韩国《Heart Signal》中的心理学专家，均以专业视角分析参与者行为逻辑，与《非诚勿扰》的"情感导师"功能趋同。在情感导师的选择上，《非诚勿扰》也在不断更新升级。从最初的孟非与乐嘉组合，一个负责理性观察，一个深入分析性格匹配；之后黄菡加入，引入女性视角；2014 年，"非诚合伙人"推出，佟大为、黄磊等演艺界嘉宾加入，不仅为节目带来更多关注度和流量，也通过他们的独特视角输出更为新锐的爱情观点。作为人类的共通需求，情感问题的底层逻辑具有跨文化共鸣基础，但具体表达方式与解决路径受社会文化影响显著，东方文化倾向内敛式情感处理，而西方文化更强调个体直接表达与心理咨询的专业化路径，所以情感导师对现场案例进行多样性解析，提出不同文化背景的解决方案，不仅提升了可信度，还更加契合海外受众的收视习惯。

　　传统社会中，婚姻不仅是当事人之间的个体性行为，而且具有很强的公共性和社会性。到了现代社会，婚姻的社会性价值逐步让位于个体性价值，这是人类社会发展进步的体现，青年群体的婚姻缔结追求从传统的生育和赡养转向个人幸福值得肯定。[①] 尽管东西方文化在爱情观念、表达方式和故事背景上存在一定差异，但人们对于爱情的理解上仍然有许多共通之处。近年来更多的年轻嘉宾亮相《非诚勿扰》的舞台，他们不再含蓄隐晦，而是主动、大胆地表达对爱情的渴望与对婚姻的独特见解，逐步去除外界干扰，更多地通过个体情感和心理上的共鸣来决定是否走向婚姻。男女嘉宾通过一对一的互动展现了现代年轻人开放、自信的婚恋态度，他们的现代婚恋观更加注重个人感受与情感契合，强调个体在婚姻中的独立性与自我实现，将爱情视为婚姻的基础，追求浪漫、理解与支持的伴侣关系，这种价值观的变化，在年轻人中得到越来越广泛的认同。《非诚勿扰》围绕相亲议题呈现多种追寻真爱的故事，在一定程度上克服了语言和文化差异带来的理解障碍，与海外受众建立起更深的情感纽带。

　　青春作伴，爱情最好，是《非诚勿扰》节目希望倡导的婚恋理念。在2015年12月5日的这期节目中，身为婚礼策划师的男嘉宾张程对此分外赞同。"要趁着年轻，去爱自己想爱的人。不管结局如何，恋爱的过程是美好的，不要因为畏惧结果放弃开始的机会，才能最终找到适合自己的人，一起步入婚姻殿堂。"从业以来见证了太多婚礼，也见到了太多人因为年纪到了或者感觉习惯了对方才选择在一起的伴侣。他在现场明确表态，"我绝不会像他们那样不得不结婚，而会等到自己主动要求结婚的那一刻。我拒绝没有爱情的婚姻，一定要为了爱我才会选择结婚。"在场上掀起了一场关于"爱情与婚姻"的大讨论。

　　而在婚姻观念上，《非诚勿扰》也宽容地展现了男女嘉宾个性化观点的表达。2018年4月28日的节目中，来自山西的男嘉宾刘文奇选择了女嘉宾罗敏作为自己的心动女生，而罗敏也为他留灯到了最后，但是在牵手

---

① 吴炜. 女性更追求婚姻幸福：青年群体的婚姻缔结追求及其性别差异［J］. 深圳大学学报（人文社会科学版），2024，41（06）：112-122.

成功前的一刻，女嘉宾却提出自己是"丁克"，并且是个不婚主义者，也解释了自己"丁克"的原因是因为有遗传性的心脏问题，不希望遗传给孩子。刘文奇则坦然接受了女嘉宾在婚姻观念上的坚持，两个人成功牵手，这让主持人孟非不禁感慨："很多男性对于丁克这件事情是介意的，但是男嘉宾对这件事不仅是接受的，并且非常有诚意地表达了他在未来生活中为了感情愿意认真付出的态度，我觉得这就是特别好的情感模式，两个人互相接纳、互相付出。"这种情感、婚恋观念的差异和碰撞，让节目在更加紧张有趣的同时，又和中华传统文化中"求同存异"的包容性产生了化学反应，呈现出一幅独特的、极具东方色彩的爱情绘卷，契合了海外受众对娱乐性与社会议题的双重需求。

真诚和真实，是《非诚勿扰》一直秉持的态度，也是海外受众对真人秀节目的最基本要求。面对愿意前来的男女嘉宾，孟非唯一的建议是："展现你们真实生活中的一面，如果你是演的、假的，你要相信上亿的观众谁都不傻，都能看到，并且你将为你呈现的这些东西付出代价、承担后果。"正如英国《每日邮报》在 2018 年 3 月 5 日撰文中写的那样，一档来自中国的相亲综艺节目《非诚勿扰》由于其"欢乐又不失坦诚的妙语连珠"，正在社交媒体上迅速走红。该报道重点介绍了节目嘉宾的直率表达及中国相亲文化的独特性，嘉宾的直率表达因"冷酷的坦诚"引发海外受众兴趣，被视为打破传统约会节目的套路化叙事，强化了情感互动的戏剧张力。

日常生活里的真实情感故事较之影视剧里的文学创作更易直击人心、引发共鸣，有时还可以激发人们内心的勇气和力量，让他们更有信心面对生活中的挑战。在《非诚勿扰》2023 年 4 月 15 日节目的舞台上，女嘉宾贾茜虽然没能牵手成功，却给受众展现了一次勇敢的告白示范。男嘉宾张龙翔是一位机长，生活状态基本上是往返于驾驶舱和酒店之间，"在我看来生活其实很简单，一日三餐和四季，但唯独还缺一个你。"在感情中，他是个付出型的人，"我一旦认定了一段感情就会毫无保留，和前任认识了半年，就把我所有的密码都告诉了她。"张龙翔现场毫不犹豫地把女嘉宾赵琴选为了心动女生，"你的外形就是我理想中未来伴侣的样子，希望咱们能够有机会好好互相了解一下。"尽管如此，贾茜依然选择了向张龙翔爆灯示爱，"我和你都是河南的，你刚才在台上唱歌的样子特别吸引我，所以说我想为你爆灯！不管是外形条件或者是别的条件我可能不如台上其他的女嘉宾，但是我觉得你真的是我理想中的样子，包括你向往的生活，也是我想要的，而且我们离得也挺近的，真的希望你能够好好考虑一下我！"孟非赞许道："我特别欣赏贾茜的表达方式！男嘉宾的表白，说的只是外形的欣赏，但贾茜有一个'两人视角'，不仅仅有自己的想法还考虑对方的感受，她会注意到男嘉宾想要什么样的生活，希望跟他一起去分享两个人共同感兴趣的生活。"

在《非诚勿扰》的舞台上，勇敢地争取爱情逐渐成为一种常态，也是这档节目能与受众在情感上深度共振的原因。2011 年 2 月 12 日的这一期节目中，男嘉宾郭亦诚气质儒雅，身为《国家地理》杂志编辑，他谈吐得体，深受心动女生陈子微的青睐。陈子微坚持为他把灯亮到了最后，并激动地表示道："第一次当心动女生，从来没有像今天这么紧张过。"一对有情人本要顺利牵手，15 号女嘉宾张靓突然含泪表示道："我想要争取下，我对他挺有感觉的，我想和我喜欢的人在一起。"陈子微也不肯放弃地说道："我知道 15 号比我漂亮，但我想说的是你需要的是一个贤内助。我等你很久了，你带我走吧。"郭亦诚最终选择陈子微，而在离开节目三年之后，牵手的两人传来喜讯，两个为爱勇敢的灵魂顺利地步入了婚姻的殿堂。节目中女性嘉宾的这类主导权被西方受众视为"突破传统性别角色"，契合现代性别平等议题的全球趋势。孟非也给出了自己的见解："夫妻吵架不太容易提分手，是因为他们一直在努力互相弥合，找到和对方契合的点。恋人相处会遇到很多问题，如果你要强制性去改变对方，问题就会越来越大；如果你去理解对方，问题就会解决从而慢慢走向弥合。"

在海外视频网站 YouTube 的留言中可以看到，当《非诚勿扰》中女孩子牵手成功的时候，一众海外受众都表示自己也大受感动，全都在送出祝福，看到女孩子在节目中哭了，他们也说自己看着她哭也想跟着哭，完全被节目中嘉宾的情绪所带动。而当女嘉宾没有牵手成功的时候，海外受众还会显得愤愤不平，表示自己觉得这个女嘉宾非常好，没有牵手成功是男方没眼光，自己如果到中国来了，能不能追求这位女孩子，感觉她真的很适合自己。海外受众对情感类节目的需求包括真实性、专业权威的介入、符合当地文化价值观的表达方式以及个人成长叙事，他们更倾向于个人自由与直接表达，偏好展现独立决策与情感自主，而这些要素都能在《非诚勿扰》中得以充分体现。

第二节　代际冲突中的婚恋观碰撞

2018 年 6 月，英国 Channel 4 频道播出了一档名为《新娘与偏见》(Bride & Prejudice) 的婚恋类节目，男女嘉宾参与节目不是为了寻找心仪的对象，而是在已经拥有结婚对象的前提下争取家庭的支持。节目以纪录片的拍摄手法讲述六对情侣在迈入婚姻殿堂之前与反对他们的父母沟通求得祝福的故事。节目放大新人与父母之间的代际冲突，聚焦一段婚姻与背后两个家庭之间的关系，为婚恋类节目提供了新的切入角度。聚焦代际冲突，更加深入和严肃地探讨现代社会两代人不同的婚恋观和价值观，这已经是一个世界性的话题。Channel 4 频道发言人 Lucy Leveugle 说："Bride & Prejudice 就像现代版的罗密欧与朱丽叶一样，他们家庭内部存在的矛盾随时会引发冲突，影响到恋人之间的感情。但这些恋人们用热情、机智、勇敢地回击社会偏见和传统观念，希望能引发人们探讨和反思当今英国存在的社会问题。"①

爱情三元理论提出，爱情包括亲密、激情与承诺三种成分，家庭无疑是爱的"承诺"的进一步延展。②在《非诚勿扰》成功的基础上，以"带着父母来相亲"为核心模式，江苏卫视原创代际婚恋节目《新相亲大会》让双方父母同时坐镇第一现场，这一创意为相亲家庭提供了更加开放、透明的"观点碰撞空间"。节目还为父母开放"特权"，父母在儿女进行选择前可以先看到六组家庭并秘密选择"心动家庭"。在《新相亲大会》的舞台上，时而嘉宾之间会有甜甜的浪漫互动，时而父母子女之间会有彼此的较量交锋，甚至有时还需要节目编导现场协调家庭中的"小矛盾"，由此构建的视觉场不仅让不同年龄和经历的受众会在这些浪漫与现实的融合中

---

① 冷眼看电视.《Bride&Prejudice》：婚恋节目新探索，"准新人"对抗家庭阻力 [BE/OL]. 百家号，2018-6023. https://baike.baidu.com/tashuo/browse/content?id=fbc778d5b0250a1876e1a5fe.
② 贾茹，吴任钢. 论罗伯特·斯腾伯格的爱情三元理论 [J]. 中国性科学，2008 (3)：10-12.

"感同身受"，也能让不一定能准确理解观点碰撞真实意涵的海外受众通过画面读懂当事人的情绪表达，这无疑是婚恋节目极佳的看点。

"父母在，更有爱。"父母的加入，为择偶、婚姻提供了全新的视角，他们作为"过来人"，往往被认为能以更加全面的眼光来看待问题，为子女规避风险。父母辈的"风险控制逻辑"与年轻人的"自我实现逻辑"将在长期内并存，但节目中展现的协商、妥协与观念更迭，预示着一种更具弹性的婚恋观正在形成。这种婚恋观更迭不是传统的断裂，而是在代际对话中实现的螺旋式上升。孟非曾在接受采访时表示："父母对下一代婚姻的介入，分寸感特别重要，在这个问题上的两种极端都不可取。一种是'我的婚姻谁也不要插手'；另一种也不可取，得不到父母祝福的婚姻一定是不幸的，这两种态度我认为都不是太理性"。[①]

第三季第一期节目中，男嘉宾刘帅君出生在农村，家里还有个需要照顾的弟弟，刘帅君成为这个家庭唯一的依靠。名校毕业后从事人工智能行业的他在现场说了一句特别有力的话："我肯定不会让我的另一半很辛苦的，我也一定会兼顾好两个家庭，能怎么办呢？这辈子只能我辛苦一点。"刘帅君的阳光自信与自我能力赢得全场多数女嘉宾家长的认可和肯定，也有女嘉宾的父亲用分享自己长期照顾病患家人的经历来鼓励男嘉宾。在终选环节，男嘉宾的母亲提议放弃五号女嘉宾，担心有着海外生活经历的女嘉宾与自己的家庭缺乏共同语言，男嘉宾与母亲产生分歧但坚持自我，最终牵手了一见钟情的五号女嘉宾，孟非对男嘉宾的选择表示肯定："五号这个姑娘从国外回来的，在她的世界里只是喜欢这个男生，就是喜欢这个酷酷帅帅的男生。只有在喜欢的基础上，才会共同地走下去！"

尽管代际认知短期内难以消弭，但节目中的观念碰撞客观上推动了代际对话。婚恋观的转变是传统和现代两种因素此消彼长的发展过程，随着社会越来越包容开放，群众的婚育观念也随着社会的发展与进步、个人价值观的转变以及社会竞争压力提升而不断变化，婚育观念和文化趋于多元

[①] 澎湃新闻. 专访｜孟非：父母对儿女婚姻的介入，分寸感特别重要［BE/OL］. 百家号，2019 - 1 - 6. https://baijiahao.baidu.com/s?id=1621867591998937655&wfr=spider&for=pc.

化。① 而解决冲突的关键在于建立尊重差异、协商共识的家庭沟通机制，这也是海外婚恋节目中解决问题的必备项。这一变化不仅代表着婚恋领域的进步，更是中国社会结构转型的生动注脚。

父母与子女婚恋观的差异主要表现在择偶标准、婚姻功能及决策权分配等方面，其实在物质保障与情感质量、家族延续与个体幸福、家长权威与个人主权上存在的代沟并非绝对，节目中海内外受众甚至可以看到不少父母能站在子女的角度看待问题。第一季第四期节目中被称为"香港最美搬运工"的女嘉宾朱芊珮从心底非常热爱自己的工作，她坦言"对于台上很多男生的父母来说，可能没有想过，未来儿媳妇会从事搬运类的体力劳动。"尽管有家庭选择灭灯退出，但也有父母支持子女的选择，在男嘉宾荣迪申表示愿意给女嘉宾一个安稳的家庭时，他的父亲就现场表态非常支持儿子的选择，"有这样一个儿媳妇让所有人瞩目，那我们也很光彩。"在权利反转环节，朱芊珮选择与荣迪申牵手，激动万分的男嘉宾更用"公主抱"的方式带着女嘉宾浪漫退场。

沟通与对话是缓解代际矛盾的最有效方法。节目让子女带着父母来相亲，一方面顺应了父母在中国传统的婚恋中发挥着无可替代作用的实际，另一方面也让两代人在思想上进行最有效的交流与最直接的碰撞，为两代人架起沟通的桥梁。第三季第一期节目登场的男嘉宾钟涛坦言，过往感情和事业上的困境并没有将自己击垮，而真正让他至今都无法释怀的是父母的离异，"我高考结束最后一天，你们跑到房间来说你们离婚了。"钟涛表示自从父母离婚，他回家的次数越来越少，最害怕的就是万家团圆的春节，"我内心一直在逃避，逃避这个不是很完整的家。每次面对你们俩的矛盾，我就瞬间变得跟小时候一样无助。"父母为了给儿子相亲，时隔多年一家三口在《新相亲大会》的舞台重聚，钟涛提出了一个看似很简单的要求，他想要给父母一个拥抱，因为在他心目中"我们是一家人这件事，永远也不会改变的。"这一刻，没有了互相埋怨和指责，舞台上蔓延开来的是温暖和感动，这样的情节源于自然而然的亲情表达，已然超越了相亲

---

① 王金营，胡沛琳，张龙飞. 青年婚育观念转变及婚育友好文化塑造［J］. 青年探索，2023（06）：5-16.

本身，因而也更能打动海内外受众。

　　尽管文化背景存在差异，但《新相亲大会》在探讨家庭、婚姻、恋爱等话题时，依然能够引发海内外受众的强烈共鸣。海外受众或许难以理解节目中语言类笑点的文化内涵，却能够深切体会到节目中嘉宾对爱情的纠结与坚持，尤其是在面对与父母意见相左时的情感挣扎。第四季第三期节目中，女嘉宾刘思晨刚上场的时候，曾说自己的男朋友一定要妈妈满意，妈妈的态度占80％的权重。她对男嘉宾李顺磊一见倾心，而李顺磊即将赴国外读书。在节目最后的表白环节，刘思晨的母亲因为不想让女儿出国深造，主动站出来让女儿放弃男嘉宾李顺磊，而刘思晨面对真心喜欢的男嘉宾，最终还是把100％的决定权牢牢握在了自己手里，她表示出国读书是自己的选择，因为"世界这么大，我想去看看"。这种情感的表达不仅能让海外受众产生共情，还能促使他们围绕节目中的片段展开激烈讨论，从而实现跨文化的情感连接与价值观交流。

　　婚恋话题本身具有普世性，是人类情感与社会关系的核心议题之一，而跨国情侣的故事则进一步打破了文化隔阂，让海外受众更容易产生情感共鸣。在《新相亲大会》的舞台上，曾出现过多位海外嘉宾。如第一季第八期节目中，来自澳大利亚的吴尔翘凭借一张用不那么规整的拉丁字符写成的纸巾情书，成功俘获了女嘉宾季艺的芳心。来自摩尔多瓦的Gaby凭借语言天赋学得一口流利的重庆话，给自己取了一个中文名字——李潇潇，与重庆男嘉宾李西泽的甜蜜互动，生动诠释了跨国恋情的独特魅力。这些跨国恋情故事不仅展现了爱情的浪漫，还通过文化交流与情感互动，拉近了不同文化背景受众的距离，海外嘉宾对当地文化的融入不仅让中国受众感受到跨文化爱情的温暖，也吸引了海外受众的关注，引发他们对不同文化背景下情感共鸣的思考。

　　节目在保证真实性方面也付出了最大的"诚意"。编导们实践出一种看似"笨拙"但却十分有效的方法，在嘉宾海选的初期就花大量的时间和精力去深入地了解他们和他们的家庭，甚至还要探访他们的亲戚和邻居。实际上，编导团队与嘉宾以亲朋好友的身份进行相处也是一种巧妙的家庭"调查"，初衷是保证嘉宾身份的真实性和参加节目的纯粹性。调查中发现一个现象，参加节目的男女嘉宾与父母之间不少是异地而居，双方只有逢年过节才会有机会见面，有些嘉宾甚至一年半时间首次跟自己父母见面居然是在节目录制的现场，这就造成他们之间的情感沟通有时会出现一点"真空"，节目无形中起到促进代际之间情感交流的桥梁作用。对于大部分的西方受众而言，在成年以后就不和自己的父母住在一起了，他们之间同样也面临着情感维系与沟通的难题，这样的节目内容选择无疑能引起海外受众的共鸣。

在择偶方面，当代青年更愿意主宰自己的命运，对隐私和个人幸福的追求已经成为一种较为普及的新的家庭理想。[①] 如果说《非诚勿扰》为年轻人提供了一个展示自我、呈现多元婚恋观念交锋与对话的舞台，那么《新相亲大会》则在此基础上构建了一个更为完整的"家庭视角"——让父母直接参与到子女相亲的过程中，在突出代际碰撞的同时，也对年轻人多元的婚恋观进行深入的探索和思考。两档节目不仅架起海外受众了解"中国式相亲"的桥梁，更是他们窥见相亲背后中国当代婚恋观变奏的窗口。

第三节　东西方交流中的婚恋观趋同

2011 年《非诚勿扰》首次登陆欧洲举办英国专场，就在当地华人圈引发一股相亲风潮，进而在英国引发极大反响。两年后时任英国伦敦市长的鲍里斯·约翰逊来华访问，特地邀请主持人孟非出席启动伦敦中国官网活动，节目也在约翰逊的邀约下于次年开启了第二季英国专场。《非诚勿扰》之所以能够在海外取得巨大的成功，除了配合所在地的播出时段和收视习惯进行本地化的配译和制作外，节目内容能触发受众内心深处的情感共鸣、契合他们的收视需求也是重要的原因之一，正如主持人孟非所说："相亲类节目是人类情感的刚性需求。"此外不可忽视的一点还在于《非诚勿扰》先后举办了 20 场海外专场，足迹遍布英国、法国、美国、加拿大、澳大利亚、新西兰、新加坡、韩国等 12 个国家，在为海外单身男女提供交友平台的同时，也为海外受众提供了一扇观察东西方青年婚恋观差异的窗

---

① 章宏，邵凌玮. 个体化视角下中国当代青年对代际相亲节目的接受研究［J］. 浙江社会科学，
　　2020（03）：88-95+159.

口，更为节目自身的海外传播进行了有效的在地宣传。

格伯纳的涵化理论指出，人们选择电视的通常目的是"娱乐"。电视是现代社会的文化指标，文化透过大众传播与其自身沟通，而这样的沟通则维系或修正出文化内一致的价值观。《非诚勿扰》海外专场通过有效的传播策略，使外国受众在潜移默化中融入中国情境，接受中国文化，理解并尊重中国价值观，从而起到提升中国文化影响力的作用。[①]

而《非诚勿扰》的舞台上也从来不缺来自海外的面孔，从美国的鲁志焰到英国的王豆腐、从瑞典的麦克到俄罗斯的尤莉娅、从韩国的朴健到日本的矢元小梦，他们在舞台上展示了不同文化背景嘉宾间的互动，《新相亲大会》的舞台同样也曾出现过多位海外嘉宾。尽管文化底色仍存在差异，但东西方婚恋观的趋同现象已是全球化与现代性扩张的重要表现，在上述两档节目中至少有以下三个方面的体现。

一、参与方式：从"家庭干涉"到"个体优先"

"个体优先"是全球化背景下东西方婚恋观趋同的核心表现之一。这种转变不仅体现在居住模式、代际关系和生育选择上，更深刻反映了现代化进程中个体主义价值观对传统家庭"父母权威"结构的解构。在西方文化中，个人主义和自由意识占据了重要的地位，其爱情观念也更加注重个人自由和自主选择，双方家庭较少干涉。2018 年 11 月 17 日的《非诚勿扰》节目中，男嘉宾姜利涛的一番话引发了关于"控制型父母"的大讨论。因为工作原因他经常跟孩子打交道，"像我们跟孩子在一块儿都是平等的朋友关系，但有的家长，还是更多地愿意参与到孩子成长的所有阶段，比如大学的专业、未来的择偶等，他们最喜欢说的话就是'我是为了你好。'"女嘉宾们各自发表了观点，比较一致地认为要通过经济和精神上的独立建立起属于自己的人生信条和价值观，孟非点评道："会有人把听话当作对父母的尊重，区分什么叫尊重、什么叫服从，是一个成年人走向成熟独立的开始。"

---

① 李勇，程前. 中国娱乐节目国际传播能力提升路径分析——以《非诚勿扰》海外专场节目为例
　　[J]. 现代视听，2013（05）：13-17.

双方家庭较少干涉并非代表传统的消亡，而是个体与集体关系的再协商。《新相亲大会》第一季第一期节目中，当六号女嘉宾刘雨朦的父母对女儿选择大龄男嘉宾提出异议时，孟非表达出了自己的强力支持，"我们每一个人都爱我们的父母，但是我们对于父母的爱和感激，不应该拿我们婚姻的幸福作为条件。和我们走完一生的不是我们的子女，也不是我们的父母，而是陪伴你的枕边人，所以所有天底下的父母都应该懂得一件事情，我们需要的是看到儿女幸福，怎么样才能让他幸福呢？按照他的心意选择他爱的人，这就是给他们幸福。"这与西方父母对子女婚恋的介入模式已从传统"家长制权威"转向"有限参与"不谋而合。当"为你好"从命令变为协商，婚恋议题框架中家庭的参与度正在个体化浪潮中寻找新的平衡点。

二、情感表达：从"含蓄内敛"到"主动出击"

西方社会长期以来鼓励直接表达情感需求，也深深影响到长期生活在海外的华人华侨，他们突破"等待被选择"的传统模式，更主动参与婚恋决策，在跨文化互动中实现了从"被动守序"到"主动建构"的婚恋观念转型。海外华人华侨尤其女性在爱情表达方式上的直接与纯粹，给主持人孟非留下深刻印象，2013 年 6 月的《非诚勿扰》新西兰专场，单身女性为爱勇敢爆灯层出不穷，12 号女嘉宾郑艺为自己心爱的男嘉宾爆灯，并且大胆表白："我人生中只有三次疯狂，第一次是 18 岁的时候决定去新西兰，第二次是报名来到《非诚勿扰》，第三次就是为你爆灯。"孟非在微博发帖，"有自己欣赏的人是好事，没有必要藏着掖着"，"这一幕将长久地留在我的记忆中！"

与之相对应的《非诚勿扰》国内场也出现越来越多的男女嘉宾主动直接地表达爱意。2012 年 4 月 14 日的节目中，朱峰和官晶晶的浪漫牵手感动了许多人。"世界上最遥远的距离不是天涯海角，而是我站在你面前，你却不知道我爱你。"两人原是同一个办公室的同事，内向的朱峰其实一直暗恋着官晶晶。听闻官晶晶来到《非诚勿扰》，朱峰终于鼓足勇气来到现场表白，他还带来了为官晶晶画的素描，"八年后重新拿起画笔，是她给了我动力。"《新相亲大会》中也有不少这样的时刻，男嘉宾钟元凯在第一季第四期节目中只是作为亲友团成员为妹妹的相亲之旅"保驾护航"，但在录制现场他对女嘉宾施楚君一见钟情，于是他报名来到第五期的节目现场向施楚君大胆表白，直到为施楚君戴上寓意"相恋"的项链。西方婚恋观强调个人情感与自由，认为爱情是两个人的事，所以他们往往倾向于直接、热烈地表达爱意，通过各种方式展示对伴侣的关心与爱护。而节目呈现出的中国年轻人情感表达上从内敛到外放的转变，无疑能让海外受众产生直接的情绪代入与价值认同。

三、价值重心：从"物质保障"到"精神共振"

海外专场的很多男女嘉宾将"有爱才能共鸣"或寻找"灵魂伴侣"置于重中之重，这相当契合西方人的择偶标准，"最主要是两个人的互相契合，其余的条件像家庭背景、教育程度等因素则可以不在考虑之列。"[1] 在2011 年 10 月的《非诚勿扰》美国专场中，来自纽约的杨凯对女嘉宾伍娇现场深情告白，"你外表时尚、性感，内心矜持、顾家，就是我一直在寻找的那种中西合璧的女孩，我想要做你的 Soul Mate（灵魂伴侣）。"进而引发了一场前所未有的"寻找 Soul Mate 风潮"。孟非表示，"美国专场中男女嘉宾的价值观，以及他们对婚恋的看法给我留下很深印象。女嘉宾的择偶标准中根本就没有房子这项指标，她们更在乎对方的兴趣爱好、共同志向等主观感受；有些男嘉宾则对剩女现象提出意见，他们认为结不结婚与年龄没关系，遇到真爱，20 岁结婚没问题，如果没有遇到，40 岁不结婚也没关系。"

《非诚勿扰》国内场也能看到不少这样的案例，2023 年 8 月 26 日的节目中，男嘉宾苏乐天在感情上最看重的是"灵魂共鸣"："人生不是所有事情都可以妥协的，没有真正灵魂共鸣的爱情我是无法接受的，一定要遵从本心、不将就，才不会留下遗憾。"孟非解读道："世界上没有天生合适的灵魂伴侣，第一眼印象往往是被颜值吸引、被外在因素影响，而真正的灵魂伴侣是慢慢磨合，两个人在一起有得聊、有共同目标，懂得爱、包容和理解，能够和你共同成长，能够陪伴你走完这辈子，再回头看，就可能成

---

[1] 郁龙余. 中西文化异同 [M]. 北京：三联书店出版社，1992：199.

为所谓的'灵魂伴侣'了。"《新相亲大会》的舞台上也能看到这样的"精神共振"。第四季第一期节目中，黄章令漂洋过海"为你而来"的一幕感动了万千海内外受众，在黄章令看来最高境界的灵魂伴侣一定是相互匹敌的，也一定会是生命最好的馈赠。

西方社会在伴侣选择中更强调情感契合与价值观的一致性，这种倾向源于其文化中对个体精神独立性的推崇，物质资源被视为可协同创造的变量，而非婚姻成立的前提。无论是《非诚勿扰》还是《新相亲大会》，其背后都指向了爱情与婚姻这两大关键词——一个是人类永恒的精神主题，一个是人类社会的基本制度之一。"文化通性就是指人类文化的普遍性。正是因为文化具有某些通性，各民族间的文化才有可能进行交流，各民族间的人们才能够相互交往。"[①] 在全球化的背景下，年轻人在婚恋观念上逐步趋向开放和多元化，这种趋势超越了文化差异，如节目中所表达的"真爱""敢爱"等理念，能够跨越文化的障碍，打破地域的限制，引发全球受众的情感共鸣。

《非诚勿扰》和《新相亲大会》这两档节目的相似之处在于既轻松诙谐、充满趣味，又让人看到多元婚恋观之间的碰撞与交流。其构建的婚恋视觉场既向海内外受众有效传递了婚恋择偶中那些顺应潮流又不悖传统的价值观，还真实传递了在择偶过程中那些应该看重或看轻的婚恋观。节目还通过相亲场景中的语言互动、礼仪展示等细节，打破了西方社会对中国的固有、刻板印象，展现了青年群体的昂扬朝气，塑造了开放包容的中国形象，为海外受众了解中国、读懂中国打开了一扇窗口。

---

① 萨默瓦，波特. 跨文化传播［M］. 北京：中国人民大学出版社，2010.

第七章

从仪式的视角看潮流风尚

随着全球性文化交流的不断加强，不同地域间的文化互鉴也日益显现，中国社会的价值观念与潮流风尚也发生着巨大变迁。一直以来对于中国人而言，春节是最为重要的传统节日，代表着新的一年的开始，在民间始终保留着贴春联、放鞭炮、吃饺子等习俗，多年来人们也习惯了在大年除夕央视春晚的陪伴下迎来富有仪式感的新年钟声敲响。如果说这是典型中国式阴历新年跨年的话，那么 1999 年 12 月 31 日，北京中华世纪坛和上海外滩零点前后五分钟的喜迎千禧年跨年在电视荧屏上的首次出现，则预示着阳历新年元旦的跨年正逐步成为中国人心目中又一具有仪式感的辞旧迎新的民俗与时尚。

辞旧迎新之际，世界各地的人们会用不同的方式迎接新年钟声的敲响，一般还会伴有仪式化的倒计时环节。英国伦敦民众会在全球瞩目的烟花秀中聚集在大本钟前倒数新年钟声敲响；同样以烟花秀著称的新西兰奥克兰的民众会在欣赏被激光打在地标性建筑——天空塔上的新年倒计时数字时迎接新年的到来；而日本人则更多希望在寺庙中听着新年的敲钟声以见证一年中最重要的仪式。至于当下已被普遍认为是跨年标志性习俗的跨年晚会则最早源于 1904 年美国纽约的曼哈顿，100 年后的中国湖南，当地电视台凭借着"超女"选秀的人气举办了一场跨年演唱会，在首开先河的同时不经意间确立了以演唱会为艺术表现形式的跨年晚会模式，这其中"元旦"是跨年演唱会所提供的文化心理背景；"狂欢"是跨年演唱会所喻示的意识形态指归；"演唱会"是辞旧迎新情绪下表达的舞台，是一种感情的寄托、情绪的宣泄。这些全部构成了跨年演唱会中的电视仪式感呈现。①

其后央视及一些卫视纷纷跟进，面向二次元人群的 B 站也加入了跨年的行列，每当新年元旦前夜，跨年晚会便如约和广大受众见面，由于跨年晚会契合了辞旧迎新的文化传承，承载了未来生活的美好憧憬，提供了赏心悦目的视听享受，增添了年终岁末的喜庆氛围，且伴有在零点倒计时的仪式感，所以自其诞生之日起便受到受众的青睐，并逐渐成为与春节联欢晚会并驾齐驱的又一电视文化盛宴，成为人们新年习俗的重要组成部分，成为一种新的年俗文化时尚。除了传统意义上的新年春晚，如今又多了一

---

① 王同媛. 试述跨年演唱会的电视仪式感呈现 [J]. 今传媒，2016，24（01）：118-119.

个新年"跨晚",因其最初通过电视媒介、后来又加入互联网的传播得以深入到每个家庭,同时在一定意义上借鉴了国外的跨年晚会,故而较之春节联欢晚会更易融入全球化语境之中。而在众多跨年晚会当中,创始于2008年12月31日的江苏卫视跨年演唱会逐步从表演升级为表演秀,始终坚守着品质定位,始终引领着潮流风尚,始终展现着国际视野,以其独树一帜的呈现赢得"亚洲顶秀"的美誉。

一方面它始终坚持以演唱会为内核的艺术表现形式,每场演唱会都是实力唱将领衔,为受众带来全开麦的快感。而实力派歌手,在同一个舞台上分别登台,会实现一种遇强则强的局面,大家会把这样的顶级盛宴式的舞台,当作展示自己真正唱功实力的地方。所以,每一位实力派歌手都拿出了自己的最高表现力。顶级舞台和顶级歌手,实现了共振,甚至于可以说每年的江苏卫视跨年演唱会,都是顶级歌者之间的过招。[①] 真唱已成为江苏卫视跨年演唱会的鲜明标识。

既然是全开麦真唱,瑕疵在所难免。2022年跨年演唱会上,年近七旬的歌唱家关牧村与刘宇宁联袂演唱《假如你要认识我》,主歌部分各自演唱尽显实力,然而这一令人期待的惊喜混搭进入到副歌,节奏便稍显不协调,一老一少似乎是两种节拍,但这似乎并不影响人们的观感和情绪,掌声、欢呼声依旧响彻澳门金光综艺馆,其背后流露出的是对真唱全开麦的充分肯定和对老艺术家的无比尊重。江苏卫视跨年演唱会堪称华语音乐界最大的真唱现场,唱将们在直播中展现了他们最真实的唱功,这与国际社会对真唱给予积极支持的态度是一致的,毕竟真唱是追求表演真实性和艺术性的重要标准,这也是如江苏卫视跨年演唱会这样的内容得以被海外受众认可的基础。

另一方面它总是领先艺术与科技的融合应用,以不断超越想象力极限的视觉效果和唯美的舞台艺术,刷新受众对演唱会表演秀的认知。无论是"大蓝鲸"横空出世带来的惊艳,还是周深与"邓丽君"同台带来的奇幻,江苏卫视跨年演唱会每年都会融入最前沿的视觉技术,打造炫目的视觉

① 马庆云. 江苏卫视跨年演唱会收视领跑,凭何这么强?八大理由,值得注意 [EB/OL]. 百家号,2022 - 12 - 31. https://baijiahao. baidu. com/s? id = 1753745712195482063&wfr = spider&for = pc.

场。与此同时，整台舞美与单个节目的设计也一次次将奇思妙想变为现实，使得演唱会成为无数表演秀叠加的跨年盛宴，给人以赏心悦目的欢愉感，极大地契合了当下海外受众对演唱会的认知和追求。

以 2025 年跨年演唱会为例，不仅 AI 分身、数字人、虚拟现实、实时抠绿等前沿视觉技术再一次被升级融合应用，镜面舞台的设计和制作也是独具匠心。镜面舞台的视觉效果在王俊凯的表演环节里得到充分体现，当《大概》的音乐声起，镜面大幕徐徐拉开，王俊凯身后硕大的蝴蝶与随后出现的飞鸟带来的是多重纵深感，让人如梦似幻；而当《让我一次爱个够》唱响的时候，镜面则变换成哥特式建筑，仿佛就在舞者的身后，将屏幕与表演者融为一体，为受众呈现了唯美的舞台。唯美的舞台艺术还在周深演唱《雨蝶》时得以创意体现，周深坐在云彩下的秋千上，由机械控制在空中漫游尽显浪漫，而舞台顶部密布的环形灯饼与舞台地面升起的柱型装置上下延展，将整个舞台打造出立体三维的视觉效果，再一次成就了海内外受众心目中当之无愧的"亚洲顶秀"，再一次成了岁末年初最值得期待的引领着全球潮流风尚的视听盛宴。

第一节　江苏卫视跨年演唱会的国际范

音乐的魅力是无国界的。作为一种以听觉符号为主的艺术形式，音乐以其较低的信息密度和旋律所构筑的广阔想象空间，轻松跨越语言与文化的障碍，唤起人们内心深处的情感共鸣。人们在听音乐时产生的情感能调节认知差异，增强跨文化的沟通欲望。[①] 优美的旋律和其蕴含的丰富情感总能让一首首乐曲打动人心，让一位位歌手蜚声海外。2023 年，全球最大的音乐平台 Spotify 首次不分国别、地区公布了全球收听次数最多的十大华语歌手名单，这一榜单是基于播放量来排名的，鉴于 Spotify 至今尚未进入中国大陆市场，该榜单可以被认为是华语歌手在境外影响力和受欢迎程度的体现。他们中包括周杰伦、林俊杰、陈奕迅、邓紫棋、李荣浩、蔡依林在内一半以上的实力唱将都登上过江苏卫视跨年演唱会的舞台。特别

---

① 辛静、周晓丹. 跨文化共情传播的数字延展空间：以线上慈善音乐会为例［J］. 跨文化传播研究，2024（1）：82 - 97.

值得一提的是 2015 年的演唱会请来了周杰伦和陈奕迅两大唱将压轴，这也是两人首次同台跨年，虽然二人的歌唱风格不一，但毕竟都是华语乐坛实力天花板级的人物，同台合作相当默契，现场气氛直接被点燃，《简单爱》的演唱过程更是引爆成全场大合唱，十分契合辞旧迎新的氛围，也十分契合国际传播的需求。

创始于 2020 年的亚洲流行音乐大奖，表彰的是在亚洲地区极具影响力的歌手和音乐作品，自创办以来的绝大多数华语歌手获奖者，无论是最佳歌手奖的获得者林俊杰、邓紫棋、张杰、张艺兴，还是因为歌曲的流行、专辑的畅销、制作的精良等因素获得年度奖项的歌手周杰伦、方大同、莫文蔚、周深、陈奕迅、陈伟霆、蔡健雅、李荣浩、萧敬腾、刘雨昕等都在江苏卫视跨年演唱会的舞台上展示过他们的实力与魅力，有些还是演唱会的常驻嘉宾，对于江苏卫视跨年演唱会这样一档以展示华语歌曲魅力为主的演唱会来讲，这样的嘉宾构成无疑是其在有着广泛华语基础的东南亚地区传播的优势所在，这从其在覆盖新加坡、马来西亚、泰国和港澳特区的紫金国际台一直是最受欢迎的节目之一就能得到很好的印证。

媒介建构理论认为，媒介不仅仅是传递信息的工具，更是主动参与社会意义生产的机构，通过选择、加工和呈现信息，媒介塑造了人们对事件的认知、态度和价值观。[①] 江苏卫视跨年演唱会以歌手、音乐和舞美等符号系统建构充满仪式感的媒介空间的同时，也在塑造受众的情感体验和文化认同。跨年演唱会的特色在于"跨"年，在零点钟声敲响的那一刻是最具仪式感的，而零点倒计时前的演唱嘉宾实际上就是整场演唱会的压轴嘉宾，也被称为"零点嘉宾"。零点嘉宾的选择尤为关键，不仅嘉宾本身要具有相当的影响力，其所演唱的曲目也要能很好地调动起受众的情绪，在辞旧迎新的燃情时刻强化受众对晚会的情感认同，以实现传播效果的最大化。作为江苏卫视跨年演唱会的零点嘉宾，李宇春与江苏卫视结缘已近十年，每一个零点都是创意大秀，每一个零点都会充满惊喜，每一个零点都有着浓浓的国际范。在 2025 年微博之夜盛典上，她再次荣获"微博国际影响力音乐人"殊荣，这也从一个侧面印证了李宇春能始终占据江苏卫视跨

---

① Fengmin Yan. Image，Reality and Media Construction ［M］. Springer，Singapore.

年演唱会零点嘉宾 C 位的实力和江苏卫视跨年演唱会能深受海外受众青睐的原因。

如何增强内容的国际传播影响力？就是要找到"融通中外"的话语表达方式，在对外传播中达到"议题共振"和"话语共情"，由此来增进国际传播成效。① 为了达到"议题共振"和"话语共情"，江苏卫视跨年演唱会也积极融入国际化元素，形成了独特的"国际化＋本土化"嘉宾模式，零点嘉宾也不乏有着国际影响力的海外明星。2011 年跨年演唱会邀请到国际拉丁天后、来自哥伦比亚的夏奇拉（Shakira），在由世界各地专业人士组成的伴奏团队和伴舞团队的陪衬下，她身着火红的舞衣，跳着激情的舞蹈，绽放开朗的笑容，一展迷人的歌喉，一首由她自己创作并在当年南非世界杯唱红全球的 Wakawaka 伴随着她与现场万名观众共跳风靡全球的"Waka Waka"舞蹈，瞬间将演唱会的火热气氛推向高潮。零点倒计时环节，作为零点嘉宾的她在舞台上许下自己最为幸福的新年愿望，并用刚学会不久却字正腔圆的中文祝福新年："新年快乐！恭喜发财！我爱你中国！"

拥有加拿大和法国双重国籍的歌手艾薇儿（Avril）是江苏卫视跨年演唱会邀请到的又一位重量级的海外零点嘉宾，2012 年跨年演唱会原计划给艾薇儿预留三首歌的演唱时间，但艾薇儿到现场彩排后坚持想唱四首歌，得知这一消息的导演组既兴奋又为难，毕竟零点倒计时环节是容不得分秒差池的，要想加歌要么调整其他表演项目，要么减少广告露出时间，最终导演组通过减少广告时间满足了艾薇儿的要求，其全球影响力和受众欢迎度可见一斑。同一个跨年演唱会的舞台上还请来了法国歌手让·罗彻（Jean Roch），这位隐退歌坛多年的歌手并没有上述两位重量级唱将有名，但他的出现同样有着轰动效应，因为他是 Can you feel it 的原唱，这首歌作为《非诚勿扰》的男嘉宾出场曲，伴随了《非诚勿扰》的播出近两年的时间，当年的《非诚勿扰》不仅是国内的现象级节目，也是火遍海外的中国节目，当 Can you feel it 原音重现的时候，其海外传播的效果就已达成，

---

① 袁靖华，孙佳雯. 主流媒体新闻人的国际传播能力储备及提升路径［J］. 浙江工业大学学报（社会科学版），2025，24（1）：1-9.

不仅传播了跨年演唱会，还进一步推火了《非诚勿扰》。

成员分别来自美国、法国、德国、瑞士等国的美声绅士天团（Il Divo）也曾加盟江苏卫视跨年演唱会，曾经获得过 33 个国家 150 多个大奖殊荣的他们演唱的一组歌曲犹如天籁之声，将跨年演唱会的舞台瞬间转换成为美声的殿堂。此外，韩国歌手金贤重、郑淳元，男子演唱组合 Boyfriend、Super Junior、SJ-M，女子演唱组合 Wonder Girls、T-ara，以及来自美国的王力宏、潘玮柏、范玮琪、方大同，新加坡的林俊杰、孙燕姿、蔡健雅，马来西亚梁静茹、曹格、阿牛等华语乐坛的唱将都曾在江苏卫视跨年演唱会的舞台上一展风采。正因为有如此众多在海外有着相当影响力的实力唱将的加持，奠定了江苏卫视跨年演唱会海外传播的基础，给演唱会打上了国际范的标签。

江苏卫视跨年演唱会的国际范还体现在制作团队的国际混编上。2012 年跨年演唱会，首次邀请了来自英国的国际知名灯光设计师 William Charles 团队加盟，实现了演唱嘉宾国际化到创意制作国际化的重要跨越。该团队是 Britain's Got Talent、The Voice 等全球知名节目的灯光设计与导演团队，其在为江苏卫视团队带来全新理念突破的同时，更是将高超的灯光技艺带到了江苏卫视的跨年舞台，首次实现所有灯光与 LED 大屏视频画面由灯光控台集中操控，灯光师可根据节目设计场景调整色调，实时调度灯光及大屏显示，使画面更加统一协调，加上后期 3D 渲染技术，呈现出声光电潮流时尚的感官体验。其后，制作团队国际混合编队成为江苏卫视跨年演唱会的常态，他们中既有来自比利时的灯光设计与编程团队、来自荷兰的视觉创意设计与编程团队、来自日本的虚拟数智人内容创意设计与制作团队，也有来自荷兰的视觉数控设备操控团队、来自西班牙的飞行器制作与运行团队，还有来自美国、英国、西班牙、乌克兰的舞蹈演员组成的"幕后天团"。

从 2016 年开始，江苏卫视便采用"秀"的概念做跨年演唱会，汲取国际顶级大秀经验，借助国际顶级制作团队加持，打造时尚潮流的视听盛宴，这一国际顶级制作团队包括来自比利时的 ARF&YES 灯光设计团队和来自荷兰的 Light Image 视觉创意团队、Dutch Rigger 数控设备团队多达 60 人，他们曾是欧歌赛视频、音效的整体执行团队，他们中既有担任过欧歌赛舞台总监的著名舞台设计师 Martin，也有执行过索契冬奥会开闭幕式灯光的著名灯光设计师 Rose，还有操盘过历届香奈儿大秀的著名灯光设计师 Ignace 等，他们的创意兼具艺术性与时尚感，他们的呈现充满想象力和震撼度，将跨年演唱会的舞台打造得美轮美奂。

双方的合作本身也是一个文化交流互鉴的过程。一边是世界一流的视觉创意设计与制作团队，一边是中国一流的视觉、音响、导播技术团队，本着对国际一流顶秀品质的一致追求，这支跨国混编战队在十年的合作中从克服语言障碍展开技术交流，到尊重各自文化习惯成为亲密伙伴，他们不仅收获了友谊，更磨合出超出想象的"黄金默契"，成功实现了技术与艺术的完美融合，为全球受众打造出集聚众多经典瞬间的视觉场。

来自荷兰的素材艺术设计师 Koen 就曾将他们的视觉设计与编程形容为"超级黑科技"———一种能够同步所有音乐、视频和灯光的全新系统，"意味着一切可以完美同步。如果艺人在舞台上跳起来的话，你会看到灯光会自动配合，视频也会在恰到好处地跟随，产生互动和同步的效果。"[1] 正是这一实时渲染技术的引入，使跨年演唱会的舞台视觉效果更加灵动、更富层次感，其制作水准也得到了外国同行的认可和赞许，在比利时著名灯光设计师 Ignace 看来，论对做国际一流顶秀的坚持，江苏卫视的同行"比我们在西方国家做得更好。"[2]

Ignace 所在的比利时 ARF&YES 公司不仅为江苏卫视跨年演唱会提供灯光设计，每年还将跨年演唱会的高清素材剪辑成精华视频，在欧洲各大灯光及视频技术展会上循环播放，向全球来宾推介这一项目，无形中放大了江苏卫视跨年演唱会在海外主流社会的传播度和影响力。而江苏卫视的团队也在与国际顶级制作团队的合作中把握住了宝贵的学习与交流机会，大大提高了自身的创意设计能力和独立把控高精尖设备的能力，已逐渐从寻求合作的探索者蜕变为顶级大秀的主导者。

---

[1] 江苏卫视 2018 跨年演唱会舞台视觉揭面：江苏卫视这次又赢了！[EB/OL]. 综艺报微信公众号，2017-12-30. https：//mp. weixin. qq. com/s/ZOx2vMFWajvvptOH _ CLjHw.

[2] 江苏卫视官方账号. 致力于打造亚洲顶秀 幕后天团解密 2018 江苏卫视跨年技术干货 [EB/OL]. 今日头条，2017-12-27. https：//www. toutiao. com/article/6504055677948789262/?wid=1739110800637.

顶级大秀的呈现离不开顶级的场馆。2017年江苏卫视跨年演唱会由南京奥体中心移师至澳门金光综艺馆，选择这里是因为这座可以同时容纳15000名观众的亚洲顶级场馆，曾经是许多国内外歌唱明星开办过个人演唱会的地方，在这里诞生过无数让人难以忘怀的经典画面，要想让江苏卫视跨年演唱会冲出国门、走向世界，这样的选择在当年无疑是极具眼光的。当一头"大蓝鲸"从"海面"腾空而起，闪转腾挪后一头扎入"海"中的画面在屏幕呈现时，史诗级舞美的赞誉瞬间刷爆微博、冲上热搜，2017年跨年演唱会以其卓越的品质和高燃的口碑受到全球华人的喜爱与关注，至今仍是国外社交网站上点击量最高的国内晚会。就此开启了江苏卫视跨年演唱会"亚洲顶秀"的追梦之路，也开启了江苏卫视先后与澳门金光综艺馆和银河综艺馆的八年结缘。

作为中西文化交汇的重要节点，澳门拥有400多年的中西文化交流历史，形成了以中华文化为主、多元文化并存的文化特征，用澳门文化界联合总会会长吴志良的话说："如果将澳门比喻成一个文化符号，无论是西方人还是中国人，都很容易识别、读懂和接受"，① 这使得澳门在国际文化交流中具有独特的优势。江苏卫视跨年演唱会以澳门为舞台，既在澳门这一中国高水平对外开放重要平台的助力下更好实现了对海外的传播，也持续助力了澳门这一文化符号的做大做强，从晚会片花中的澳门城市风光，到宣传海报中的澳门民情风物，再到内容设计上与澳门元素的深度融合，跨年演唱会让更多海外人士看到了"一国两制"在澳门的成功实践，同时在让澳门同胞感受内地文化创意超凡魅力的同时，也让内地同胞感受到了澳门经济社会的快速发展，不断擦亮着苏澳文化交流这张闪亮的名片。现如今，江苏卫视跨年演唱会已当之无愧地成为岁末年初澳门当地极富仪式感的跨年标志性活动，这或许可以被看作是国际范的又一体现。

第二节 科技赋能艺术打造"亚洲顶秀"

在演唱会中，除了音乐作为听觉符号构建的仪式化体验，视觉符号

---

① 孙天霖. 将澳门打造成对外文化传播的重要基地［N］. 人民日报，2024－12－13（006）.

（如灯光、舞台设计、服装等）同样通过其情感与美学的内涵，参与意义的建构与传递，激发受众的情感共鸣与文化认同。① 随着数字技术突飞猛进的发展，AR、VR、MR、AI 等新兴技术已成为推动内容创新的核心驱动力，其不仅能实现前所未有的视觉呈现，也能促进多种新技术在视频制作中的融合应用，通过将虚拟与现实的巧妙融合为内容生产赋能，进而为受众带来全新的视觉享受。技术与艺术的融合在满足受众日益增长的期望方面发挥着至关重要的作用。它使制作者能在叙述和展示上进行创新，并为受众提供更沉浸式、互动式的体验。这种融合超越了单纯的技术展示，成为新的艺术表达形式，提升了作品整体品质和受众参与度。② 江苏卫视跨年演唱会能在有限的舞台创造出无限的想象，很大程度上缘于将艺术元素和科技元素进行了成功的融合与运用，其构建起跨越地域与文化的视觉场，对于扩大内容产品的海内外传播力与影响力大有裨益。

2017 年跨年演唱会，江苏卫视首次实现了虚拟现实技术的创新突破，其不同于以往虚拟技术的运用，而是真正体现了现实增强的概念，即增强了"现实"而非强化了"虚拟"。李健在演唱《假如爱有天意》时，一条"大蓝鲸"从"大海"中腾空而起又一头扎入"大海"，泛起"波涛浪花"，这些通过计算机生成出的逼真虚拟环境，将视频呈现效果推向极致，让受众沉浸其中被深深吸引。这头充满萌趣又极具科技感的"大蓝鲸"巧妙融入现代流行艺术风格，憨态可掬的模样搭配鲜活灵动的色彩，既保留了海洋巨擘的威严，又增添了邻家宝贝的亲和，打破了海外受众对中国传统文化符号的刻板印象，以潮流时尚的形象展现了中华文化的多元性与创造力，加之蓝鲸在许多文化中都象征着力量与智慧，极易让不同文化背景的受众产生情感共鸣，在打造其作为江苏卫视跨年演唱会标识的同时，也为提高跨年演唱会在海外的认知度与传播力奠定了基础。

其后的历届跨年演唱会，大蓝鲸视觉元素频繁出现在舞台布景、节目互动环节之中。2018 年"她"飞到天屏之上；2019 年"她"化身一条长达八米的巨型鲸鱼飞行器——采用特殊材料设计并通过填充氦气塑型而

---

① 徐敬宏，渠润泽. 数字时代娱乐传播的跨文化想象——以《黑神话：悟空》为例［J］. 中国编辑，2025（02）：71-80.
② 胡智锋、胡育恺. 数实融合背景下的电视艺术发展空间探讨［J］. 中国电视，2023（7）：5-9.

成，配合邓紫棋演绎《光年之外》在演唱会现场翱翔，赋予舞台生命般动感；2020年"她"在深色留白的舞台空间里时而缓慢游动，时而破"水"跃腾，为演唱者的旋律增加了更多的律动；2021年"她"以全身机械式结构打造形象带着无数条"蓝鲸"从舞台中央穿越而出表演巡场秀，配合震撼人心的240人整建制交响乐团的演奏和刘宇宁的演唱，将受众带入科幻的兴奋之中；2023年"她"伴随歌曲《如果有来生》以水晶版姿态破屏而出，"她"已不再是简单的舞台装饰，而是深度融入了节目内容，与歌手、舞者一同演绎精彩篇章。海内外网友通过社交平台分享着"大蓝鲸"不同时期的精彩瞬间，制作精美的同人画作、趣味短视频等，推动话题热度持续攀升，让"大蓝鲸"成为从江苏卫视跨年演唱会舞台"游"向世界的文化符号。"大蓝鲸"被不断跃腾、演绎得更为精致的过程也见证了江苏卫视跨年演唱会团队在视觉创意设计方面的不断创新与能力提升。

作为具有代表性的核心设计元素，大蓝鲸在2024年跨年演唱会上的呈现进一步实现了虚拟现实技术与表演艺术的完美融合，从八年前虚拟形象与演唱嘉宾李健处于同一空间，到八年后虚拟形象与演唱嘉宾周深融为同一主体，再一次刷新了受众的认知。在《化身孤岛的鲸》的表演中，周深从舞台突然消失，又突然踏"鲸"跃起，与一条"大蓝鲸"共舞，营造了一种超现实的视觉效果，不仅拓展了受众的多元想象空间，也拓展了传统表演艺术的边界，而真实与虚拟元素的无缝对接，是对新技术的充分应用和跨国混合制作团队精诚合作共同作用的结果。

自"大蓝鲸"一跃成名，江苏卫视跨年演唱会对新技术的创新运用一直成为广大受众热议的焦点和约会般的期待。珞思在知乎发表的文章中指出：电视苏军提振"工业美学"，让受众兴奋感触到了超级碗和欧歌赛才有的顶级质感，彰显了比肩世界的文化自信。① 无论是林俊杰《那些你很冒险的梦》中的"美人鱼"在"深海"中随歌声起伏的如痴如醉，还是单依纯《想你时风起》唱响时全场瞬间变成的"蝴蝶谷"如梦如幻；无论是《天外来物》表演秀中薛之谦仿佛瞬间飞出场馆与歌曲意境完美融合，还是邓紫棋《Gloria》表演秀中解锁海洋场景为受众呈现的震撼"分海视

---

① 珞思. 以"鲶鱼效应"提振"工业美学"，荔枝跨年彰显了比肩世界的文化自信［EB/OL］. 知乎，2018-1-2. https：//zhuanlan. zhihu. com/p/32540790.

效"；无论是潘玮柏《反转地球》的舞者裂变而出的人像漂浮在空间模拟时空冻结，还是《Faded》演唱过程中巨大的机械姬由舞台下方缓缓升起与渺小的张韶涵形成鲜明对比；无论是不同次元的 11 个王俊凯同台合唱《你会找到我》，还是 TOP 登陆少年组合同步完成"实时幻装"用光影技术演绎极致律动，歌手们仿佛置身于梦幻般的异次元空间，穿梭于无穷尽的浩瀚宇宙，这些超越现实的视觉体验，打破了语言和文化的壁垒，即使不同国家的受众在听不懂歌词的情况下，也能被眼前震撼的视觉效果所吸引，一次次硬核效果的呈现不断夯实着"亚洲顶秀"的闪亮品牌，不断拓展着其海外传播的美誉度与影响力。

随着虚拟现实技术运用的日益精进，江苏卫视跨年团队不断发挥想象力和创造力，在演唱会上实现了真人歌手与虚拟歌手的同台实时互动。2018 年跨年演唱会首次启用实时光影跟随技术对中国首位虚拟歌姬洛天依进行全方位的呈现，洛天依以滑冰的方式旋转全场、跳空换装、再从冰桥返回中心舞台，与周华健汇合同唱《Let it go》，这也是洛天依首次在公开场合演唱英文歌曲，而此时的背景舞台正缓缓矗立起一座蔚为壮观的"冰雪城堡"，温暖的大叔和超萌的萝莉，好听的歌声与冰雪的世界，科技美学的创新给受众呈现了又一次惊艳，唯一遗憾的是周华健与洛天依之间的实时互动还不够多。到了 2019 年跨年演唱会，真实与虚拟在舞台上的多频次实时互动且毫无违和感，则成为薛之谦与洛天依合作的最大亮点，他们合唱的魔性十足的《达拉崩吧》也成为经典，从中也可以看出江苏卫视制作团队对 AR 技术的运用日臻娴熟。

2020 年跨年演唱会上，Vsinger 家族洛天依、乐正绫、言和、乐正龙牙、徵羽摩柯、墨清弦携手亮相，并与硬糖少女 303 女团同台合作，独舞、齐舞、斗舞挑战着制作团队对舞台、角色、机位、灯光的娴熟调度与把控能力，最终七位真人歌手与六位虚拟歌手同台实现多人实时互动创下直播晚会记录，也成为虚拟技术在跨年演唱会上的又一次成功进阶实践，对于海内外年轻受众而言，他们习惯了数字化的娱乐方式，这种创新的内容传播无疑对他们有着极大的吸引力，特别有利于将中华文化的魅力传递给海外的年轻一代。

早在 2017 年"猛犸象"在江苏卫视跨年演唱会横空出世的时候，就出现了《曹操》的演唱者林俊杰骑着猛犸象的形象,但当时真人的 AR 形象制作难度较大,真人皮肤纹路与表情细节难以呈现,还原程度不高,达不到以假乱真的视觉效果,制作团队不得不让"林俊杰"戴上帽兜,遮住了大部分表情。随着虚拟现实技术的日臻完善,三年后的跨年演唱会舞台上,江苏卫视制作团队综合多种技术与制作方法,为广大受众呈现了一个虚拟的歌手薛之谦,并给他起了一个有趣的名字"薛乎虚"——"之"对应"乎","谦"对应"虚"。由 AR 技术呈现出来的薛之谦(薛乎虚)和现场舞台当中的薛之谦一假一真,一虚一实,有着一模一样的着装,却用着一快一慢的节奏演唱《认真的雪》,让人们在差异的环境中体验相同的演唱音色和技巧,给受众带来了奇妙独特、耳目一新的感受。

近年来,AI 技术的迅猛发展更为跨年演唱会打造歌手数字人提供了便捷,江苏卫视制作团队充分发掘元宇宙与音乐结合的更多可能性,打破现实舞台、虚拟世界与受众的界限感和空间感,让真人、数字人与虚拟场景、现实舞台在荧屏上实现完美融合:王源和自己的数字人组成一支五人乐队进行表演,"一个人一支乐队"的视听奇观让受众见证了元宇宙的奇妙;张靓颖在演唱《不惜时光》时以巨型虚拟人物开启元宇宙互动表演新模式;张艺兴与陶喆合唱《找自己》时,他小时候的形象"张加帅"通过数字人惊喜现身,带给受众时光穿梭的奇妙观感。

当然,江苏卫视在对演唱嘉宾的虚拟人打造上最值得圈点的还是 2022 年跨年演唱会上的"邓丽君"。在虚拟现实、动作捕捉、人工智能等新技术的加持下,栩栩如生的邓丽君的形象出现在江苏卫视跨年演唱会的舞台上,当"她"和周深共同唱响人们耳熟能详的《小城故事》《漫步人生路》的时候,勾起的是几代人的回忆,带来的是跨时空的感动。第一次在大型直播晚会中实时呈现的 AI 虚拟人"邓丽君"的魅力还在于现场秒换新装后,演唱了周深的成名曲《大鱼》,而这一切毫无疑问得益于创作的灵感激发与新技术的创新运用。

作为华语乐坛的传奇人物,邓丽君的音乐风靡亚洲乃至全球,蕴含着深厚的东方文化内涵,"她"与周深天衣无缝的合作,不仅能让全球华人找到情感的共鸣点,唤醒他们心底那份对民族、对故乡、对传统文化的眷恋之情,也能打破文化传播的壁垒,让海外受众更容易走进中华文化的内核,感受其蕴含的细腻情感与人文精神。这一视觉奇观还在海外社交媒体上引发了广泛热议,全球各地的网友纷纷在 YouTube、Twitter 等国际社交平台上分享、讨论这场演出,相关视频播放量数以千万计,这种基于互联网的传播模式,打破了传统媒体传播的时空限制,让中华文化以一种极具现代感和科技感的方式迅速扩散到全球,赢得更多的尊重与关注。如果说邓丽君的许多作品一直被人们广为传唱,可以被视为经典的话,那么江苏卫视跨年演唱会打造的"邓丽君"无疑是艺术元素与科技元素融合创新视觉场中的又一经典。

第三节 极致视听诠释"用奋斗点亮幸福"

极致融合艺术与科技元素的演唱会必定是一场极致视听盛宴。江苏卫视跨年演唱会备受业内外广泛赞誉,也在海内外有着广泛影响,作为有着特定意涵的年俗仪式,跨年演唱会承载着人们对未来的美好期许与情感寄托,每一段歌舞,每一声祝福,都在诉说着对过去的告别和对未来的展望,它不仅是一场视听盛宴,更是一个传递幸福的平台。

自 2010 年起,江苏卫视便以"幸福中国"为品牌形象,全面升级并推出以"幸福"为定位的节目、以"幸福"为主题的春晚和以"幸福"命名的剧场。当"幸福都是奋斗出来的"成为 2018 年度十大流行语,奋斗成为积极向上的时代精神缩影和社会潮流风尚,成为对励志青春的最美诠释。跨年演唱会相较于其他晚会更富于青春特质,更应聚焦励志与奋斗,从 2019 年开始,江苏卫视便将跨年演唱会主题由"幸福"升级为"用奋斗点亮幸福",并一直沿用至今。毋庸讳言,在形式、内容各异的年俗仪式背后,折射出的是不同国家和地区、不同文化背景和生存状态下的人们对"奋斗"和"幸福"的不同理解,而江苏卫视跨年演唱会对"奋斗"和"幸福"的诠释更多体现的是一种生活态度和一种精神追求,朴实无华且价值共通,使其在国际传播中展现出独特的魅力。

一、以歌曲立意传递人类共通价值

如何通过跨年的仪式增强受众的心灵共振与情感共鸣?仪式作为晚会

的重要组成成分，打破了受众对常规电视节目的收视惯性，起到了其他媒介内容所无法取代的作用，对于唤醒文化记忆具有深远影响。[①] 情感可以为跨文化交流提供先在性的沟通介质，在此基础上，受众得以从经验层面对他人情感反应进行"移情"，从而达成意义共享与情感互动。[②] 奋斗是人类共同的追求，无论身处何地、有着何种文化背景，人们为追求幸福生活而努力拼搏的意愿是一致的，当今全球都在追求经济发展与社会进步，"用奋斗点亮幸福"的主题与全球的发展潮流是相契合的。

江苏卫视跨年演唱会紧跟时代潮流、引领社会风尚，通过歌曲的立意表达，将奋斗与幸福的关系进行了生动的诠释，无论是朴树演唱的《平凡之路》被演绎成万人大合唱的版本，传达出即使平凡的人在经历失落后，依然要坚定地面对人生，在平凡的奋斗中去发现平凡中的幸福的信念；还是张杰演唱的《逆战》营造了一种在困境中奋勇拼搏、逆流而上的氛围，鼓励人们在面对各种挑战时要以无畏的勇气和坚定的信念去奋斗，赢得属于自己的幸福与荣耀；无论是周华健演唱的《少年》唤起了人们内心深处对梦想的执着和对奋斗的坚持，提醒人们要始终保持少年时的那份勇敢和热情，用奋斗去拥抱幸福；还是刘宇宁演唱的《努力的人》以质朴真实的歌词、真挚动人的歌声，映照出重走来时逐梦之路的汗水与坚持，激励年轻人在青春的道路上不忘奋斗初心、点亮幸福人生，都很好地契合了"用奋斗点亮幸福"的主题立意。

2024 年跨年演唱会上，"外卖诗人"王计兵以"繁忙的街头，我是奔波的影。每个夜晚、每个清晨，汗水是我闪耀的荣光。我以坚韧为笔、梦想为墨，在奋斗的道路上，用平凡的幸福，谱写人生最华美的篇章"这一诗意般的讲述，展现了平凡人在奋斗中对生活的热爱和对幸福的追求，为后续的歌曲演唱奠定了情感基调，紧接着单依纯演唱的《这世界有那么多人》，以歌声展现出生活中的平凡美好和人与人之间的情感连接，与王计兵的个人奋斗故事相呼应，与大屏幕上无数普通人的幸福笑脸相呼应，诠

---

① 张锐，陈芷宜. 媒介仪式视阈下中国故事的创新表达——以江苏卫视 2022 年跨年晚会为例 [J]. 声屏世界，2022（12）：41-43.

② 王稚斐，张为. 视听联觉与情感叙事：中国传统音乐短视频的跨文化传播 [J]. 东南传播，2024（06）：118-121.

释了幸福源于平凡生活与奋斗的感悟，更让受众感知到人间烟火中奋斗的意义和价值。音乐作为参与故事叙述的重要元素，配合上如此贴地飞行的内容传播无疑更能让海外受众产生强烈的情感共鸣，使他们认识到，尽管文化和生活方式存在差异，但追求幸福的道路都是可以通过不懈奋斗来实现的，这种人类共通价值观的传递极易拉近与海外受众的距离。

二、以篇章结构强化中国形象认知

受众的情感由记忆、经历和文化背景共同触发，在观看演唱会的过程中，他们会将现实生活中的经验与文化常识带入其中。柯林斯在"互动仪式链"理论中将之称为"情感能量"。① 在跨年演唱会这一具有互动仪式感的场景中，设置符合受众文化记忆的符号与内容，能够激发其情感能量，不仅可以强化个体的情感体验，还可以形成跨文化传播中的文化共鸣。作为主要以声乐和器乐、辅以舞蹈为表现形式的音乐类晚会，跨年演唱会不同于春晚等综合性晚会的多种呈现方式，在主题的表达上往往由于缺乏语言类节目的支撑而显得较为单薄，江苏卫视坚持探索与求变，实现了篇章结构在跨年演唱会上的创新与突破，"用奋斗点亮幸福"的主题不断被涉及，从而进一步强化了良好中国形象的海外认知。

2022 年跨年演唱会，奋斗与幸福本就是"致敬奋斗的你"篇章的题中应有之义，"最美奋斗者"赵亚夫讲述了他把成绩写在大地上，带领戴庄村农民走上致富幸福路的故事，全篇以抒情的《春暖花开》和欢快的《奋斗》首尾呼应；而"致敬科技与创新"篇章则以《星辰大海》与《祖国不会忘记》表达了对科技工作者奋斗精神的礼赞；在"致敬飞扬的青春"篇章中，关牧村用一首富有改革开放初期青春朝气的歌曲《假如你要认识我》，呼应了《闪闪发光的你》的节目嘉宾林鹰谷的讲述："作为新时代的青年，我们要磨砺意志，增强本领，成为更好的自己，拼一个无悔的人生"；张光北朗诵、毛不易演唱李大钊的《青春》则进一步强化了励志奋斗、追梦幸福的主题，"用奋斗点亮幸福"的主题在多个篇章被聚焦，做到了主题设计的由点及面和全新表达。

---

① Collins R. Interaction Ritual Chains [M]. Princeton University Press，2014.

2023 年跨年演唱会篇章的关键词由"致敬"变成了"我们",主体的变化折射出主创编导在人本意识上的强化,如果说"致敬"更多是对群体的叙事表达,那"我们"则是将视角聚焦到了个体,进一步增强了受众的代入感与认同感,更为契合海外受众的认知,更易赢得海外受众的关注。在"自强不息的我们"篇章中,甘肃蓝天救援队队长于若飞讲述自己十年来参与 370 余次救援行动,营救了 81 名幸存者的故事,诠释了勇敢和担当,薛之谦的一首《孤勇者》以"谁说站在光里的才算英雄"表达了向所有在困难面前勇毅前行者的致敬;82 岁的航天专家陶建中在"逐梦未来的我们"篇章中讲述了中国航天事业发展背后的个人奋斗故事,一句《龙吟》中的"我浴火向苍穹而行,何惧风雪染双鬓,一如夸父般的坚定"和一句《如愿》中的"而我将爱你所爱的人间,愿你所愿得笑颜"前后呼应,以演唱者的激情演绎表达了对航天人不懈奋斗的敬意;香港媒体人陈贝儿带着她的纪录片《无穷之路》开启了"同心同行的我们"篇章讲述,分享其从事脱贫攻坚记录采访中的所见所闻和感动瞬间,一首《狮子山下》不仅唱出了同舟共济、奋发图强的精神,也唱出了对未来幸福生活的期许。

中国的快速发展离不开全体中国人的努力和奋斗,而为梦想拼搏的过程本身就是一种幸福,幸福的概念在中华文化中也有着深厚的根基,蕴含着丰富的内涵,其强调通过自身奋斗和对社会的贡献来实现个人价值与社会和谐。江苏卫视跨年演唱会通过节目呈现让奋斗者的故事被看见,有利于激励每个人在新的一年里勇敢迈出奋斗的步伐,去追寻属于自己的幸福,也能让更多海外受众了解中华文化中关于奋斗与幸福的独特理念,进而将一个个奋斗故事串联成奋发有为、昂扬向上的国家形象。

三、以创新表达提升国际传播效果

江苏卫视跨年演唱会在呈现"用奋斗点亮幸福"主题时,还创新了丰富多样的秀场表现形式,将舞台的特效、灯光的变幻演绎得淋漓尽致,营造出如梦如幻的场景,让受众仿佛置身于一个充满奇幻的世界,炫酷的舞台视觉效果能最大程度满足不同国家和地区受众的审美需求,从而将主题以更生动、更直观的方式传递给海外受众。2018 年 10 月 24 日,港珠澳大桥正式通车运营，它的建成为中国制造创下了又一个世界奇迹。两个月后，江苏卫视跨年演唱会再度落地澳门，自然要将对奋斗精神的颂扬聚焦到为港珠澳大桥建设付出艰辛努力的奋斗者群体。当张杰演唱《最美的太阳》唱到"给我翅膀，让我可以翱翔"时，AR 技术加持下的港珠澳大桥在视频画面中震撼呈现，让受众犹如身临其境，在心生敬意的同时油然而生满满的幸福感与自豪感，科技美学在视觉场的创新应用在这里起到了画龙点睛的作用，而这样的成就展现在对外传播中无疑能起到润物无声的效果。同样"奋斗"也被通过新技术的运用融入到 2020 年跨年演唱会的舞台设计之中，科技感十足的水滴形舞台小而言之寓意奋斗的汗珠，大而言之象征水滴石穿的奋斗精神。

通过 AR 技术建立一种场景，场景可以分享，甚至可以建立一种虚拟现实跟真实之间的无缝接入，这就是一种升维的表达形式。[1] 2022 年跨年演唱会上，当刘宇宁演唱《星辰大海》时，科技美学再一次得到极致应用。AR 技术渲染出的浩瀚星空和宇宙飞船将演出现场与中国空间站天和核心舱进行勾连，通过空间和意向的叠加，陪伴广大受众在仰望星空中致敬出征苍穹、漫步太空的中国航天力量，作为被海外主流媒体多次报道的中国空间站的形象通过节目呈现，无疑能够赢得更多海外受众的关注，进而引带跨年演唱会被融入全球性语境之中。随着《祖国不会忘记》歌声的响起，谭维维与航天老战士合唱团的对唱将全场瞬间带进歌声的海洋，航天界巨擘孙家栋、陆元九"点燃航天梦，助力中国梦，用奋斗点亮幸福"的新年寄语更是强化了跨年演唱会的主题，缔造了"天涯同此时"的最幸福跨年夜。

不同时代、不同地域的文化有着各自独特的魅力。创新文化融合，打破文化隔阂，有利于推进不同文化背景下的受众接受与理解他域文化，可见传统与现代结合、东方与西方交融的节目内容具有天然的跨文化传播优势，一定程度上更能吸引海外受众的目光，从而增强海外受众对传播内容的认同。江苏卫视跨年演唱会始终注重潮流风尚的引领，舞台上从来不乏这类创新的内容：2022 年跨年演唱会上谭维维与华阴老腔跨越时空与地域

---

[1] 喻国明，曲慧. VR/AR 技术对媒体场景构建的三度拓展 [J]. 传媒观察，2021 (6)：13 - 16.

演唱的《给你一点颜色》，将华阴老腔这一中国最古老的摇滚乐与西方现代摇滚音乐有机结合，展现了古朴和现代的完美融合；2024 年跨年演唱会张靓颖与自得琴社联袂演绎，将中国古典诗词《清平调》与西方经典歌剧《歌剧魅影》进行创新呈现，用中国传统乐器来演奏西方经典旋律，特别是在演出中应用实时抠像技术让表演显得流畅与自然，实现了中西文化的碰撞与融合。这些创新的节目内容不仅体现了中华文化的厚重与包容，让海外受众看到中华传统文化的与时俱进，引发他们对中西文化交流的兴趣，也能精准契合海外受众的审美需求，为他们提供富有独特韵味的全新音乐体验和视听享受。哈布瓦赫的"集体记忆"概念指出，记忆并非单纯的个体或生理现象，而是受到群体、社会以及时代精神氛围的影响，这些因素共同塑造了特定形式的回忆。这种唤起、建构、叙述、定位和规范记忆的文化框架，构成了"集体记忆"的核心内涵。[1] 跨年演唱会对经典歌曲的重新演绎之所以动人，正是因为这些歌曲承载了一个群体共享的记忆与情感，而这些记忆和情感又与一个国家、民族的历史发展和文化认同紧密相连，从而在受众中引发深刻的情感共鸣与文化共振。

2021 年跨年演唱会在全球电视晚会中首次引入由弦乐、管乐、电声乐队和中国民族乐队等构成的全建制 240 人交响乐团，更是将传统与现代结合、东方与西方交融展现得淋漓尽致，实现了东西方文化的有机共生与创造性转化，为受众带来跨越文化界限的情感与审美体验。如此庞大的交响乐团分布在高达 13 层的阶梯形、圆饼状、环绕式超大型装置上，在担当音乐输出任务的同时，还被安排舞蹈动作的配合，其本身已成为跨年演唱会舞台美术的核心主体，营造了震撼且灵动的视觉奇观，想必绝大多数海内外受众都未曾见识过这般豪华的阵仗，都会感觉到新奇与独特，"江苏卫视 240 人交响乐团伴奏"等也频频霸榜热搜，从传播学角度而言，全建制交响乐团出现伊始就已经实现了对跨年演唱会的海内外有效传播。这一极具创新的表现形式还赋予了跨年演唱会更强的音乐性，舞台上各类曲风与交响乐相互碰撞，既有流行与交响的对话，也有民乐与交响的融通，还有古风与交响的辉映，强力输出的音乐冲击波，为受众呈现了一场高规格的

---

① 莫里斯·哈布瓦赫. 论集体记忆［M］. 上海：上海人民出版社，2002.

音乐盛宴。借助于这一创新的形式，韩红的《我的祖国》在雄浑的管乐、悠扬的弦乐、激昂的打击乐、动感的电声乐的合奏中唱响了恢宏的主旋律乐章，"为了开辟新天地，唤醒了沉睡的高山，让那河流改变了模样"何尝不是奋斗精神的写照，完美契合了跨年演唱会"用奋斗点亮幸福"的主题。

　　每当新年的钟声敲响，江苏卫视跨年演唱会都会在满满的仪式感中完美实现对过去一年的深情告别和对未来一年的美好期许，为受众带来一场震撼心灵的视听盛宴，其对潮流美学的独特诠释和对科技与艺术融合的大胆探索，让受众感知到潮流音乐的无限可能。通过对富于时代感元素的充分融合，江苏卫视跨年演唱会已不再仅是一场跨年的狂欢，更是一次对家国情怀的深情表达和对时代发展的有力见证，其所展现出的创新精神与时代气息成为潮流风尚的生动注脚。

第八章

从食文化的视角看精神传承

美食是跨国界的。从汉堡到饺子，从披萨到寿司，它们虽诞生于不同国度，却能在全球范围内收获喜爱，其魅力就在于美食能唤起人们心底共通的情感，当人们品尝美食的时候，感受到的不仅是味蕾的愉悦，更是一种文化的交融。

江苏卫视和锋味控股于 2021 年 11 月 19 日推出的《百姓的味道》在播出时被定位为美食纪实类真人秀节目，其实除了嘉宾模式与体验环节有着些许真人秀的色彩外，整季节目更像是一部美食人文纪录片，因为在拍摄之初，作为节目灵魂人物的谢霆锋就明确要求摄录团队不需要备采，所有内容都来自拍摄那一刻最真实的记录。正因如此，《百姓的味道》采用了大量纪录片式的拍摄与后期剪辑风格，融汇了从物到人、透物见人的客观简洁叙事手法，以对美食进行原生态写实，勾连出美食烹饪背后的故事，从而记录故事主人公的真实平凡生活，它更像是一组留存时代记忆的档案，美食和人物在这里只是充当了打开档案库入口钥匙的角色罢了。作为美食达人的谢霆锋在片中兼具探访者与讲述人的双重身份，他与一众甘当"绿叶"的嘉宾一道走进百姓生活，探访百姓味道，整个记录过程源于真情、发自内心、注重情感表达，源于美食、止于人文、富有文化价值，让受众在感受寻觅美食旅程的同时，体味百姓味道背后故事蕴含的文化传承和人文精神，展现了纪实类作品的美学魅力，也体现了其海外传播的独特价值。

其实，在美食类节目的制作上，江苏卫视曾经领跑这一赛道，形成了以《星厨驾到》为代表的美食综艺节目垂类品牌。2018 年 1 月 25 日推出的以美食承载亲情与家的味道的节目《最爱故乡味》，"更像是一档在说故事的纪录片，但是它又和一般的纪录片不一样"，"以主持人的视角切入，带领观众走进主人公的生活，希望赋予节目更多的深度和广度，让节目更有温度。"① 的确，它更像是一组类纪录片，之所以这么说，是因为该片在真实记录的同时，尚没有完全舍弃主持人探访环节的预先设定。作为探访者，主持人带着被探访者家人亲手制作的美食远赴俄罗斯、英国、日本、

① 杨雯.《最爱故乡味》：乡味慰乡愁［N/OL］. 中国新闻出版广电报，2018 - 2 - 7. https：//epaper. chinaxwcb. com/epaper/2018－02/07/content＿99765654. html.

新加坡、新西兰等世界各地，让海外游子第一时间尝到"家"的味道，让美食还原它最初的美好，让受众感受到亲情的温度。而在这一叙事主线的背后，是一个个海外华人华侨打拼的故事，故事的主人公们与中国改革开放的进程相依相伴，他们用自己的勤劳和智慧在海外打造出一张张中国名片，这些看似辅线的故事讲述，或许才是创制团队希望向广大受众特别是海外受众传递的节目主旨。

上述两部作品的共同点在于都将关注的重点放在了普通人的餐桌和普通人的生活上，这与传统美食人文纪录片一般以展示食物采集与制作的"科普"呈现形态是有着较大差异的。这类作品的代表作便是 2012 年央视推出的《舌尖上的中国》，它不仅为美食人文纪录片的创制拓展了全新思路，更成功助力中国纪录片走向海外，《人民日报》曾盛赞其海外传播效果："走向世界的中国，是一个政治的中国、经济的中国、文化的中国、历史的中国，同时也是一个舌尖上的中国。"① 也从另一侧面反映出美食人文纪录片天然具有跨文化传播的属性。

第一节　以百姓餐食故事打造共通文化符号

孔子在《礼记》中讲到"饮食男女，人之大欲存焉"，《孟子·告子上》也说到"食色，性也。"可见，饮食男女均为本性，前者关乎人类生存与发展，后者关乎人类繁衍与进化，同样至关重要。既然饮食是人类与生俱来的基本生理需求，无论身处何处都无法绕开，其必定承载着人类共通的情感，是人类共同的话题。现在当我们吃着汉堡、披萨的时候，远在大洋彼岸的餐馆里也能品尝到东北饺子、重庆小面，被外国人誉为"第一中国菜"的宫保鸡丁更是频繁出现在了《生活大爆炸》等美剧之中，这些表面看上去仅是食物的存在，在此已演变成为与人类文明相伴相生的饮食文化。

饮食文化作为一个民族长期生活过程中如影随形的文化，也是人类群体世代更迭、赖以生存的必要物质基础和文化展现形式，其承载着一个民

---

① 丁刚. 从中国美食了解中国文化［N］. 人民日报，2014-5-6（21）.

族的礼仪传统和文化观念，[①] 也是人类文化历史不可或缺的重要组成部分，其从发端伊始就被烙上了全人类共通语言的印记，并随着国际间交流的不断增强而逐渐强化了其作为跨文化交流纽带的作用。而建立在饮食文化基础上的内容产品选择饮食作为切入点，是反映饮食文化、传递人类情感、触发共通记忆的载体，它会使不同地域人们在目睹记忆中曾经品尝或食用过的食物时，自觉不自觉地产生熟悉度与接近感，不仅能为受众创造生理需求的共感，也较易突破文明间的壁垒以引发海外异质文化背景下受众的共鸣，一定程度上能起到消除因地区差异造成的文化传播障碍，有效搭建起不同地域、不同族群间沟通与认知的桥梁，具有天然的跨文化传播属性。

饮食类内容产品的表现形式多为美食人文纪录片。作为以真实性为首要追求的文艺体裁，纪录片往往通过其朴实自然的叙事表达能够在跨文化传播中减少文化价值的输出折扣，获得更好的传播效果。而大多数传统美食人文纪录片记录传播的食品都是匠心独运的地域名吃，经过摄像师稍加打磨的艺术加工，融合优美视听语言而成的高清画面，其本身呈现的就是一种精致的美，就能吸引受众的关注并引发他们尝试的欲望。而随着人物作为另一条主线的加入，故事化的表达手法让美食人文纪录片被赋予了人文美学的意涵，市井美食与普通百姓逐渐成为美食人文纪录片关注的内容，继《舌尖上的中国》后，展现普通人餐桌饮食的纪录片越来越多，《人生一串》《风味人间》《早餐中国》等，都是将镜头更多对准普通人的餐桌，进一步拉近与受众的距离，以吸引更多年龄层次受众乃至海外受众的关注。早于这些纪录片的推出，《最爱故乡味》不仅将镜头对准普通人的餐桌，更将普通人定位为在海外打拼且在海外主流人群中有着一定影响力的华人华侨，如在英国拿到服装定制界"奥斯卡"——金剪刀奖的全英梅、在俄罗斯几乎包揽了所有荧幕华人角色的杨歌、在瓦努阿图开着最大"中国造"宾馆与餐厅的胡燕等，其本身就自带海外传播的价值。

当然从制作水准来看，由于拍摄的只是普通的食物，为了更多吸引受众的目光，刺激受众的味蕾，这类美食人文纪录片开始更多注重从构图、

---

① 覃晓燕. 电视栏目策划［M］. 北京：北京师范大学出版社，2014：176.

色彩、光线、音响、节奏等方面仔细打磨，以电影大片的视觉冲击力与感染力为受众奉献出一道道"大餐"，在这方面《百姓的味道》较《最爱故乡味》更胜一筹。该片摄录团队致力通过富于创新的影像语言让原生态食物从食材变为美食的过程充满奇幻，他们在拍摄每个食材前都会琢磨食材的"性格"，并通过镜头语言放大这一特性，让不同的食材通过不同的方式呈现。柠檬的汁水喷溅而出、香料的粉末洒入料理、大火翻炒时的火焰升腾、刚出水的刀削面氤氲着蒸气，这些鲜活的烹饪动作叠加食材变化的视觉效果直至最终的美食呈现，一系列镜头营造出的是诱人的视觉感受。而当葱姜下到油锅里发出"滋啦"的声音，配以热油翻滚的状态，仿佛让受众能隔空产生闻到葱姜爆香味道的"通感"，这类视听有机融合的画面营造出的则是诱人的味觉感受。通过对煎、炸、翻、炒等特写动作及高速拍摄的慢放表达，通过对烹饪过程中各种同期声的真实记录，这些奇幻的影像语言呈现出美食的色、香、味等诸多元素，在拓展受众视觉感知的同时，重构了受众的味觉感知，形成了以美食文化为符号的视觉场，进而满足广大受众对美味的畅想，这也是吸引海外受众关注的所在。

如果说影像语言呈现的是表象，那么普通人的日常饮食及生活才是这类记录节目所要表现的内在。对受众而言，尽管来自不同地域、不用族群，尽管各自有着不同经历、不同背景，但对日常饮食的需求却是一致的，对将普通食材打造成美味佳肴的期待也是相近的。《百姓的味道》《最爱故乡味》均着力展现普通人的餐桌及普通人的生活，是极易让海外受众产生亲近感并加以接受的，作为全人类共识共通的文化符号，饮食在这里已超越人们生理上的需求，被赋予文化的意涵，从百姓的美食里认知中国，体验中国寻常百姓人家的风味、风趣、风情、风采，在海外受众看来这或许才是真正的中国。当代中国与世界研究院发布的调查报告指出，有79%的海外受访者接触或体验过中国饮食文化，78%的体验者对中国饮食文化留下较好印象，而且好感度持续上升。[①] 这一调查结论在江苏广电总台节目研发与受众研究中心联合国际事务部对在江苏的外籍人士进行的文

---

① 当代中国与世界研究院课题组，于运全，王丹. 展示丰富多彩、生动立体的中国形象：基于中国国家形象全球调查（2021）的思考 ［J］. 对外传播，2023（12）：34 - 37.

化活动调查中得到了进一步印证，该调查于 2020 年 5 月 24 日至 7 月 15 日间利用荔枝小 Q 移动端调查平台等展开，共采样了 1164 名在江苏的外国人。他们来自全球各地，其中 42.6％来自亚洲；就国别而言美国最多，占 13.68％，其次为俄罗斯和巴基斯坦，分别占比 7.16％和 6.25％；主要为科技、教育、医疗、制造等领域工作人员和在华留学生；其中 66.3％的外国人在中国居住时间不足三年；在对诸多特色人文元素的关注中，被认为最具吸引力的仍然是中餐，有过半受访者难掩对中餐的喜爱。

但不可否认，中餐在全世界的影响力还存在着一定的局限，这主要缘于烹饪手法、用餐方式、就餐环境等中外饮食习惯方面的差异，如何让中国的美食更多出现在影视内容产品中，更多为海外受众所接受，谢霆锋一直在做着这方面的努力，他曾经在《锋味》开播时这样调侃自己："我听说，在 80 后眼中，我是名歌手；在 90 后眼中，我是名演员；在 00 后眼中，我是位大厨。"这位"大厨"始终致力于向海外推介中华美食，《百姓的味道》或许可以看作是他和节目团队在美食类题材的探索上找到了一条与海内外受众对话的路径，将普通百姓的生活作为美食创新的动力，融入了就地取材的如雪蛤千层糕、黄油煎松茸、避风塘炸生蚝、鲜花饺子、石榴鸡等中国美食的创意，融入了更多大众语境下的情感表达，藉由视觉文化载体搭建起跨文化传播的桥梁，通过专业视角挖掘美食文化的共通点，在本土可及性与全球可及性之间做到有机融合，使用符合海外受众审美的偏好，建构中华美食文化对外传播的视觉场。

第二节　本土可及性与全球可及性的融合传播

在跨文化传播过程中，文化接近性是影响传播效果的一个重要元素。受众长期浸润在某种文化习俗中，更容易接受和理解与该文化相近的文化的传播。[①] 美食是美食人文纪录片的核心元素，作为一种人类共通的文化符号，美食尽管具有全球公认的共同点，同样也彰显着不同地域、不同族

---

① 武鹏. 文化间性视角下国产综艺节目的国际化叙事策略探析 [J]. 中国电视，2024（10）：96 - 101.

群间生活背景与文化价值的差异。而不同文化情境的受众对同一符码的解读大相径庭，实现有效跨文化沟通的关键是要建立共通的符码体系，使传受双方共享意义空间。① 要做到跨文化传播视域下的情感共通与文化认同，就必须在保留美食这一共通文化符号文本属性的同时，通过选择海内外受众共同感兴趣的叙事方式与话题，最大限度避免符号转译过程中的信息减损，最大限度消弭因不同文化背景在认知与观念等方面形成的文化隔阂，努力拓展跨文化传播的共通意义空间。共通意义空间越广阔，越有利于接受者对传播内容的理解，也越有利于传播者意图的实现。《百姓的味道》对美食文化的展现体现了"转文化传播"中的杂糅特征，"转文化传播"的核心策略为寻找并把握共同点，在文化杂糅之中不断变换文化产品的"肤色"以融入全球市场。② 其在节目中不仅体现在食材与烹饪的创新融合上，还体现在对文化内涵的重新诠释上，海内外受众都能从节目中看到自己熟悉的饮食元素，产生亲切和好奇的感觉进而更易被接受。在拓展共通意义空间的过程中，充分运用视听表现手法，强化美食感染力，强化受众感知度，尽最大可能展现便于受众进行符号转译的内容、声画以及其所蕴含的情感与价值，让受众对传播内容从接触到接受，在引发生理共感的同时加深认知与理解，成功构建出一定的共通文化想象空间，在"本地可及性"与"全球可及性"间实现有机融合，最大程度实现传受之间的共情传播。

一、食材烹饪的可及性

虽然中西方在生活背景、民风习俗上存在着较大差异，但选用的食材却有着相当大的重合性。比如稻米原产于中国，却哺育了近一半的世界人口；原产自西亚的大麦、小麦也在世界各地被广泛栽培和食用；而原产于美洲的土豆、番茄、玉米等也是沿着贸易路线传遍全球，成为世界各国老百姓餐桌上的常见食材，中西方饮食文化也在这一潜移默化的过程中得以

---

① 邓秀军、李雅莹. 中华优秀传统文化跨文化传播中的符号互动体系——以中央广播电视总台文综节目为例 [J]. 电视研究，2023（8）：21-25.

② 唐嘉仪、李奕慧. 转文化传播视阈下国际传播的下沉文化市场转向：中国短剧出海的传播模式与实践反思 [J]. 南方传媒研究，2024（5）：56-62.

相互借鉴和发展。而在当前西方中心主义依然盛行的情况下，中华文化要想顺利"走出去"，必然需要让他者触及并获得认同，此时不可避免地要选用他者的话语框架发声。① 以美食作为主要传播内容的纪录片要想吸引更多受众关注，离不开其展示的美食在原材料的选取上既具有本土可及性，也具有全球可及性，如果缺乏这一前提，即使展示的美食原料再稀缺、制作再精美，也只能满足受众一时的欣赏需求，终因其不具备贴近性而难以让受众产生共情。

《百姓的味道》与《最爱故乡味》将镜头对准普通百姓的日常餐桌，很好地解决了这一问题，片中选择的美食并非高不可攀，不仅食材极为大众化，烹饪手法也没有什么难度可言，只要按照流程精心制作，都能烹制成不错的美味佳肴，让不同国别的受众从中得到收获、找到认同。《百姓的味道》第一期节目中东北跑山的大姐张文娟为爱人常做的"白菜头"，就是用大白菜叶包上剁碎的五花肉，再裹上面粉入锅煎炸而成，外酥里嫩的口感很像肯德基的炸鸡翅，而这最朴素的食材，最简单的做法，最普通的菜肴，呈现的却是本土可及性与全球可及性的有机相融。不仅猪肉与面粉是全世界通行的食材，大白菜如今也在不少西方国家被广泛接受，且颇受餐馆厨师和家庭主妇的欢迎。被海外市场统称为"卷心菜"的多种蔬菜中，我们会看到一些"老朋友"，如大白菜、小油菜（或上海青），这两种中国人最喜欢的"卷心菜"已成功在欧洲超市立足。不难想见，中国东北的"白菜头"有一天会被有品尝欲望的海外受众烹制，成为自家餐桌上的美味。

在《最爱故乡味》第二期节目中，为了让在日本从事京剧演艺事业 30 年的张春祥吃到一口地道的老北京炸酱面，在所有肉类和蔬菜不被允许出关的前提下，摄制组必须在日本当地寻找除豆瓣酱和面条以外的其他食材，这也从侧面反映出炸酱面烹制的全球可及性。当然，任何一种美食在进入不同地域后，即使选取的食材和烹饪的手法没有太大变化，也会被融入当地的饮食口味进行创新与改良，其中折射出的同样是饮食文化的相互

---

① 陈文泰."此在"与"遍在"：跨文化传播间性审思的两个向度［J］. 编辑之友，2023（11）：100-107.

借鉴和发展。《百姓的味道》第五期节目中，作为"米其林之友"的谢霆锋所做的酸汤芝士烩饭，由于在贵州烹制的缘故，洋葱、彩椒、番茄炒香熬成的酱汁中加入了当地特有的红酸和白酸，热气腾腾的炒饭配上煎到金黄的猪排，浇上熬制的酱汁，再将交错铺开的芝士在加热过程中慢慢融化，烩饭的醇厚与鲜香便跃然于镜头语言之中。这样一道有着广谱性食材且烹制过程不算复杂的美食可以被认为是中西方美食的创意融合，固然西方社会主张使用更少调味品以达到最大程度保留食物本味的传统做法会在实际制作过程中削弱这一美食中酱汁尤其是酸汤的成分，但并不影响中西方对食材烹饪的异曲同工而联结起的饮食文化认同。上述两部作品有机融合了"人间烟火"的本土可及性与全球可及性，将美食魅力展现得淋漓尽致，拉近了传播者与受传者之间的距离，有效实现了与广大受众特别是海外受众的文化与情感共鸣。

二、人类情感的可及性

情感是人类与生俱来的真实意向的表达。已有的研究表明，情感可以解释个体间的认知和行为的显著差异，情感包含了情绪、心情、感觉等具体概念，情感的发生过程是非常复杂的，许多过程的发生具有随机性、重叠性。[①] 情感概念的界定是将其视作为人类对外在事物的体验，即当人类受到客观事物的外界刺激时在心理上产生的主观感受，包含人类对客观世界的态度与评价，是人类对于客观世界的一种主观反映。当下，越来越多的美食人文纪录片在以美食作为传播内容的同时，更多关联起普通人的生活，构建起以"一道美食＋一个故事"的平行叙事结构，美食因普通人的故事被赋予了情感、彰显出情怀，人类共通的亲情、爱情、友情成了叙事结构主线的串联，进而推进了情感价值的升华，正因为升华了情感的表达，片中普通人的故事也因之变得鲜活生动且富有灵魂，进而引发受众共鸣。

《百姓的味道》中就多次以"一道美食＋一个故事"的讲述来勾起主

---

① 古婷骅，陈忆金，曹树金. 信息行为领域中情感的核心概念及其演化路径分析［J］. 情报理论与实践，2021（12）：118-125.

人公对亲情的美好回忆。如第二期节目中葱油饼店老板阿大分享的是妈妈的红烧肉，那是在锅里焖到可以用筷子轻轻戳透且光泽明亮、晶莹剔透的红烧肉，它勾起的是母子相依为命的温馨家庭记忆和阿大对母亲的深深怀念；第七期节目中立志做中国最年轻米其林厨师的梁严巍希望找回的是玉龙雪山脚下的牦牛肉米线，那是在他高原反应后接触到的简单却温暖的味道，它勾起的是小梁对曾经给他带来父爱的继父的思念之情；第八期节目中潮汕人制作的粿已成了一种家的味道，它是潮汕先辈赴南洋谋生时的必备食物，勾起的不仅是家庭内的深厚亲情，更是海外华人华侨的悠悠乡愁。

作为人类共通的情感，亲情无疑最具全球可及性，尽管欧美一些国家在家庭观念和亲情表现上与我国存在着一定差别，但这并不代表其对亲情忽视，他们从小到大也都接受着亲情的教育，同样有着节日与家人团聚的习俗，《百姓的味道》讲述的"一道美食＋一个故事"，通过美食给普通人的生活装点上幸福，记录下朴素温暖的情感，渲染了美好生活的底色，同样能让海外受众在感受强烈亲情的过程中获得情感满足，实现情感共鸣。

而《最爱故乡味》则更是聚焦中国人的传统节日——春节和远在异乡的华人华侨，尽管他们远在海外多年，但食物所具有的族群印记始终难以磨灭，他们的饮食习惯中带有浓浓的"中国味"，节目组将最地道、最淳朴的故乡美食送到他们身边，让他们在美食里充分感受家乡的味道和亲人的思念，湖南的莲藕排骨、北京的炸酱面、东北的大酱汤、上海的桃胶甜品、云南的小刀鸭、青岛的鲅鱼饺子，没有珍贵的食材，无需高超的烹饪技巧，一份份家人亲手烹制的"原汁原味"的故乡饭菜带去的不仅仅是食物的美味，更是家的味道，让他们可以感受到乡音乡味，寻找到文化本源，完成了一次与亲人的隔空团聚。节目中这些"团聚"的亲情元素是中国人对于家的精神寄托与向往，不仅能触动海外华人华侨对亲人的思念和对故乡的依恋，也极易触动其他海外受众对故乡、家人的特殊情感，勾起他们对如西方圣诞夜团圆聚餐一般的美好遐想。

爱情与友情在《百姓的味道》中也关联着一道道美食与一个个普通人的故事。如第八期陈燕然与陈美婉的爱情故事，即使面对贫穷和外界的反对，他们的爱情还是经受住了考验，这一切都来源于相互之间的信任与支持，充当着定情物的美食——粉肠也助力了他们创业的成功。当探访人杨千在节目中读着陈燕然写给陈美婉的情书："如果没有你，我就像那颗无名的小星星暗淡无光，也像那离群的小鸟无去无从"，主人公一个泪眼婆娑、一个掩面而泣时，镜头语言向受众传递的无疑是满满的甜蜜与温馨。再如第四期节目中，在美丽的川藏线 318 国道旁经营着一家几乎没有利润的旅社的所波大叔，十多年如一日为十多万远道而来的旅人在他们最疲倦的时候奉上一道温暖实在的土豆牦牛肉，让这道普通的美味成了一个味觉定位系统，成为每一位在此停留的旅人生命中最难以忘怀的味道。所波大叔说："很多人跟我说……他们每年都到这个地方来，吃你的土豆牛肉"，满脸洋溢着喜悦与自得之情的所波大叔向受众传递的是他与这些旅人之间浓浓的友情。

"情感共鸣"理论认为，受众更容易对与自己生活经历相似的内容产生情感连接。[1] 上述这些情感元素本质上来源于编导的构建，旨在引导包括海外受众在内的受传者观照日常生活中与自己有着相似经历的人和事，通过个人生活经历与感受被代入到作品之中，进而搭建情感串联，引发情感共鸣，加之平民化的生活场景与片中主人公的普通市井生活及其散发出的烟火气，极易贴近海外受众的真实生活，很大程度上触发海外受众类似的情感，更能有效实现本土可及性与全球可及性传播的有机融合，搭建起创作者与受众之间信息与情感沟通的视觉场。

三、视听表达的可及性

人们通过叙事编织自我认同与社会认同的经纬，在故事的流淌中找寻生命的共鸣与归属。[2] 节目的叙事手法深深影响受众对其中相关人、事及物的理解。视听语言是通过对影像、声音的混合剪辑向受众传递信息的感性语言，可以被认为是蒙太奇思维下的视听文章。美食人文纪录片以视听语言展现丰富多彩的食物形态和人类共通的情感，对于建构文化认同的视觉场有着积极作用。美食记录类节目仅有记录是不够的，因为声画的结合

---

① Rainer Mühlhoff. Affective resonance and social interaction ［M］. Springer science＋Business Media Dordrecht，2014.

② Burke，K. A Rhetoric of Motives ［M］. University of California Press，1950.

才是打动观者的最有效的办法，叙事方式要独具特色且感染力强才能避免审美疲劳，从而有效吸引外国受众的注意力和兴趣，更好地在跨文化交流中讲好中国故事。① 但就传统美食人文纪录片而言，其所关注的往往是名厨名品，大多烹制难度较大，所传播的内容离普通百姓生活较远，除了能满足受众的好奇心外，难以让他们产生情感共鸣。从《舌尖上的味道》开始，我国的美食人文纪录片更多将关注重点放在了普通百姓的日常餐桌和生活上，创新了视听表达的方式，为节目得以在海内外共情传播创设了前提。特别是将受众的视野从以往的厨房转移到自然之中，让受众跟随片中主人公的脚步，来到山林、江海、河湖中探寻食材的奥秘，极其符合海外受众探秘自然的一贯收视追求，极易引发他们的共情。

《百姓的味道》在这方面的呈现同样值得圈点。如第一期节目在深山寻访食材中，让受众了解到平时看上去不起眼的小零食"松子"竟是跑山人张文娟冒着生命危险，用"脚扎子"固定攀爬上高达 30 多米的松树采集来的，而背上几十斤山货麻袋的她居然在几十里山路的赶路中轻而易举超越了作为探访人的"亚洲飞人"苏炳添；又如第六期节目中，受众既能看到潮落时浮现在海面上巍巍壮观的大片海蛎田，也能看到潮涨后淹没了海蛎田的汪洋大海，更能了解到餐桌上的海蛎是赶着浪潮节奏出海的蟳埔女冒着眼睛肿痛的风险，深一脚、浅一脚从石版上"敲"下来的；再如第十期节目，探访人谢霆锋和华晨宇化身"挖藕人"，体验隆冬季节在冰冷的河水中用水枪冲洗泥浆、把整根莲藕从淤泥里挖出的过程，让受众感受到挖藕人的辛劳和不易。这些鲜活的记录是主创团队以低姿态的传播者视角，站在受众的角度，记录下的既不是一般普通人的日常生活，却也是特定普通人的真实写照，是寻找美食的原生态过程中最能打动人心并激发受众共情的关键所在，也是实现传播内容全球可及性、构建共通文化想象空间的关键所在。

对海外受众而言，中国的美景与美食一样能勾起他们关注与体验的欲望。摆放进山川天地之间的餐桌自然离不开大自然的美景，无论是东北的

---

① 陈宇欣. 跨文化传播视角下纪录片讲好中国故事的路径探析——以《舌尖上的中国》为例 [J]. 采写编，2022（7）：127 - 129.

广袤森林沼泽湿地，还是东南的茫茫大海万亩滩涂，抑或西南的雪山高原大山梯田，这些极具地域特色的景致被《百姓的味道》以"电影"般质感的超大景别镜头呈现，唯美的影像语言引导受众领略大自然的壮美和震撼，无疑能令受众油然而生对大自然的热爱与向往，让美食与自然的融合显得更加和谐。特别是第三期寻"味"理塘，节目采用大远景、大广角、长镜头、延时摄影及航拍等独特的镜头美学手法完成了视觉表达：探访人谢霆锋与丁真围绕"格聂之眼"湖骑行所呈现的湖泊俯瞰全景和广袤无垠的草原风光，两人结伴进入深山密林采集松茸而出现的清晨太阳初升时格聂雪山绵延不绝的美景，丁真与小伙伴嬉闹的背景转向谢霆锋抬头仰望的格聂雪山和山下流淌着的无量河，多维度渲染出川藏高原的山川壮美与幅员辽阔，让受众在感受美景的同时，增强了对于美食的认可，恰如其分地在美食与美景间做到了各美其美、美美与共，达到了跨越文化、形成共情的效果。

在听觉表达方面，《百姓的味道》尽可能减少编导主观意图的介入，还原片中人物本真的状态和表达，通过现场同期声的大量使用给受众留下思考空间，让受众感知片中人物言行蕴含的文化价值。旁白则由作为探访人的谢霆锋担当，他以平缓的节奏、低沉的声调、细腻的解说带领受众身临其境感受美食寻觅之旅，让听觉表达符合节目调性且真实可亲，这一以平等视角切入的听觉表达方式正契合海外受众的思维模式。

当然，在整合海内外话语体系与表达方式，实现本土可及性与全球可及性有机融合方面，《百姓的味道》也做出有益尝试，比如在同期声的使用上力求直接明了，通过明确意图定点来实现共情传播，正像谢霆锋在旁白中所说的那样："跟着丁真，我在这里感受到了一种可贵的纯粹，不是不知道怎么复杂，人们只是觉得简单就够了"，而丁真的纯粹与简单也在他与谢霆锋的多次对话中得以印证。谢霆锋问："你试过有牛走丢那怎么办？"丁真答："去找。"谢霆锋问："藏族吃饭的时候有没有一些特别的习惯？"丁真答："不可以说话。"这些看似简单的对话还原了丁真身上原有的特质——说话不多，凸显了丁真率真的个性，塑造了丁真更为鲜活的形象，比人们通常认为的"精彩表述"更易被记忆，更能打动人。这样的听觉表达营造了轻松平等的传播氛围，形成了和谐的传受关系，极易在跨文化传播中实现共情，或许这就是纪录片本身所具有的纪实美学魅力。

第三节　全球化叙事框架内的中华人文精神

作为反映饮食文化、记录饮食人生、传承文化精神的视听载体，美食人文纪录片的创作者们往往以美食为媒介，以人文为贯穿，通过构建以美食文化为符号的视觉场来挑动受众的味蕾，进而通过对与美食相关人物故事的渲染，让受众走进美食背后，感受饮食文化中所蕴含的人文精神，于共情的场景下实现不同地域文化间的交流与互通，形成本土化内容在全球化时代语境下的跨文化传播。从节目内容的呈现来看，《百姓的味道》《最爱故乡味》的主创者就是这样的初衷，他们力图以平民化的人文关怀视角记录"一道美食"，讲述"一个故事"，在传播饮食文化的同时彰显其中的中华人文精神。中华人文精神其实就是中华民族的文化基因，其不仅涵盖了绵延不绝的中华文化的主要内容，也涵盖了中华文化相较于不同地域、不同族群间的鲜明特质，更涵盖了优秀传统中华文化在当代的传承与表达。从对和平的珍视到对人性的尊重，从对自然的敬畏到对社会的责任，这些核心理念不仅深深植根于中华民族的传统文化之中，也与世界各国人民所秉持的价值观念高度契合。文化传播的核心在于通过内容唤起受众对自身文化或他者文化的认同感。① 中华人文精神跨越时空、跨越文化的普遍意义，为海内外受众理解《百姓的味道》《最爱故乡味》提供了文化内涵上的支持。

自古中华民族就将天、地、人看作是相互联系、相互影响、动态圆融、和谐统一的整体，无论是儒家的"与天地参"讲求天时、地利、人和三者相统一，还是道家的"道法自然"将天大、地大、道大、人大四者融为一体，其共通点就在于均主张"天人合一"。钱穆认为，中国人是把"天"与"人"和合起来看。认为"人生"与"天命"最高贵、最伟大处，便在能把他们两者和合为一。离开了人，又从何处来证明有天。② 所以中

---

① 郑晓云. 文化认同论 [M]. 北京：中国社会科学出版社，1992.
② 易晖. 神秘主义在当代文学的挫败与恢复 [J]. 中国现代文学研究丛刊，2011 (05)：59–68.

国古人认为一切人文演进都顺从天道来。违背了天命，即无人文可言。①
而这里的"天""天命"指代的其实就是自然界和自然规律，"天人合一"
强调的是人对自然的崇尚与顺应，最为核心的理念就是敬畏自然，《百姓
的味道》第三期节目探访人谢霆锋和丁真在山林采松茸一段中就深深地融
入了这一人文精神。

节目中，摄录团队为了让人物的交流更加自然真实，流露出的情感更
加细腻真挚，放弃了在行走非常不便的湿滑山坡跟拍的做法，而是根据探
访人行进的方向分成多组相互配合，运用长焦远距离捕捉各个角度的镜
头，让偌大的山林、铺满枝叶的山地、几近五六十度的山坡等被展现得淋
漓尽致，使得挖松茸紧张、刺激的现场记录牢牢吸引了受众的视觉关注。
而探访人在湿滑山坡上一点点翻开覆盖着苔藓的泥土细心寻找，挖出松茸
后用泥土覆盖好根部的做法，既是松茸"取之不尽"的秘诀，更是当地人
对大自然的呵护。正如旁白中所说的那样："为了延续来年的馈赠，丁真
和所有的村民一样，一直遵循着这片山林的自然规则，敬仰万物，尊重自
然。"同样，进入山林前的一声长啸被丁真解释为是当地人与林中动物的
"特殊约定"，这里的山林原始茂密，是狼群、野猪、黑熊的家，所谓万物
同源，人与自然界万物本就是相互依存的一体存在，当地人的这一"特殊
约定"则向受众传递了人与自然和谐共生的理念。

人与自然和谐共生体现出人与自然是共生共荣、不可分割的生命共同
体。人与自然共生代表了与自然一荣俱荣、一损俱损，人与自然共荣体现
了与自然休戚相关、命运与共，人与自然之间的相融相通、相互依存，是
人类遵循自然规律而形成的思想道德境界，契合了"天人合一"的中华人
文精神。作为典型的农耕民族，中国人很早就懂得尊重天时节律，依据四
季轮回来安排生产活动，《孟子·梁惠王上》有云：不违农时，谷不可胜
食也；数罟不入洿池，鱼鳖不可胜食也；斧斤以时入山林，材木不可胜用
也。这既体现了对自然的敬畏与尊重，也彰显了追求与自然和谐共生的
智慧。

《百姓的味道》中就有多处关于这方面的记录与表达。如第五期节目

---

① 钱穆. 中国文化对人类未来可有的贡献 [J]. 中国文化，1991，8 (4)：93-96.

中遍布梯田的牛耕实现了稻谷、耕牛、田鱼的共生共养，第六期节目中蟳埔女出海敲海蛎、捕海鲜以获取海洋的馈赠，第七期节目中藜麦、土豆、小麦的轮耕种植给予了土地休养生息，特别是第一期节目探访人随着跑山人一道在山林中寻觅山珍，让受众看到了大自然给予跑山人的丰盛馈赠——松子、榛蘑、野山参等及其采集的过程，情不自禁会与旁白产生共鸣："大自然让人觉得渺小，当你懂得跟大自然一起共存的时候，你就知道它一年的四季，它的不同的节奏里面可以赐予给你不同的食物，不同的机会。其实在大自然里是有无数的可能性在等着我们去发现的。"可见，只有亲身走进自然、真切体验自然、用心感知自然，才能真正领悟人与自然和谐共生的意境，体会天人合一人文精神的深刻内涵。

天人合一在当下的海外传播也有着能产生共鸣的广泛受众群体，毕竟西方社会的"主体—客体"二分思维曾一定程度上促成人类的一味索取与片面征服而造成对自然的较大伤害，如今的西方早已开始反思，甚至有后现代主义者提出要从东方文明与智慧中寻求真谛，实现人与自然的和谐交融，建立人与自然和谐共生的社会，这或许可以看作是天人合一人文精神在全球化背景下的传承与弘扬。

天人合一让受众看到的是人与自然和谐共生，巧夺天工为受众展示的则是人工技艺胜过自然天成。在《百姓的味道》和《最爱故乡味》中，受众可以看到多位巧夺天工的技艺大师，他们既有来自美食领域、契合美食人文纪录片主旨话题的，也有来自如文物、服装、器乐等其他领域，通过美食带出另一主线故事的，他们的共同特点就是在长期的实践中形成了"执着专注、精益求精、一丝不苟、追求卓越"的工匠精神，这种人文精神对于海外受众来说显然并不陌生，特别是在西方话语体系里成长起来的受众，他们对工匠精神的认知已经可以具象到古希腊的建筑雕刻抑或德国的机械设备，工匠精神已成为西方社会文化的核心组成部分，展现这一人文精神的纪录片自然也会吸引他们的关注。

《百姓的味道》虽然更多聚焦的是普通人的家常菜，但也有对工匠厨艺的完美展示。如第九期节目中淮扬菜大师侯新庆制作的一道墨鱼汁文思豆腐，侯新庆在蒙着眼睛的情况下用一把菜刀将嫩滑的豆腐切成如头发一样的细丝，不仅展现了淮扬菜对精湛刀工的极致追求，也融入了淮扬菜对中国水墨画的美学表达,唯美的画面跃然荧屏,而能做到如此工匠技艺,就如旁白所说的那样:"前几十年,一把刀,一个动作,一本菜谱,反复练习,他下的是最笨的功夫。如今心中有道,千变万化都了然于胸,看得见的是刀工,看不见的也是刀工。"又如第十期节目里,武汉"汤王"喻少林用父亲传承下来的百年铜勺、用了20多年的铫子和蜂窝煤的文火,几十年如一日地守着一炉火、熬煮一锅汤,用匠心文火慢炖出的浓汤不仅能让受众隔着屏幕就感受到鲜美,更向他们传递了主创者对新冠疫情背景下的深层思考:"熬这个字说起来简单,其实最难。特别是在困境里面,只能慢慢熬。而一旦熬过去了,又是另一番滋味。汤是这样,人也如此。"这也为处于同一背景下的海外受众提供了情感的慰藉和疗愈。

如果说《百姓的味道》中的厨艺大师为受众带来的是视觉的享受、味觉的诱惑和哲理的思考,那么《最爱故乡味》中技艺大师们呈现给受众的则更多是匠心传奇。一份女儿送给妈妈的桃胶甜浆带受众走近了第七期节目的主人公邱锦仙,一位最早把中国传统古书画修复技艺带到海外、最早在大英博物馆工作的中国人。30多年前到来之时,邱锦仙凭借着热水洗画的技艺,让傅抱石的画重焕新颜而惊艳四座,也藉此奠定了她在大英博物馆的地位。她先后修复两百多幅中国古书画,并参与了大英博物馆镇馆之宝《女史箴图》唐摹本的修复,作为中国存世最早的绢画,修复前已是丝绸酥脆、几近脱落,邱锦仙用她的匠心妙手,混合淀粉糯糊进行添浆处理,最终让这幅古画重现神韵。她希望一直将这份工作做下去,"让全世界看到中国有这么伟大的艺术作品,知道中国在艺术领域是多么领先。"这无疑已超越精益求精的品质追求,而成为她的一种精神坚守。

邱锦仙是幕后的大师,全英梅则是走到台前的匠人。作为第六期节目的主人公,她在高级服装定制界创造了传奇。为了能缝制好一件衣服,全英梅用半年的时间学习最古老的技法,并且日复一日、年复一年地进行训练,用十多年的时间让她以分毫不差的出色功力成为"服装定制界奥斯卡"金剪刀奖唯一获奖的亚洲人,这也使她成为高端时尚界的圣地——伦敦萨维尔街最有名的华人服装裁剪师和200多年来唯一的中国合伙人。

在她们身上,工匠精神已体现为对职业的敬畏、对工作的执着、对细节的注重和对完美与极致的不断追求,前者将中国传统工匠技艺的不朽魅力充分展现以激发海外受众的兴趣，后者在西方社会公认的工匠技艺领域实现了异性东方人的逆袭，自然更能吸引海外受众的关注，《最爱故乡味》以其丰富的视听，完成片中主人公的角色代入，在联结海外受众情感的同时，也加深了海外受众对工匠精神价值与意义的理解，进而实现这一人文精神的跨文化传播。

对于海外受众而言，越是贴近普通人生活的真实记录，越能够唤起他们类似的过往记忆，越能够构建他们与片中主人公的熟悉度，从而易于他们接受和产生情感共鸣。在《百姓的味道》和《最爱故乡味》中，美食背后所呈现的都是一个个有着故事的普通人，他们在社会中犹如沧海一粟默默无闻，却以自己的方式追求着生活的幸福，在面对挫折和挑战时，始终保持着乐观向上、坚韧不拔、奋发进取的姿态，受众从他们的故事中能够真切感受到其生活的智慧和身上那股自强不息的精神。

作为中华文化不可或缺的精神内核，自强不息鼓励人们充分发挥主观能动性，不断完善和提升自我，它不仅是一种人文精神，更是一种人生态度和意志品质。如《百姓的味道》第一期节目中的跑山人张文娟，因丈夫身体原因扛起了家庭生活的重担，尽管曾经为了采摘松塔不慎摔伤腰部，却还是几十年如一日冒着风险进山采集山货维系着一家的生计，在采集山货的艰苦作业中寻找生活的意义，节目通过具象的勾勒展现出一名普通妇女面对危险和挑战时的坚韧与顽强。又如第六期节目记录的生活在海边的蟳埔女们，她们在丈夫出海数月期间不仅操持着一家生计，还在近海敲海蛎、捞海货，面对变幻莫测的风浪和沉重的工作负担，依然保持着乐观与坚强，她们每天会带上鲜艳的花饰，打扮得漂漂亮亮，既是对生命的寄托，也是对生活的向往。再如《百姓的味道》第八期节目中的陈燕然夫妇和《最爱故乡味》第二期节目中的胡燕，都是白手起家奋力打拼，在经历不为人知的辛苦后，前者的然记肠粉成为当地老字号美食铺，后者则在瓦努阿图打造出最大的中餐厅，虽然没有惊天动地的成就，仅仅是以自己的方式为美好生活打开一扇门，但其所展现出的进取与拼搏精神值得被肯定与赞扬。

从平民化视角选取具有代表性的百姓生活，以微观式、日常式叙事加以记录，没有艺术加工，只有朴实内容，无疑能弱化不同文化背景下受众的距离感，一定程度上消解海外受众对异域文化的抵触心理，进而引发他们在全球化叙事框架内对美食文化背后所蕴含的人文精神产生共鸣。

《百姓的味道》收官一期节目的结尾处，主创者以时间流逝为线索，以时钟旋转为衔接，将镜头对准武汉这座城市里千千万万普通劳动者的缩影，以街采的方式记录下他们的所思所想，正如一位服务设计师所说的那样："其实在整个人生发展历程当中，我就觉得我们只要把一件事情认真地去做，专心地去做，在这条路上我们一直去坚守，我就觉得一定可以给自己带来更好的未来。"海内外受众从这些质朴的话语中能充分感知到充满烟火气的生活所带来的温暖，以及不同职业、不同身份的普通人在人生旅途中的奋力前行，自强不息的人文精神在这里成了全片最生动的注脚。

中华美食文化源远流长，每一道美食都蕴含着特有的文化基因，而不同地域间美食的相互融合与创新，则体现出中华文化极大的包容性。《百姓的味道》与《最爱故乡味》宛如两面细腻的镜子，映射出中华美食文化的深邃与广袤，而节目又不局限于展示美食的色香味，更是深入挖掘美食背后的文化内涵与人文精神，使其成为连接海内外的文化桥梁，让海外受众在"品味"美食的同时，领略到中国人独特的精神世界。

第九章

从融合的视角看文明互鉴

　　普通百姓餐桌上的饮食通过纪录片实现的跨文化传播，同样可以通过书籍的海外发行做到。作为中国闲适文学的代表性人物，汪曾祺的作品蜚声海内外，在他的作品中很多描写与饮食有关，他爱吃又懂吃，更乐于记述和描写与吃有关的一切，散文随笔《人间草木》一书中对咸鸭蛋、杨花萝卜、盐水毛豆、虾仁豆腐羹等人间至味的细腻描写，让饮食在他的笔下与文字相映成趣，烹出了生活真味。作家苏童形容读汪曾祺的作品能"让你带着一种很香很甜的那种心情，然后睡觉很愉悦"，当被问及最想给读者推荐哪一部文学作品作为"枕边书"时，苏童的答案就是汪曾祺的《人间草木》，这是《我在岛屿读书》第二季中的一段情节。

　　由江苏卫视与今日头条联合出品的《我在岛屿读书》是一档外景纪实类读书节目，2022年11月10日推出第一季。节目向文坛大家发出邀请，随着余华、苏童这样在海内外具有一定影响力的作家以常驻嘉宾身份、首位中国籍诺贝尔文学奖获得者莫言及一些外国作家以飞行嘉宾身份倾情加盟，以他们的国际影响力提升了节目的海外传播力，一场场自带海外传播属性的中国文坛乃至世界文坛的"公共读书会"就此诞生。

　　与其他读书类节目不同，《我在岛屿读书》抓住"文学"这个"通用密码"，将摄录场地搬离演播厅，围绕岛屿营造贴合主题的阅读空间，不设固定环节，没有互动比拼，而是以作家们扎实的文学功底和旺盛的分享欲望承载内容，紧扣海内外受众价值认同的锚点选取作品，打开空间维度与时间维度，让节目内容更为丰满，实现情感传递到情感共鸣，让节目超越感官刺激直达人心，藉此赢得海外受众的青睐。也正是这样的节目创新模式，将受众带入更为宽广的文学场域之中，随之带来的新鲜感和想象空间让受众耳目一新。如果说在节目播出前受众的兴趣点或许还只是满足于自身对文坛大家从幕后走到台前的窥探欲，那么节目播出后他们发现从节目中习得的收获跟汲取知识的过程一样，自然有趣且有一种沉甸甸的满足感，特别是作家们对世界名著的点评和对从世界文学大师处领悟的创作奥秘的分享，更易赢得海外受众的关注与情感认同。

　　《我在岛屿读书》专注打造"岛屿＋书屋"这样一个有着"诗和远方"即视感的美好阅读场景，"岛屿"成为节目最鲜明的记忆符号。第一季节目选择了海南分界洲岛，嘉宾们身处的书屋被余华命名为"分界书屋"——"一部分是物质生活,一部分是精神生活",而他希望人们更多去关注"精神生活"。第二季节目来到广东珠海的东澳岛,岛上有着绝美的海岸线和"钻石海滩",新的岛屿书屋倚山揽海,超大的落地窗就像一个天然的取景框,被苏童取名为"山海经书屋"。第三季节目创作团队决定将文学交流的平台向外延伸,于是"出海"前往希腊的克里特岛,它不仅是希腊最大的岛屿,有着旖旎迷人的自然风光,同时也是西方文明的发源地之一,孕育了古老的文明。岛上随处可见的蓝色眼睛挂饰在神话传说中被认为可以保佑人们带来好运,它给了嘉宾孟非灵感,为第三个岛屿书屋取名"蓝眼睛书屋"。在这里作家们伴着地中海的日出与日落,发出来自中国的文学声音,也聆听着源自欧洲的古老回响。

不同文明之间可以汲取彼此的智慧和营养,通过加强文明交流互鉴,共建人类文明新形态。走进希腊街头巷尾的节目,增强了海外受众对节目在空间和心理上的亲近感,能让海外受众产生一种《我在岛屿读书》来到身边的美好期待,其本身就是一种融合。随着"一带一路"倡议的融入,节目构建的视觉场呈现为更深层次的人文对话与文化交流:中国和希腊远隔重洋,不同国家的作家、译者等进行深入对谈,东西方文学乃至文明在地中海交融绽放,两个文明的标杆沉淀流传至今,在对视中呈现出一种对称性,这样的文明互鉴让海内外受众流连忘返。

第一节　文学为媒串联国际性互鉴空间

《我在岛屿读书》里有一位有意思的作家——西川,在他身上有着诗人独有的浪漫。第一季第三期节目里,西川漫步在分界洲岛的沙滩上,看到海边的景色有感而发,于是讲起了一位希腊现代诗人埃利蒂斯的故事。这位诗人在希腊的一座岛上碰到了一位翻译,两人在酒吧相谈甚欢,后者发现埃利蒂斯的诗人身份,决定将他的诗歌翻译出来,最终成就埃利蒂斯获得了诺贝尔文学奖。西川感叹道:"希腊的岛的那个墙都是白的,小房子、白墙、蓝天、白云,有一些很好的岛屿",言语间流露着对希腊岛屿的向往与憧憬。也许是对蓝天白墙的景色,也许是对"诗歌""翻译""诺贝尔文学奖"三者关系的遐想,《我在岛屿读书》将"出海"的第一站选在了希腊的克里特岛，满足了西川这次触景生情的所有想象。

出海航行，一座岛就是补充给养的关键场所，有岛才能行得更远。承载文学传播的岛屿则在此基础上被赋予了滋养文学的功用，成为一方文化交流的公共空间，成为不同国家的人们融合、互通的平台。《我在岛屿读书》第三季远赴希腊录制，不是纯粹为了带领受众欣赏地中海的自然景观，而是在前两季以"文坛老友记"漫谈为受众开启书香之旅的基础上，以书籍这一全人类共同的文化载体，开启一场国际文学的浪漫邂逅。《我在岛屿读书》从制作之初，在嘉宾阵容、文学话题、艺术形式、情感关联等诸多方面，都尽力聚拢海内外读者共同的"文学兴趣点"，在潜移默化中达成东西方文化的交流与互鉴。

如何激发全球受众对节目的兴趣？《我在岛屿读书》首先把目光聚焦在构成节目表达主体、推动整体叙事的嘉宾身上。节目嘉宾阵容的构建以当代中国文坛最具代表性的作家为主，他们不仅是中国文坛的领军人物，其作品更在世界文坛熠熠闪光，深受海外读者推崇，对海外受众有着一定的号召力和影响力。节目中，当嘉宾们随处歇脚在克里特岛的一家街边书店时，就意外邂逅了莫言的《天堂蒜薹之歌》，还有《红楼梦》《中国诗词选集》以及中国古典哲学书籍，触景生情的苏童发出感叹："中国元素、东方思想与世界文明相碰撞，走出去才会有理解和融合。"文坛大家们在节目中的出色表现，将引领受众阅读的节目诉求和推动文学国际传播的诉求合二为一。

2012 年，莫言凭借长篇小说《蛙》荣获诺贝尔文学奖，成为首个获得该奖项的中国籍作家，让中国当代文学走进世界读者视野。在获奖感言中，莫言谈到了中西文学紧密的关系，并以自己为例剖析了如何将本土和外来小说进行新的融合。"我也曾积极地向西方的现代派小说学习，也曾经玩弄过形形色色的叙事花样，但我最终回归了传统。这种回归，不是一成不变的回归，《檀香刑》和之后的小说，是继承了中国古典小说传统又借鉴了西方小说技术的混合文本。"①

---

① 汪瑞林. 用不同方式追寻真理——两位诺奖得主关于科学与文学的对话 [N]. 中国教育报，2013 - 5 - 18.

作为莫言挚友的余华也是一位作品风靡全球的文学创作者。1998 年，余华的长篇小说《活着》获得格林扎纳·卡佛文学奖这一意大利文学最高奖项，截至 2018 年初全球销量超过 589 万册，创造了当代纯文学作品的销售奇迹。2022 年 9 月，余华又凭借长篇小说《兄弟》荣获俄罗斯的亚斯纳亚·波利亚纳文学奖，获奖词这样写道："《兄弟》是一部极其重要的现代世界文学作品，因为它充满了对人民的爱，充满了人文主义，促进了世界各国之间更深层次的相互理解，这在今天尤为重要。"① 余华在节目中透露，《兄弟》之所以能取得如此的国际影响力，和这部作品诞生于欧洲旅行之中密不可分，"《兄弟》就是我在旅行中的一个产物，从 1995 年开始出国去了法国，后来又开始去了不同的国家，在经历一次又一次的和不同人的交谈之后，我感觉到要写一本像《兄弟》这样的书。"

无论是莫言、余华，还是苏童，他们能成功引发海外关注，与导演张艺谋有着一定渊源，他们的作品都曾被张艺谋改编搬上电影屏幕，其中包括莫言的《红高粱》、余华的《活着》等同名电影和由苏童小说《妻妾成群》改编的电影《大红灯笼高高挂》。观众通过《大红灯笼高高挂》迷恋上苏童的小说，进而喜欢上作者。这些电影作品多次获得国际大奖，从另一个维度打开了中国文学向世界传播的窗口，电影对推动文学流行起到了很好的催化作用。正因斩获各类国际大奖，作家们走入更广阔的国际视野，成为全球读者认识中国的"文学面孔"，而这些取材自中国故事的文字也成为世界各地书店中的畅销书。《我在岛屿读书》在嘉宾选择方面，成功邀请到了这样一批最具国际影响力的作家，节目第三季抵达希腊，更有欧洲优秀的作家、翻译家、学者加盟其中，让海内外受众看到了东西方文学间的交流互通、看到了中外作家间的创作灵感激发，为节目实现文明交流互鉴提供了可能。

《论语·颜渊》有云"君子以文会友"，原义是品德高尚的人用文章和学问结识朋友。以文会友，体现的是古代哲人的学问智慧，也深植于中华文明智慧之中。《我在岛屿读书》采用"以文会友"的笔会形式，让作家

---

① 俄罗斯卫星通讯社. 余华谈小说《兄弟》获俄罗斯文学奖感言："社会巨变中的人性"是受好评的重要原因［EB/OL］. 百家号，2022 - 9 - 28. https：//baijiahao. baidu. com/s？id = 1745192959258693263&wfr=spider&for=pc.

们围绕某一个文学作品和文学话题各抒己见，并巧妙地将"以文会友"的"文"延展至世界经典名著及国际文学大师，通过制造生动有趣的话题吸引海外受众。节目中嘉宾们经常聚在一起，聊世界经典的小说、散文、诗歌、戏剧，每逢此时往往激情四射、脑洞大开，在节目构建的世界观中，每一个声音、每一帧画面、每一次对话背后的意义统归都离不开"文学是世界的"意涵。

《我在岛屿读书》第一季第十一期中，作家们畅谈文学与民歌、翻译和体育等不同领域的关系。当聊到奥地利著名小说家、戏剧家彼得·汉德克的作品《守门员面对罚点球时的焦虑》时，余华、苏童等突发奇想，组建了由一支外国文学家们组成的"文坛足球队"，将他们的文学作品与足球运动员的位置一一对应：《尤利西斯》和《堂吉诃德》作为前锋，《战争与和平》《卡拉马佐夫兄弟》《喧哗与骚动》和《百年孤独》作为中场，《城堡》《包法利夫人》《神曲》和《浮士德》作为后卫，《欧也妮·葛朗台》成为守门员。对于足球队来说，教练团队至关重要，余华、苏童邀请莎士比亚和狄更斯担此重任，可见世界文学名著和文学大师在这些文坛大家心中的分量。在这期节目中，他们还回忆了自己当年熬夜品读外国文学名著的往事。余华回忆他看《罪与罚》："我一晚上不睡，借着昏暗的灯光，看得晕头转向。后来我父亲过来检查，把灯关了，我就跑到街道上去，在路灯下读完。"余华的经历引起西川的共鸣："我当时读《十日谈》，也只有一天一夜的时间，都是坐在宿舍楼道的灯光底下读完。"这些文坛大家对外国文学热爱的真情流露，极易感染屏幕前的受众，特别容易吸引海外受众对节目的关注。

节目中嘉宾们的关注点已不仅仅局限在文学作品上，而是延伸到和文化相关联的艺术品类上，以引发更多海内外受众的情感共鸣。在《我在岛屿读书》第二季中，嘉宾们畅聊起文学与音乐的关系，在他们看来不管是艺术思想、结构组织还是表现手段，音乐和文学都是相通的。围绕"音乐和文学"的话题，余华表示曾专门写过一部名为《音乐影响了我的写作》的作品，他认为"音乐也好，文学也好，你推向高潮很不容易。那是要凭一个作者的才能，还有他的情绪，他的情感的爆发力。在推到高潮以后如何结束更难。"聊到兴起，余华分享起柴可夫斯基、鲁宾斯坦、巴赫等多位国际著名音乐大师的作品，条分缕析他们的叙事技巧，带领受众抵达音乐家们创作的灵魂所在。《我在岛屿读书》第三季在文学与艺术的延展上更为广泛，"希腊碧海蓝天下的异域风情也为这场文学漫游增添诗意。从诗歌到戏剧，从海边的中外诗会到剧场里改编自《美狄亚》的河北梆子演出，东西方的文化碰撞背后是深层次的文明交融。节目在'出海'之旅中营造令人神往的阅读场景，为观众带来一场不同寻常的心灵远游。"①

　　如今，"以文会友"已成为不同地域间交流学习、不同文明间交流互鉴的重要方式之一，《我在岛屿读书》第三季就为嘉宾们在国际文化交流上构建了一个更为直接、直观、直白的交互视觉场。余华形容这一季节目是"用脚踩出来的游记"，而不是写出来的，是一次身心合一的文化交流之旅。作为古希腊诸多神话故事的发源地，克里特岛流传着许多神话传说，腓尼基公主"欧罗巴"就曾被化身公牛的宙斯带到这里，让人们一提到克里特岛就会联想到"欧罗巴"这一欧洲大陆的代称。岛上还坐落着不少与传说相对应的古迹遗址，嘉宾们前往修建于 5000 年前的克诺索斯王宫，当年这里正是米诺斯文明政治和文化的中心，王宫内的壁画色彩鲜艳，描绘了自然景观、宗教仪式和日常生活，反映了米诺斯人的文化和社会结构，同行的学者杨少波介绍说："这里就是欧洲的根，有人说希腊是欧洲的'姥姥家'。"

　　嘉宾们还来到克里特历史博物馆，馆内不仅有岛上的历史文物，更有众多图画作品，包括当地的蛋彩画、壁画等，甚至还专门复制了一间卡赞扎基斯的书房，这间书房瞬间深深吸引了嘉宾们的目光。卡赞扎基斯是希腊著名的小说家、剧作家和哲学家，他的作品被翻译成多种语言，在全球范围内有着广泛的影响。他在所著记录自己两次中国之行的作品《中国纪行》中曾写道："苏格拉底和孔子是人类的两张面具，面具之下是同一张人类理性的面孔。"现如今，在希腊雅典卫城山脚下的古市集遗址就矗立着一组名为《神遇》的青铜雕像，苏格拉底与孔子，这两位分别代表不同文化的先哲，跨越千年开启了一场思想和灵魂的对话。

　　无论世界上的任何一处地方、一个文明被记录传承、被流传知晓，都

---

① 迟贝贝.《我在岛屿读书 3》——在出海之旅中开启心灵远游 [N]. 人民日报，2024 - 12 - 10 (20).

少不了文学这一重要载体，当代中国文学作品也已成为推动中华文化对外传播的重要载体之一。《我在岛屿读书》不仅以文为题，更以文会友、以文化人，紧扣"文学"二字，一方面邀请极具国际影响力的海内外作家担当"主讲人"，一方面又以海内外文学名著、艺术经典为主要内容开设"公开课"，吸引身处世界各地的受众来"岛屿"交流。在这里，岛屿既是空间概念上的，也是精神概念上的。

第二节　构建"岛屿＋书屋"仪式化场景

在世界文学经典中，岛屿时常会被赋予特殊的含义。《鲁滨逊漂流记》中的绝望岛代表的是孤独、与世隔绝；《金银岛》里的神秘岛屿则是传说中的藏宝之地，大海中最为神秘的地方；《基督山伯爵》中的伊夫岛和蒙特克里斯托岛助力主人公完成了命运的改变，《格列佛游记》里的一个又一个岛屿则以其独特的文化，反映了不同的社会问题和人类特质，这些作品中的岛屿场景和与之相关的故事情节都为主题的深化提供了独特的背景和意义。无论是作为象征、冒险场景还是隔离空间，岛屿在文学中扮演着重要的角色，也是深受文学创作者青睐的文学符号之一。正是因为这一特性，使岛屿成为全球读者都能通过阅读进行转码理解的通用符号，也赋予了《我在岛屿读书》海外传播上的天然优势。

岛屿象征着不被打扰和远离尘嚣的宁静，象征着风光旖旎的自然美景，它能帮助人们将精神生活从日常生活中暂时抽离出来，达到更专注、纯粹的境界。人类学家爱德华·霍尔曾言："不知不觉间，无数的经验告诉我们，空间也会传达信息。"[①] 这就是说，特意选择的场景经由传播媒介的时空组合，能为受众带来"身临其境"的仪式感，传播仪式感又建构着"电视崇高感"，由此强化集体意识，达到情感共鸣的效果。[②]《我在岛屿读书》从首季开始就将岛屿作为重点表达对象，节目一开篇就用最直观的"经度110.200489，纬度18.576258"标注分界洲岛的地理位置，给受众一

---

① 爱德华·霍尔. 无声的语言 [M]. 北京：北京大学出版社，2010：126.
② 王玥，柴艳霞. 我国读书节目的嬗变与思考 [J]. 视听，2024 (4)：125 - 128.

个极为具象的现实坐标，让人们可以进行自身和节目相对位置关系的判断。

随后，节目又将岛屿与读书用一间"分界书屋"相勾连，着手营造岛屿之上的绝佳阅读场景：一座由老房子改造而成的书屋，五千多本横跨古今中外的经典图书陈列其中，一张书桌面朝大海，书屋周边椰树、沙滩、海风环绕，还有可爱的柴犬相伴。苏童初见"分界书屋"就由衷地表达出喜爱之情："世界上有多少书店可以有这样的一扇窗对着大海？这是人间最美好的看书的地方。"苏童的感叹瞬间能让受众脑海中浮现出诗人海子的《面朝大海，春暖花开》。这种联想，顺理成章让首期节目与经典文学之间产生某种极强的化学反应，在不断强化"岛屿"这一重要符号的同时，也进一步强化了受众对节目主题的认知，"岛屿＋书屋"的品牌特色也得以随着视觉场的构建进一步彰显，而充分利用岛屿具象化了的美好、松弛、神秘等情感，无疑也能勾起海外受众的心驰神往。

岛屿这一固定的空间是典型的仪式化设置。节目中，嘉宾们也在"岛屿＋书屋"中完成了一次阅读场景的重构，让"岛屿＋书屋"成为一种富有仪式感的存在。在已驻足过的三座岛屿上，嘉宾们往往心有灵犀地聚在一起，充满了诗意与浪漫：在夕阳和晚风中欣赏古典乐曲；在神奇的植物发现之旅中分享隐藏在文学中的自然奥秘；在阿来的带领下研究英国的博物学传统；在海风中倾听叶子用英文朗读艾米莉·狄金森的诗歌《劈开云雀——你会发现音乐》；在海浪的伴奏下举办沙滩读演会，欣赏苏童、程永新、祝勇、叶子合作演绎莎士比亚《威尼斯商人》里的名场面；在海边烹饪一桌记忆里的家常饭菜，欧阳江河亲自下厨用传统美食麻婆豆腐和红烧排骨招待文坛友人；在地中海边，杨少波领着众人朗诵起希腊的一首只有三个单词的短诗："Η Ελλ άδα, Η θάλασσα."（啊，希腊，啊，大海）。节目将一堂堂原本可能有些严肃的"文学大师课"演绎得生动活泼，更兼顾到中国文学和世界文学的交相辉映，不断拉近与海外受众之间的距离，让这场以文学为焦点、谈古论今又鉴赏中外的"文坛老友记"更具国际传播力。

"阅读是人类获取知识、启智增慧、培养道德的重要途径"，阅读注重的是沉思、是专注、是让内心达成平衡的美好力量，也是每个人随即可达的诗和远方，用美景、好书和名家构建起的阅读场景，能唤起更多人对阅读的向往。《我在岛屿读书》选择"岛屿"作为符号并不断加以强化，在向受众传递书籍信息的同时，通过一定时期内相对稳定的符号积累以及重复性、戏剧性的"岛屿＋书屋"仪式输出产生出特定的意义和作用。

首先，岛屿为受众构建起安放内心的空间。

对于作家而言，无论创作还是阅读，都是个体的输出和吸收状态，岛屿相对安静、独处的环境恰到好处。正如苏童所说："来到岛屿读书的体验完全超出了我原本的想象，这是一个完全不同于书房的环境。有时候你想读书，确实需要邀请自己一下，把自己放到一个脱离日常生活的环境中去，摆脱些俗物，看看书，进入书中的世界。"余华也偏爱在一个较为私密的空间里尽心写作，他心目中的理想之地是"周遭环境如同这座远离喧嚣的小岛"。而在莫言的脑海里，"岛屿"已经完成了符号转换，"在岛屿阅读就是很好的一个文化命题。这个岛屿应该是一个象征性的。"阿来则拿着聂鲁达的《诗歌总集》感慨道："在岛屿读书最好的方式就是'制造一个模仿人间的图书馆'，一个跟城市有关联又隔离的客观地理空间。"

岛屿既为参与嘉宾提供了一个相对隔离的交流空间，又通过镜头向受众敞开，这种隔离与开放并存的独特空间感在《我在岛屿读书》中得到了充分体现。人类学家维克多·特纳的阈限理论可以很好地解释这一现象。"阈限"是一种介于两种稳定状态之间的过渡阶段。[①] 节目通过空间设置和内容编排，创造了一个独特的阅读阈限空间，节目嘉宾能够暂时摆脱社会角色的束缚，以更纯粹的文化人身份进行交流；受众通过观看节目，实现对日常生活的短暂逃离，进入内心安放的专注状态。

也有作家把内心的创作圣地比喻成岛屿，更有作家让心灵和身体都置身在岛屿之上，以此激发更多的创作灵感。海明威在古巴的基韦斯特和巴哈马的比米尼边生活边创作，他的许多作品如《老人与海》都受到这些地方的影响；罗伯特·路易斯·史蒂文森在南太平洋的萨瓦伊岛生活期间创作了包括《宝岛》在内的许多作品；巴尔扎克也曾在法国的一座小岛上度过一段时光，那里宁静的环境让他得以专心创作出《高老头》。每个作家

---

① 特纳. 仪式过程：结构与反结构［M］. 北京：中国人民大学出版社，2006.

的创作空间其实都可以被看成是一座"岛屿",一座拥有自在世界和自我价值空间的"岛屿"。反过来也可以说,岛屿为作家们的潜心创作构建了安放内心的空间。《我在岛屿读书》带领受众让精神生活中的"岛屿"和现实生活中的岛屿达成相遇,构建出一片心之向往的沉浸式文学空间,正是这种流行于世界文学界的默契和共识,成为节目有效承载海外受众情感共鸣的前提条件。

其次,作家为受众呈现出鲜活生动的群像。

文坛老友的相聚是《我在岛屿读书》节目承上启下的重要环节,岛屿恰到好处地为此提供了一个畅所欲言的私密空间,蓝天、碧海、沙滩的海岛属性为交流空间增加了浪漫诗意,也为海外受众打开了一个深入了解中国文学传承和发展现状的可视化窗口。在第一季节目中,随着程永新抵达"分界书屋",众人围绕程永新做主编的《收获》杂志聊开。这份由巴金和靳以在 1957 年创办的杂志,是中国第一本大型双月刊,自创刊以来,就一直坚持纯文学立场。除了莫言、余华、苏童的多部作品之外,贾平凹的《废都》、阿来的《尘埃落定》、王安忆的《长恨歌》、韩少功的《马桥词典》等众多文学佳作都是先在《收获》杂志发表,而后被译成多种语言畅销海外,可以说中国当代文学的成长脉络都被记录在了《收获》当中。不少海外受众在观看节目之后不禁感叹,原来自己阅读过的中国文学作品,竟然大都来自这样一本纯文学的杂志,进而对《收获》产生强烈好奇。

为进一步满足受众的好奇心,节目没有错过这样一个呈现中国文学作品"集体照"的机会,并且借由余华和苏童的视角,记录下他们对杂志的钟爱,以此来印证《收获》在中国文学界的魅力和地位。作为《收获》的常客,余华与苏童两人"炫耀"起自己一年中在作为双月刊的《收获》上发表的短篇小说数量,苏童认为自己开创了一期《收获》发两篇小说的先河,而余华则不服气地表示:"我要是当时不把《许三观卖血记》写成长篇,我就能一年发六个短篇,那更有开创性。"西川的一句"你就是个'获霸'"的调侃逗得众人开怀大笑。这样的细节让中国作家在海外受众眼中显得更加鲜活。

节目也把哪怕是中国读者都难得一见的文学珍品展示了出来。在众人面前,程永新翻开《收获》创刊号原件,作为"粉丝"的余华和苏童都大为震撼，这上面发表了鲁迅的《中国小说的历史变迁》、老舍的《茶馆》、康濯的《水滴石穿》、严文井的《"下次开船"港》、李劼人的《大波》、艾芜的《百炼成钢》等中国文学界重要的作品。书屋里的众人从发表过作品的作者聊到巴金，从自己刊登在杂志上的作品聊到杂志归还作家手稿的传统，还聊到作家与杂志编辑的关系。这一次岛屿的老友相聚，不仅让海内外受众认识并了解了《收获》，还让他们看到一组中国作家丰满、生动、经典、珍贵的集体照。节目中关于《收获》的一系列讲述，并非信息的简单堆砌，而是巧妙地将《收获》这一深邃的文化符号，与作家们丰富的情感和动人的故事相互交融，无疑能激起海内外受众心中层层好奇的涟漪。

《我在岛屿读书》不仅深入挖掘文化符号的内涵，更在莫言与余华的深厚情谊上为受众带来多重惊喜。作为中国当代文学的双子星，莫言与余华在文学界的地位举足轻重，海外读者对他们也早已熟知。岛屿的存在恰如其分地为这对文坛老友的相聚提供了绝佳的约会场所。第二季第九期节目以他们二人间一段简短的书信开场："莫言兄，我在旅行中给你写信，邀请你参与《我在岛屿读书2》。""余华兄，来信收到，《我在岛屿读书》创意很好，我愿意参加，期待与你们在岛上相见。"寥寥数语，真挚恳切，一对老友的信件往来透露着彼此的挂念。而到了在东澳岛上的见面，莫言率先开腔——"余华"，等候多时的余华幽默应答——"戈多来啦"，还原出世界著名悲喜剧《等待戈多》的名场面。相信看到这里，受众都会会心一笑，两位文坛大家间的默契可谓尽在不言中。后续节目所呈现出的两人无话不聊又互相调侃的"哥们儿模式"让海内外受众大呼过瘾——余华透露莫言"写作抖脚"，莫言"爆料"余华在欧中旅行期间成"购物狂"，这种日常碎片化的生活场景能极大地满足海内外受众的收看需求。对于莫言和余华这样有着大量海外书迷的作家来讲，难得一见的偶像"名场面"也能成为《我在岛屿读书》所涉文学主题之外的又一类推动国际传播的社交话题。

再者，阅读为受众营造了情感治愈的氛围。

坐标相较于大海，岛屿虽小却是不可多得的栖息之地，潜移默化地成了人类情感的依托。对于全球不同的读者来讲，因所处地域和文化历史差异，其阅读的主题和题材可能千差万别，然而无论是哪个民族、哪个国家的读者，他们对爱情、亲情、友情的情感诉求始终是不变的。可以说，情感既是文学创作中的表达，也是全球读者共同的诉求。文学市场上，畅销书的构成最能直观反映出读者的喜爱偏向，一项调查对 2013—2022 年中国引进版文学类畅销书 Top 30 的 89 部作品进行了逐一分类。从中可以看出"情感类"显著领跑于所有主题类别，十年间共有 32 部"情感类"被引进文学作品畅销，占全部畅销作品的 36％；细分来看，"浪漫向"有 19 部作品畅销，占比 21％，在"情感类"中明显拥有更多读者。青春与爱情是文学作品永恒的主题，或感人、或悲情的爱恋最易与读者形成共鸣。同时，社会对女性情感关注的提升也使更多女性题材小说显现其中；而以亲情、友情、家庭为故事线的温情治愈类故事也始终是众多读者精神上的港湾。①从调查结论中不难看出，全球大多数读者选择用阅读的方式进行情感治愈。《我在岛屿读书》就是暗合了这一点，希望通过视觉传播引发受众的阅读欲望，藉此开阔眼界、陶冶情操，获得情感上的释放与共鸣，生发在实现自我理想的道路上不断前行的力量。

人类的情感从根本上来说是社会性和关系性的，但是情感本身不会流通，是承载情感的客体（the objects of emotion）通过表达情感的语言、图像、声音等内容在传播，它们的流动凝聚着我们的情感。② 节目中嘉宾们的分享依托于"岛屿＋书屋"营造的情感氛围，无时无刻不在传递着治愈且温暖的力量，情感流动于节目嘉宾与受众间，个体的情感倾诉转向集体性的文化共享，营造了一个动态的"情感空间"，增强了海内外受众群体的认同感与亲近感。第二季的开篇，余华自问自答道："为什么要做第二季呢？因为有人还继续需要治愈"，进一步开宗明义表达了节目的初衷。苏童也补充着文学治愈之力的含义："别人的人生帮你反省自己的人生，这就是阅读带来的看不见的力量。"程永新则表示："阅读会打开我们的思维，让我们看到怎么获得真正有价值、有意义的生活。"在分享阅读的过程中，有感而发的作家们通过循循善诱引导受众学会在生活中将阅读内化。正是借助文学作品的治愈之力，《我在岛屿读书》不断聚拢海内外有

① 朱晓瑜 . 2013-2022 年我国引进版文学类畅销书研究［D］. 北京：北京印刷学院，2024.
② Ahmed S. The Cultural Politics of Emotion［M］. Routledge，2013.

情感诉求的受众，引导他们获得发现生活、感受生活、理解生活并能扛起生活的能力，这是文学作品之于每个人的最大价值，也是节目能被全球受众青睐的内在因果。

第三节　交融创新拓展沉浸式视听表达

西方语言里的"文学"一词源于拉丁词根，在撒缪尔·约翰逊的字典（1755 年）中，文学被定义为"熟悉文字或书籍，严肃或人道的学问"，这表明文学在当时被视为一种文化活动，包括诗歌、戏剧剧本、小说、回忆录、历史书、书信集和学术论文等。与江苏卫视以往推出的《阅读·阅美》《一本好书》等棚内读书类节目不同，《我在岛屿读书》更注重户外阅读场景的融入，"书里世界和现实场景交融，强化了观众的沉浸感和共鸣感，打造'岛屿＋书屋'的阅读场景，让观众跟随'读书会'体验'诗与远方'"。① 节目独创性地打破文学与生活的边界，让阅读成为全新的生活风尚。

成功的人文节目必须要为受众打造出生动有趣的沉浸体验场景，才能走入受众内心。《我在岛屿读书》作为一档视频节目，将文学本体与视听形式相融合，让文学回归生活，开辟出可视、可听、可传播的文化传播方式。而如何让一档读书类节目能真正意义上唤醒受众的阅读欲望，节目创新性打破传统同类型节目模式，聚集一群最会写作、最懂阅读的人，讲述最令海内外受众感兴趣的中华文化瑰宝，剖析全世界公认的艺术经典，在共情性、知识性、多样性方面达成最大范围内的共鸣，真正意义上唤起了海内外受众的阅读欲望和对中国文学的关注。在邀请作家们来海岛聚会的同时，更提前搜集来自海内外读者的读物和寄语，在海岛上设立书屋，让是写书人的作家们与作为爱书人、读书人的受众进行直接链接，形成一种作家与读者共时空的氛围。最终，节目中呈现出的唯美、浪漫、静谧的"公共阅读"视觉场必然是属于所有人的。

一是共情性进一步放大。

---

① 杨明品. 打造富有文化内涵的电视"读书会"［N］. 人民日报，2022－12－20（20）.

　　大众化视听节目受众设置的共情门槛越低，其获得的情绪价值就越多。依从这一逻辑，为了最大程度地激发海外受众的共情情绪，《我在岛屿读书》围绕作家群体和作品集合，用"岛屿＋书屋"营造出的"沉浸感"激发受众心理学意义上的"心流体验"，即个人在极其专注的状态下所达到的吸引、兴奋与满足感。恰恰是这种无国界的情感交融合理推动叙事发展，让情绪共鸣先在节目嘉宾之间积蓄，再借由视频符号转码传递给受众，以此建立节目与不同文化、不同地域的读者之间的情感投射与认同。

　　打开一本好书，都是一次与其他生命体的相遇。《我在岛屿读书》里的作家群体，作为一群语言艺术家，他们出色的表达力、观察力和感受力，让节目如同宋代诗人张道洽《岭梅》一诗中描绘的那样，"到处皆诗境，随时有物华"。而以普通人的视角为切入口，让作家们讲述各自成长经历中遭遇的点滴琐事，也是强化海外受众情感认同的有效传播方式之一。节目中，受众能看到为了买到心仪的书，通宵达旦在书店门口排队的余华；一直投稿一直被拒，猛然觉醒只有"挡不住"才能"剑出鞘"的苏童；从小村庄走出，却成为茅盾文学史上最年轻获奖者的阿来；去东北卖雪糕机赚生活费，想要"站着把钱赚了"的郑执……任何人的成长过程都不是一帆风顺的，作家也一样。正如余华在节目中所说，世界上不少作家是从落魄开始一步步地写，他们最熟悉的就是小人物，所以他们写的都是他们自己。"初读不知书中意，再读已是书中人"，当读者为书中角色命运时而心潮澎湃，时而心情凝重，时而泪如泉涌，当受众对节目中作家的人生经历引发共鸣的时候，那些裹挟着喜怒哀乐的复杂情绪，最终有可能汇聚成一种心系众生的胸襟，影响着人们看待这个世界的方式和角度。

　　要让海外读者与中国作者达成共情，就要让文学在不同的语言间流动，这缺少不了对文字的"转码"翻译。《我在岛屿读书》用专门篇幅讲述对中国文学海外传播作出巨大贡献的翻译者们。节目中，西川用了一个打破人们认知的事实开启了这个话题，"我们老觉得外国人不了解中国，其实他们那些专家知道的东西一点不比我们少，甚至他们知道的东西比我们还多。《老子》这一本书在英语世界里就有一百多个译本，全世界早知道《老子》，《孙子》的译本也特别的多。"他还介绍说《水浒传》《红楼梦》等四大名著不止被翻译成外文版，而且还被反复翻译，版本也越来越好。作为作者和翻译者的双方，也会在翻译的过程中达成情感共鸣，这种共鸣往往就是作品成为外文版之后的灵魂所在。

莫言做客《我在岛屿读书》的首期节目里，回忆起自己和日本汉学家、翻译家吉田富夫的故事。吉田最早翻译莫言的作品是《丰乳肥臀》，故事里有一位铁匠，巧合的是吉田的母亲也是铁匠，而且是掌钳的。在翻译的过程中，吉田把自己对铁匠打铁的种种观察放在了作品当中，让原本虚构的铁匠有了更鲜活的生命。后来，吉田又翻译莫言的《檀香刑》，看到故事里有一种地方小戏叫做"猫腔"，为了寻找这种声音上的对应，吉田借用了自己家乡的一种民间说唱，进行了对应的移植。莫言说："后来我遇到了一些日本的读者，我就问他，'你读完这个《檀香刑》日文版第一感觉是什么？'他说第一感觉是耳边有一种声音在缭绕。那我说这可能真是翻得不错。"

余华的作品被翻译成几十种语言，其中被翻译最多的单部作品就是《活着》。这部余华的代表作之所以能够"走"进海外，既得益于张艺谋导演的同名电影荣获戛纳电影节评审团大奖进而引带的传播效应，更得益于海外汉学家的发现。"首先是像何碧玉这样的汉学家发现了，然后翻译完了去找出版社，寻找到了出版社再通过各种关系找到作家。"说起这段往事，余华的感激之情溢于言表。作为法国最活跃的汉学家、翻译家之一，何碧玉长期从事着中国当代文学在法国的传播工作，也与余华、苏童等中国当代作家结下了深厚的友谊。《我在岛屿读书》第三季第八期节目中，节目组特地邀请何碧玉参加一场海外书迷见面会，余华亲自前去迎接，与他在第二季中迎接莫言的情形完全不同，余华少了几分"调皮"，多了几分"绅士"，足见他对何碧玉的尊重。

不得不说，正是因为作者和翻译者之间强大的情感纽带和牢固的信任关系，中国文学得以更好地收藏进海外读者的书架，也才会被他们品味出这些作品中所蕴含的时光印记与共情价值。节目借莫言、余华的口吻向这些不遗余力甚至将毕生精力奉献给中国文学海外传播事业的汉学家致敬，也用这种方式召唤更多的海外汉学家加入把优秀中国文学作品翻译传播到世界的行列中，从而将节目的国际传播意义又提升了一个层级。

二是知识性进一步放大。

如今，大众受到碎片化、海量化和低质的信息影响，对信息的处理带有强烈的个人主观色彩。节目中作家们承担了筛选功能，为海外读者在茫茫书海中精挑细选出精品中的精品，其身份号召力和筛选能力的双重加持，让"岛屿书单"广受海内外文学爱好者的欢迎。《我在岛屿读书》还将作家们表达的"知识点"，通过电视化、主题化的重新解构，对广为流传的世界经典名著和独特的中华文化瑰宝进行可视化解读与系统性梳理，以更好吸引海外受众的目光。

一方面，《我在岛屿读书》通过视频的表达形式构建起一个面向海内外受众、以阅读为符号的视觉场。节目开播以来，陆续推荐了如《狂人日记》《边城》《平凡的世界》《老人与海》《全唐诗》《故事新编》《红楼梦》《白鲸》《浮士德》《百年孤独》《战争与和平》等几百部中外文学名著，站在世界文学经典的大格局上，带领受众细品文学名著精髓。节目中，余华曾经不止一次地向受众推荐这些作品，希望受众能够明白世界名著一定是畅销书、常销书，是值得必读的。他举了一个最为常见的例子："无论在美国还是欧洲，书店里面你去看的时候，畅销书始终有很大一块留给经典著作的区域，世界上真正畅销的是《百年孤独》《安娜·卡列尼娜》这样的常销书，都是经典文学作品。"媒体这样评价节目在全民阅读上的引领："虽然形式简单轻松，但《我在岛屿读书》的内容是厚重的，借助几位嘉宾的生活经历和交流，他们对于读书的理解，对于经典著作的解析，乃至自己进入文学世界的经历，都给观众打开了一个全新的视野。"①

除了"岛屿书单"，节目还关注到当下流行的类型文学，对悬疑推理、武侠小说以及尤为受到海外读者关注的中国科幻小说等类型的作品，借助嘉宾口述进行生动推介，用共同喜好拉近与海外受众间的距离。作家们曾在节目中重点聊到全球最热门科幻 IP《三体》，这部书的日文版销量十分可观，上市第一周加印数量就突破 85000 册，特别受到日本年轻读者的追捧和喜爱。程永新对这部作品的国际传播大加赞赏，"第一次在类型文学

---

① 燕帅. 人民艺起评：《我在岛屿读书》为什么能获得 9.1 分的评分？[EB/OL]. 人民网，2023 - 1 - 9. http：//opinion. people. com. cn/n1/2023/0109/c437948-32602494. html.

领域里面，居然我们可以引领全世界的读者，那么刘慈欣是功不可没"，他建议大家都去看看这本书，因为"这本书有点颠覆了我们对科学、文明的一些基本的看法。它拥有的影响力已经不是在中国了，而是拥有世界范围内的影响力。"

另一方面，《我在岛屿读书》也向海外受众展现了中国文学馆藏中的多个"镇馆之宝"，以吸引他们对异域文化的关注。第二季中的岛屿书屋取名"山海经书屋"，"山海经"三个字足够激发众多海外受众的求知欲。《山海经》被誉为中国上古时代的三大奇书之一，海外读者可以通过读《山海经》更好地了解中国文化的源远流长和博大精深，从而增强对于中国文化的亲近感。这对于提升中国的国际形象，增强中国的文化软实力有着重要的作用。① 节目也为受众呈现了作家眼中的《山海经》，欧阳江河介绍了这部作品和自然的关系："最早汇集、塑造中国人对自然的感受的，最早的一个著作是《山海经》，同时又是一个精神记录和塑造的文本。"祝勇更看重其文献属性，"《山海经》应该说是一个集大成之作。它有从远古流传下来的信息，比如说《精卫填海》，这个事件发生的时候没有文字，所以它一定是一个后代的追记，这里面可能包含着诗人般的想象。所以《山海经》有很多不同的解读角度，有从神话学的角度去解读，有的是把它当作古代的文献，它是有文献价值的。"动画电影《哪吒之魔童闹海》"火"出海外，引发海外受众关注的也不仅是片中炫酷的特技，还包括在他们心目中有着全新体验的异域文化。

三是多样性进一步放大。

文化类综艺节目类型杂糅、文化跨界融合的背后，呈现的是"主流"与"大众"、"中心"与"边缘"的协商和博弈。丰富多元的节目表达形式，满足了非专业人士和不同文化程度受众的求知欲望，轻松快乐地获取厚重的文化知识和愉悦的共情体验。② 在这一点上，《我在岛屿读书》以"卷"为单元，围绕文学勾连起不同的人物、话题以及文化交流活动，以

---

① 贾璐菡.《山海经》的国际传播现状与价值——以在美传播为例［J］. 喜剧世界（下半月），
　　2024（05）：70-72.
② 王雪聪. 文化融合·积极受众·两种经济：约翰·费斯克电视理论对文化类综艺节目的阐释
　　［J］. 影视文化，2022（1）：187-194

更多元的视角为海内外受众呈现出中国文学的丰富内涵。同时节目还不断放大文学之外的文化属性，呈上音乐、电影、戏剧、翻译、旅行等一系列"五光十色"的精神食粮，极大丰富了节目的信息含量。

《我在岛屿读书》的节目名以"我"开头，既是邀约受众把自己带入角色，也是把参与嘉宾归纳成为一个"我"。节目邀请的嘉宾性格鲜明，第一季邀请余华、苏童、西川、房琪等作为"书屋主理人"，程永新、叶兆言、祝勇、黄蓓佳、欧阳江河等多位文坛老友作为飞行嘉宾。第二季嘉宾阵容更加多元，除余华、苏童、程永新、叶子作为常驻嘉宾外，莫言、阿来、王尧、祝勇、须一瓜、陈继明、马伯庸、紫金陈、郑执、孙频等当今文坛的中坚力量加盟，辐射不同类型风格、不同年龄圈层、不同性别视角，同时强调文坛大家与新生代、中生代作家之间的切磋，力求以充满碰撞感的交流场来解读文学与生活。第三季节目在希腊取景录制，为嘉宾阵容开启了更为广阔的选择空间，除常驻嘉宾外，有马家辉、刘亮程、七堇年等作家，有以读者身份现身的主持人孟非、戏剧导演罗彤、学者杨少波、文学编辑吴越，也有来自希腊的作家狄米崔斯·里亚科斯和资深媒体人米哈里以及法国翻译家何碧玉。在他们之中，有的钟爱阅读和旅行，有的对希腊神话情有独钟，有的对这次中希文化交流充满热情和期待，有的是中国文学"出海"的最强助力。

纵观三季节目可以看出，节目不断扩容嘉宾身份，从文坛老友到文坛新生代，从小说作家到类型文学作家，从文学作家到戏剧导演，从中国作家到海外作家，他们从自己的职业和角度出发畅聊对文学的理解与认知，并通过节目构建的视觉场呈现满足海内外受众对文学的不同诉求。尤其对于海外受众而言，如此阵容既满足了他们对中国文学的认知，给他们带来全新的审美体验和心灵启迪，也能以海外作家为"翻译官"，帮助他们理解东西方文学交流互鉴的深刻意涵。

《我在岛屿读书》把中国最具代表性的文化主题与文学相勾连，能有力向海外受众推荐和普及中华文化符号。研究表明，对国家形象构建起重要作用的有文化符号、古迹名胜、各历史时期代表人物、出口商品品牌及广告、时尚元素、流行文化艺术家和其他公众人物、跨国公司等。其中文化符号、古迹名胜等都属对稳态构建起重要作用的元素。①说到有国家文化符号意义的古迹名胜，故宫博物院当然在列，它一直扮演着"国家会客厅"的角色，身为故宫文化传播研究所所长的祝勇在节目中就向受众介绍起在故宫举办的各类文化活动，如"照见天地心——中国书房的意与象"通过展示郭熙、米芾、文天祥等名家作品，为受众阐释了中国文人书房的文化内核与时代精神，由此足以看出节目所呈现出的议题丰富性。《我在岛屿读书》中作家们分享着自己的创作理念，也推荐了无数部经典名著，所打开的不仅是文学和阅读的大门，也是穿越古今的文化宝藏和包罗中外的文明碰撞，随着节目被越来越多的海外受众接受，中华优秀传统文化内容也实现了更有效力的国际传播。

　　文明因交流而多彩，文明因互鉴而丰富。两千多年前，中国和希腊两大文明在亚欧大陆两端交相辉映，为人类文明演进做出了奠基性贡献。如今，《我在岛屿读书》乘着"文学"的东风抵达地中海，让东西方文坛面对面碰撞，既彰显了创作团队的魄力与自信，也蕴含了文明互鉴的追求和期待。

---

① 孟建、于嵩昕主编. 国家形象：历史、建构与比较［M］. 南京：江苏人民出版社，2019.

第十章

从跨文化的视角看东方智慧

　　文明，是人类长期发展智慧的结晶，不同民族、不同地域所孕育的文明如繁星汇聚成浩瀚银河，在历史上空交辉闪耀，中华文明也在东西方文明的交流互鉴中流光泛彩，千百年来吸引着无数探寻者远道而来。中华文化是中华文明的重要组成部分，也是中华文明的基础和源泉，来自不同国家的汉学家以中国哲学深邃思想启迪智慧，逐渐从中华文化的观察者变为解读者，他们中的一位以独特的视角与深厚的学识，从最简单的汉字里解读出中华文化的密码，并将其分享给世界，他就是来自美国的"汉字叔叔"理查德·西尔斯。他对甲骨文中的"天"是这样解字的："下面是一个正面站立的人，上面是一个圆圈，看上去像人的头，表示人头顶的天空。因此这个字就表示天，天就是大自然。从古文字我们就可以看出来，人和大自然、跟宇宙是分不开的。这个'天'字里面，就蕴含着'天人合一'的意思。"以上这段解读来自《中国智慧中国行》（国际版）这样一档节目，而理查德·西尔斯远跨重洋的汉字情缘，也恰是中华文化吸引力的时代注脚。

　　《中国智慧中国行》（国际版）由江苏广电于 2024 年 4 月 20 日推出，节目从中华优秀传统文化探源出发，旨在用海外受众听得懂、记得住的语言解读中国古语、解析文化思想、解码实践逻辑。事实上，思想的跨文化传播在中国历史上从来都不陌生——在中华民族几千年的民族大融合与大发展过程中，儒、释、道等思想的形成和发展，本身就蕴含着文明交融互鉴的色彩。而在今天"逆全球化"思潮有所蔓延的背景下，中华文化思想的传播也面临着前所未有的挑战，需要更具创新性和适应性的方式与世界展开对话、交流与融合。

　　不同于拥有具象载体的音乐、美食等所联通的感官共鸣，思想的传播不仅仅是信息的传递，更是对受众认知框架的深刻介入。思想是抽象和复杂的，它们不是简单的符号、语言或图像，而是人类经验、情感、道德和社会结构的综合反映。因此，思想的跨文化传播需要搭建的不仅是语言的桥梁，更是认知范式的转换路径，这意味着我们要理解并尊重不同文化背景下，受众对世界的理解方式、价值判断和情感反应，并在此基础上进行思想的重新诠释。尤其需要注意的是，中华文化传统强调整体思维和辩证思维,① 并常常通过隐喻、象征、历史背景等方式传达深刻的哲理,而这些内容对于缺乏相应文化背景的受众而言,可能难以直接理解。因而,对中华文化思想的传播不能仅停留在表层的语言翻译上,更应注重对思想内涵的有效挖掘和解读,以适应不同认知结构人群的需求。《中国智慧中国行》(国际版)采用"文化溯源+探寻者见证+实践者讲述+专家解读+跨文化对话"的叙事结构,围绕英文面对面访谈和专家解析环节设置双演播室,通过古代与现代相结合、理论与实践相结合,将中国话语与国际视野进行有机结合,并综合运用多种艺术表现手法构建易于引发海外受众共情的视觉场,以增进其对中华文化思想的理解和认同。

第一节　用"他者"视角观察治国理政智慧

今天的中国,在深厚的历史积淀与丰富的实践探索中积累了一系列经验与智慧,它们也化为中国在现代化发展道路上稳健前行的基石。如何在平等对话的基础上,以更易于理解的方式分享中国的治理智慧与发展经验,促进不同文明之间的互鉴与共进,《中国智慧中国行》(国际版)以天下为公、民为邦本、为政以德、革故鼎新、任人唯贤、天人合一、自强不息、厚德载物、讲信修睦、亲仁善邻等十个古语为线索,从宇宙观、天下观、社会观、道德观的角度逐一探寻其背后所蕴含的丰富的治国理政思想智慧,从不同维度展现了中华文明的智慧结晶,彰显了东方智慧独有的生命力、实践力与时代价值。

"天人合一"包含着中国深邃宇宙观的自然哲思,它强调人与自然的和谐统一,是中国古代哲学对宇宙万物关系的深刻洞察。如何实现人与自然可持续发展始终是人类文明发展的根本课题,在全球生态环境面临多重挑战的当下,"天人合一"以其独特的宇宙观为全球生态治理提供了东方智慧。

"天下为公""民为邦本""讲信修睦""亲仁善邻"展现了天下观。在

---

① 施旭. 话语分析的文化转向:试论建立当代中国话语研究范式的动因、目标和策略 [J]. 浙江大学学报 (人文社会科学版),2008 (01):131－140.

中国古代治国理政的智慧中，"天下为公"勾勒出一幅理想社会的远景，表达了一种公平、公正，以天下为己任的理念；而"民为邦本"是实现天下大同理想的核心驱动力，即构建起人人得到关爱、各尽所能、共享资源的美好境界；"讲信修睦"与"亲仁善邻"分别以诚信为基础、以仁爱为纽带，体现了中华民族的睦邻智慧与处世之道，共同诠释了中国外交崇尚和平、重视道义的原始精神内核。在全球化时代，上述天下观反映出一种超越国界和民族的广阔视野，有利于推动本国人民福祉与构建人类命运共同体相统一，促进世界和平与发展，展现了中华文明追求和谐共处的价值取向，为全球治理提供了超越零和博弈的新思路。

"为政以德""革故鼎新""任人唯贤"体现的是社会观。"为政以德"强调执政者以德化人，用道德的光芒照亮治理之路；"革故鼎新"既是"破"与"立"的辩证智慧，也是"苟日新，日日新，又日新"的进取精神，展现了中华民族对时代变革的深刻洞察与不懈追求；"任人唯贤"主张任用贤能之人管理国家，为社会发展提供智力支持。在社会发展日新月异的今天，这样的社会观全方位赋能当代国家治理，从价值引领、动力激发到人才保障，为国家治理筑牢民意基础、开辟创新路径、提升治理效能。

"自强不息"与"厚德载物"属于道德观。前者强调坚韧不拔的意志与能力，后者彰显包容万物的胸怀与担当，二者相辅相成，构成刚柔并济的精神品格。其当代意义在于既激励个人奋发向上，又促进社会和谐共进，共同铸就了中华民族独特的精神底色。

上述十个古语包含了中国几千年来的深刻智慧，在从古至今一代又一代人的实践中成就了中华文明的气象万千。要把这些高度凝练、极富内涵的古语讲清楚，同时把当代中国的实践与文化渊源勾连起来讲明白，就不能只是简单地对其进行翻译和解读，而要让作为"他者"的外籍嘉宾，从他们的思维和见闻出发，对这些古语做出更加接近海外受众认知框架的解读。

"他者"理论起源于哲学领域，最早由柏拉图提出"自我与他者"的概念，认为自我是通过与他者的差异而得以界定的，从而开启了西方文明以"凝视他者"为方式反思自我、认识自我的思想旅程。黑格尔进一步通过"主奴辩证法"深化了这一关系，认为自我与他者对立统一，且相互依存，没有他者的承认，自我便失去了存在的基础。因此，"他者"成为"自我"确立的必要参照。① 基于这一理论，节目嘉宾的选择既考虑了其所具备的异质文化背景，让其以一个"局外人"的眼光发掘海外受众所关心的内容，也关照到其对中国社会文化所具有的切身感知和理解，以规避可能出现的既有偏见与刻板印象。

《中国智慧中国行》（国际版）共邀请了十位外籍嘉宾，通过主持人在节目中与他们的交流讨论，让节目内容能更好地为海外受众所理解。这些嘉宾中，不乏在文化领域造诣深厚的专家学者，包括在希腊家喻户晓的著名文化人士和媒体专家米哈里，曾参与制作《跨越时空的相遇》等中希合拍系列专题片；英国作家大卫·弗格森，曾亲历见证并报道了汶川地震救援、北京奥运会、上海世博会等；英国 Curly Lizard 制作公司创始人乔纳森，曾制作了《山东：孔圣之地》等多部有关中国的文化类纪录片；英国青年汉学家寇哲明，长期从事中国哲学著作的英文翻译工作。同时也有热情洋溢的国际青年朋友，如曾参与过多个中国文化、综艺类节目、来自俄罗斯的主持人大卫；一直以其流利的中文和"他者"的视角解读中华文化的澳大利亚籍主持人安龙；长期致力于中法音乐文化交流的法国音乐人、网红博主爱黎以及来自坦桑尼亚的王晓乐、来自埃及的肯布和来自孟加拉的扎曼等在华留学生。这些来自不同领域、具有多元背景的嘉宾，以"他者"的视角和丰富的经历，为《中国智慧中国行》（国际版）注入了鲜活的元素，他们较为贴切地解读了十个古语及其背后所蕴含的治国理政思想智慧，构建起东西方文化交流、思想交融的视觉场。

在演播室中，外籍嘉宾们结合自身的履历和见闻，进行了非常生动和细节性的分享。安龙在第一集节目中谈到"天下为公"时，热情地讲述了自己旅行途中的见闻："我记得有次飞巴西，在埃塞俄比亚转机，终于可以尝尝埃塞俄比亚的咖啡，我们都知道，咖啡种植起源于非洲，尤其是埃塞俄比亚，这是大家都知道的。大家也许不知道，2019 年，中国无偿援助

---

① 李娟. 自我与他者：国际传播认识论的内在理路［J］. 现代传播（中国传媒大学学报），2023，45（12）：55 - 65.

了埃塞俄比亚一颗人造卫星，可以帮助预测气候变化，这极大促进了该国的咖啡业更好地发展。说到对外援助，让我感触很深的一点是，一般我们所看到的很多对外援助都会附有一些条件，但在中国这个例子中，这颗卫星就是一份纯粹的礼物，没有附加任何政治条件，这让我很感动。"安龙提到的这个故事带有十足的"以小见大"色彩，中国在全球做了许多增进全人类福祉的善事，落在个体身上或许是交通的便利、或许是收入的改善等显而易见的变化，也或许是这样一杯在异国他乡触手可及的美味咖啡，而海外受众从安龙的讲述中能感受到的则是中国惠及全球的责任担当。

作为音乐博主的爱黎对文学艺术有着广泛的涉猎，第二集节目讨论"民为邦本"的内涵时，她谈到了自己喜爱的中国诗人苏东坡，并动情地用法语演唱了一段改编自《水调歌头·明月几时有》的经典歌曲，让海外受众也能走近这位心系民生的中国文人，感受其细腻情思与旷达胸怀。而说到"为政以德"，则让她联想到了自己学习中国水墨画的经历："我一直在学习中国的传统绘画。我发现有一个很有意思的现象，中国人喜欢'托物言志'，他们通过一些特定事物，寄托对于某种品德的追求。比如兰花，象征淡泊和高尚；竹子，象征正直、刚毅、谦虚；等等。我认为这是因为中国人自古以来就有崇德、尚德的传统，把立德作为至高无上的人格追求，对德的追求已经融入了中国人的血液里。"这段绘画艺术学习的经历启发了爱黎对于中国"尚德"传统的理解，而海外受众也能借由她的叙述，看到中国治理理念与文学艺术之间的有机贯通，从而加深对中华文化思想的感知。

乔纳森在第六集《天人合一》中联系自己多年来的访华经历，阐述亲身所见证的中国生态变化："在我过去 20 年访问中国的经历中，一个明显的变化是现在公共绿地比以前多了很多，即便是在像上海这样的特大城市。中国取得的成就还体现在更广阔层面。近 20 年来，中国通过植树造林，贡献了全球四分之一的新增绿化面积，特别是在荒漠化的地区种上新植被。"乔纳森作为"他者"，通过自身观察到的变化和所了解的数据，为中国生态环境治理取得的成就添上了一段个人的脚注。他身边的留学生王晓乐则回忆起了自己家乡非洲的一个案例："蘑菇这种美食大家都很熟悉。在以前，种蘑菇就得砍伐树木，对环境破坏大，成本也高。中国特有的菌草技术解决了这个世界难题。后来，中国的专家把这项技术带到了非洲，菌草不仅帮助当地农民解决粮食和贫困问题，还能减少水土流失、改善生态环境，被我们称为'幸福草'"，讲述的是人与自然和谐共生，为海外受众呈现的则不仅是中国生态环境的改善，更是通过全球化的交流合作，中国的生态保护技术为世界其他国家和地区人民的生活与发展所做的贡献。

而在第七集节目中，米哈里结合亲身体验，用南京长江大桥的建设来阐释他心中对"自强不息"的理解："我曾经坐火车经过这座壮观的大桥。这座大桥是当时世界上最长的公路、铁路两用桥，被收入了吉尼斯世界纪录，这是不可想象的。当时的中国非常穷，工业基础也差，在不依靠别人帮助的情况下，中国人能靠自己的能力自行设计建成'南京长江大桥'，这背后自强不息的精神，非常令人敬佩。"他身旁的大卫也表示赞同："我并不知道原来新中国刚成立的时候，造桥会这么艰难。真的想对自立自强的中国人致敬，太厉害了。"这种精神不仅深深震撼了节目现场的嘉宾，也极易感染那些生活在有着与新中国成立初期相似背景国家的外国人，这时的"自强不息"已不仅仅是中国人的民族品格，更成为一种超越国界、激励人心的力量。

在"他者"的运用上，《中国智慧中国行》（国际版）还会在每一期节目的开头播放一组面向旅华外籍青年的街头采访，用简单的话题引出其背后东方智慧的思索，通过其作为外国人的亲身观察和感受，激活海外受众对中国社会生活的兴趣，从而使得承载历史记忆的古语走出浩瀚典籍，在现实中落地生根。而上述海外嘉宾们所分享的案例与见解，进一步回应了海外受众对中国的关注，进一步诠释了治国理政的思想智慧，他们以友善的目光见证了中国的发展历程，并将这些真实可感的体验生动地传递给全球受众，为世界观察中国构建了一个明亮而多彩的文化视觉场。

第二节　以多重空间对话实现高低语境转换

"只要有陌生之处，就需要解释，理解的艺术就应该将陌生转化为己有。"① 在跨文化语境中，要让"他者"更好地理解自我，就需要在对话中

---

① 张隆溪. 阐释学与跨文化研究［M］. 生活·读书·新知三联书店，2014.

将自我进行适度的调整和转化。对话伦理学以实践理性为基础，主张通过对话建立一个团结、一致、博爱的人类共同体，由此达致人类社会共同的善。① 而如何有效地开展和推进这一对话，考验的是电视节目的叙事架构水平。

《中国智慧中国行》（国际版）为在面对面访谈架构下推进跨文化对话而设置的"主持人的书房会客厅"是节目打造的一大亮点。会客厅是每个家庭都会设置的空间，它既有私密属性，又向宾客开放——来的都是亲朋好友，各自带着一份陶然心绪走入这一隅天地，在笑语和畅谈间慢煮光阴。而在国际传播领域，"会客厅"向来是一个经典的喻体，来自不同地域、有着不同文化背景的人们在此进行密切交流和文化碰撞，既看见"他者"，也观照自己。《中国智慧中国行》（国际版）匠心独运，将演播室打造成"主持人的书房会客厅"，开启"1＋1＋1"的英文面对面访谈模式——一位中国主持人、一位外籍专家、一位外籍青年围坐畅谈，这里不再是高大上的文化讲坛，而是一场朋友间的午后茶叙，一张桌案，三张沙发，暖色调的光影下，你一言、我一语中，思想的碰撞就此展开。

这些发生在"会客厅"里的主持人与嘉宾的对话，让海外受众得以看见东西方文明的相通之处。第一集节目中，安龙和乔纳森在讨论"天下为公"时，就结合了自身的文化背景，提到了同时期在古希腊担任雅典执政官的伯里克利："很有意思的是，孔子和伯里克利几乎生活在同时代。他们来自两个完全不同的地区，但思想却是在同一频道上。"两位智者虽相隔万里，其思想却闪烁着相似的光辉，这一东西方思想中的相通之处也让海外受众看到，中国的思想智慧虽然源远流长，却并不神秘难解，其中所蕴含的价值理念深刻而又朴素，凝结着人类对"善"与"美"的共同向往。而在第八集节目中，乔纳森在聊到"厚德载物"时，提到了一个英文单词"syncretic"（融合的）："这是一个学术词汇，刚好符合中国对于世界文化的态度。新思想在这里会受到欢迎，它们会成为中国文化的一部分。这是一直以来中国拥抱世界的'载物'之道，同时又能保证自身的独特

---

① 陈薇."对话的对话"与再思理解的可能性：跨文化传播的诠释之维［J］. 南京社会科学，2022（08）：96－104.

性。"这些跨文化知识的交融，让海外受众看到了东方与西方在思想上从来不是界限分明、彼此难以理解的，而是充满着共同价值与深入对话的可能。

东西方文明之间差异对比也让东方智慧的特征愈发鲜明。第七集节目中大卫援引中外的经典传说来阐述自己所理解的"自强不息"："很小的时候我就了解了诺亚方舟的故事，到中国以后我又知道了大禹治水的故事。在不同的国家都有关于洪水的神话故事，而不同的是，在西方人们遇到洪水时会幻想有一个可以避难的诺亚方舟，把希望寄托于上帝的怜悯。但是中国则完全不是这样，中国古代的大禹治水的故事，强调的是大禹三过家门而不入，带领百姓通过努力战胜了洪水。靠自己的力量解决问题。我觉得这就是中国人'自强不息'的一个显著特征。"

肯布与米哈里则在第九集《讲信修睦》中对比了郑和下西洋与哥伦布的故事："郑和对所有国家民族以礼相待、平等交往，也让古老的中国赢得了世界的认同。""在历史长河里，15 世纪是航海及海洋开发的时代，而葡萄牙以及其他国家，也组织了深入大洋和南下非洲海岸的连续探险，其中最出名的是哥伦布四次横渡大西洋。但不同的是，郑和带领的船队，是为了尝试建立和平与和谐的国际关系，并没有进行掠夺和殖民。"这样的对话让海外受众看到，以和为贵的思想早已深深刻在中国的文化基因之中，从而加深其对"讲信修睦"这一古语的理解。这样的中西对比并不是为了搭建交锋和竞技的擂台，而是提供一面映鉴彼此的镜子，通过镜鉴引导海外受众跳出固有认知框架，在对比中更全面地认识中国、理解中国，进而体会中华文明独特的精神气质与中华文化鲜明的价值追求。

嘉宾们在对话中还常常借用兼具东西方元素的文化符号，不仅为节目现场的讨论注入了更加灵动的元素，也让海外受众对中华传统文化更加亲近可感。安龙在第四集《革故鼎新》中就曾提到在全球广受欢迎的《功夫熊猫》——这部由美国制作、却以中国武侠文化作为故事主题的动画电影。借主人公"阿宝"这一形象，安龙生动地解释了"故"与"新"的相生关系："我们都知道，《功夫熊猫》的主人公阿宝生活在中国古代，周围有着深厚的武术传统，他尊敬这一传统，但他并未停留在传统的框架中。在不改变传统的基础上，他将自己的个性与特色融入武术之中，从一个功夫菜鸟逐步成为一代功夫大师。阿宝的成长故事完美体现了'革故鼎新'的理念。"当东方智慧通过西方熟悉的影视作品这一载体得以呈现，文化交流就真正实现了它的应有之义——超越简单的符号移植，达成深层次的价值共鸣。

　　这样的对话本身，也是一种语境的置换。要减少文化隔阂，高低语境的转化往往十分必要。人类学家霍尔认为，人类交际（包括语言交际）都要受到语境的影响，并将语境定义为"围绕事件本身，且与事件的意义密不可分的信息"。[①] 他认为语境有高低之分：高语境文化，如中国文化，强调通过非直接、隐含的方式传递信息，很多信息内化于交际者个人或物质环境中，而不是通过明确的语言编码传递；相比之下，以美国和德国为代表的西方文化则属于低语境文化，信息主要通过清晰、直接的编码来传达。[②]

　　《中国智慧中国行》（国际版）通过精心细致的节目设计，提供了更适用于海外受众的文化解码方式，即将原本中文语境下意涵深远、含蓄蕴藉的概念转化为更加生动、直观、感性的表达方式。如第十集《亲仁善邻》中外籍嘉宾寇哲明通过简明而生动的语言，逐字解释了"亲诚惠容"这一中国外交理念："'亲诚惠容'的'亲'，就是友好、亲近，与周边国家守望相助，常见面，多走动。'诚'，就是要诚心诚意地与周边国家做朋友。'惠'，强调的是要本着互惠互利的原则同周边国家共同发展。'容'，指的要以更包容、广阔的态度开展合作。"将这一富有历史沉淀的思想转化为普通海外受众能够轻松理解的语言形式，打破了文化与语言的壁垒，使其更加贴近海外受众的认知。这种文化对比与翻译方式，不仅有助于让海外受众更好地领会东方智慧，还为不同文化背景的受众创造了一条连接思想与认知的纽带。

　　在高低语境转换的过程中，简明直白、切中核心的翻译也是必不可少的。在第五集《任人唯贤》对中国古代著名历史事件"伊尹还政"的情景演绎中，台词保留了原版的文言句式："今嗣王新服厥命，惟新厥德；终

---

① 爱德华·霍尔. 超越文化：翻译版［M］. 北京：北京大学出版社，2010.
② 赵胤伶，曾绪. 高语境文化与低语境文化中的交际差异比较［J］. 西南科技大学学报（哲学社会科学版），2009，26（02）：45-49.

始惟一，时乃日新，任官惟贤材，左右惟其人。"在国际版的翻译中，翻译者力求简洁明了，借助通俗易懂的语言将其精髓传达出来："Now that the new king has been entrusted with the great mission by Heaven, he should renew his virtues. He should persevere consistently, and his virtues should be renewed constantly. Appoint officials who are worthy and capable, and ministers serving the king should also be merit-based."这种翻译方式有效地简化了古文的复杂表达，将"新服厥命""终始惟一""日新"等抽象的文言词汇转化为更容易理解的直白语言，让海外受众在更少的认知负担下理解中国古代治国理政的思想智慧。正是通过诸多高低语境转换思维下精心的文化编码，《中国智慧中国行》（国际版）为海外受众深入理解东方智慧提供了更为通畅便捷的路径。

节目精心构建了多重对话的视觉场。除了简约的"会客厅"对话空间外，还可以随时联动到以中国古代建筑和审美的符号象征——"重檐庑殿顶"作为主视觉形象的舞台，与专家展开对话；随时联动到外景现场，与探访者展开对话，使海外受众能够从多个维度"看见"与"听见"东方智慧的应用与传承。节目构建的双演播室对话模式突破了传统访谈节目的形式局限，海外受众可以时而置身于温馨的"会客厅"与嘉宾互动，时而走进宏阔舞台聆听专家深刻的解析；时而体验轻松闲适的交流氛围，时而感受庄重典雅的文化仪式。多元场景的自由切换，打破了传统节目单一的空间束缚，延伸了节目的视觉纵深。

丰富的外景采访元素在为海外受众对话探访者的同时，也为节目叙事维度注入了更为立体的时空张力。镜头穿梭于各地域之间，聚焦当代中国现代化建设的璀璨成就，展现了东方智慧里的宇宙观、天下观、社会观、道德观。第六集节目中，受众跟随镜头漫步于河北塞罕坝的万顷林海。这里曾是清朝康熙年间的木兰围场，然而却在清末因为开圩放垦变成一片荒原。20 世纪 60 年代初，中国决定在塞罕坝建立一个大型的国有林场，以阻断沙源和恢复植被，一支来自全国各地的 369 人的创业队伍来到了此处，开启了艰辛的拓荒之路。通过三代人 60 年的接力，将林场总面积扩大到近十万公顷，森林覆盖率达到 82%。"天人合一"的宇宙观在这片水草丰茂的土地上体现得淋漓尽致。

第十集节目讲述的位于黄海之滨的连云港中哈物流基地成立于 2014 年，是"一带一路"倡议提出后的首个实体平台项目，这里的货物主要来自哈萨克斯坦和一些欧洲国家。通过信息化建设，中哈双方实现了人员互派、业务联动、信息共享，相当于将连云港的出海口搬到了哈萨克斯坦的家门口。可以说，这一平台牵起的不仅是一条横跨东西的物流大通道，更是中哈两国交流协作的友谊之路。现在哈萨克斯坦过境中国的 80% 的进出口货物都通过这里集散分发，成为"亲仁善邻"天下观的具象化表达。

第四集节目的镜头紧紧追随复兴号动车的轨迹，从银装素裹的东北齐齐哈尔，一路延伸至世界屋脊的西藏林芝。无论冰天雪地还是莽莽高原，列车始终以安全可靠的性能为乘客提供舒适便捷的出行体验，这一切都得益于中国高铁技术的不断突破：自动化防冻结系统、双动力牵引模式、一体化不间断自动供氧技术……每一项技术的创新都让"流动的中国"焕发出勃勃生机，也将"革故鼎新"的社会观深深铭刻在了中国式现代化发展的奇迹中。

而第七集节目中出现的徐工集团，从 1992 年在第 23 届慕尼黑宝马展上的"无人问津"，到如今在全球工程机械领域位列前茅，其变化或许可以说是中国现代工业技术发展的缩影，其研制的轮式起重机一次次刷新"全球第一吊"的纪录，其首创的大载荷独立悬架等技术领先于全球，为重载行驶的轮式起重机行业填补了应用空白，所依靠的正是锐意进取之下的技术攻坚。徐工集团坚持将发展进步的命运牢牢把握在自己手中，它的崛起之路便是对"自强不息"道德观最生动的演绎。……这些跨越时间与空间的场景交错相织，让节目展现出东方智慧在社会各个方面的延伸，赋予了文化表达更广阔的视野和更丰富的内涵。

跨文化对话的旨归，从来都不在于比拼谁更强大，而在于能否在彼此的交流中产生共鸣，在差异中发现美好。而这种对话的发生只有定格在情感上，才能带来真正深刻的感悟和理解。《中国智慧中国行》（国际版）让理论走出典籍，成为个体的真实经验，也成为视听的审美享受，这或许正是这档节目的魅力所在——让文明在具体的人身上相遇，让思想在鲜活的故事中生辉，更让东方智慧在近距离的对话中触达海外受众，实现东西方的文化交响。

第三节 多元化表达与传播实现互惠性理解

在数字新媒体迅速发展和全球性平台普及的今天，我们却面临着一个看似矛盾的现象：虽然信息与文化的流动空前便捷，但国际冲突与霸权主义的阴霾并未消散，我们正处在一个"通信便捷却又交流匮乏"的时代。这一现象恰恰印证了学者单波所强调的"互惠性理解"（reciprocal understanding）对建构跨文化传播关系的重要性。跨文化传播中的互惠性理解，绝不是在刻板印象、民族中心主义、意识形态等基础上达成的理解，而是强调文化观念的互相印证，努力基于生活事实与文化的动态发展所进行的对话式理解。① 这种理解框架具有重要的理论价值和实践意义，它并非一味强调差异，也不把相异的文化视为非黑即白的二元对立，而是倡导接受差异的对话式理解和互补性的知识建构。在这一语境下，有研究者认为，文化间持续生成的感性、理性，以及建设性的接触、认知和对话，或许可以构筑互惠性理解的通路。② 这为跨文化传播提供了新的理论视角和实践路径。要想达成互惠性理解，契合跨文化需求的节目传播策略十分重要，而其离不开对受众的深入研究。

近年来，中国国家形象在全球范围内得到显著提升，尤其是发展中国家民众对中国的好感度最高，中国被视为公平正义和责任担当的坚定实践者，这一形象在海外受到广泛关注，同时中国在国际事务中的建设性作用也获得了高度评价。根据 2021 年中国国家形象全球调查报告，越来越多的受访者认为中国的发展道路"能够解决一些国家面临的共同问题"并"对本国的发展具有借鉴意义"。在对中国形象的认可度方面，国际青年对中国的认可度持续上升，尤其是 18 岁至 35 岁的年轻人。他们不仅对中国的国内治理情况有深入了解并给予积极评价，还高度认可中国在全球治理中的贡献。与此同时，文明交流互鉴的重要性也得到了广泛认同。海外受访者普遍认为文明交流互鉴对个人（68%）、国家（65%）和全球治理

① 肖珺. 互惠性理解的通路 [J]. 跨文化传播研究，2022（01）：5-10.
② 肖珺，张毓强. 互惠性理解：当前跨文化传播实践与理论问题的探讨 [J]. 对外传播，2021（3）：68-72.

（66％）具有积极意义。特别是在发展中国家和 51 岁至 65 岁的受访者中，超过七成的人对这一理念的积极作用表示认可。了解"文明交流互鉴"理念的受访者认为，它"有助于应对当前全球性挑战"（54％），"是推动人类社会进步和世界和平发展的重要动力"（53％）。[①] 以上背景分析表明，《中国智慧中国行》（国际版）作为一档面向全球受众的文化传播节目，拥有庞大的潜在受众群体。

《中国智慧中国行》（国际版）的主要呈现形式是对话，对话依循理性搭建起基本的逻辑，而真正叩击心弦的永远是感官所触及的色彩和声音，以及它们交融出的情感温度。节目也在媒介形式的丰富性上下足了功夫，通过说文解字、情景演绎、歌舞表演、钤印留存等多种表现手法的有机结合，节目不仅承载了丰富的信息量，还极大地增强了内容的吸引力。这种多元的媒介表达通过不断创新拓展的传播，为海外受众提供了多感官、多角度的文化体验，进一步强化了情感的共鸣与共情效果，使海外受众在沉浸式的体验中能更深刻地理解中华文化的内涵与魅力，最终有效实现了面向海外受众的互惠性理解。

一、创新的美学呈现

美学传播在当下也是跨文化传播的重要路径，其核心在于通过艺术与审美的力量，超越语言和文化的界限，触动受众的心灵。以往的电视节目常常强调"崇高美"，力求通过宏大的叙事和壮丽的场景来展示国家的强盛与文化的辉煌。然而，随着全球传播环境的变化与受众审美偏好的多元化，单纯依赖"崇高美"已无法全面满足国际传播的需求，[②] 而是应当通过多重艺术形式和舞台设计，以"意蕴美"的传达作为抵达海外受众心灵的路径。

《中国智慧中国行》（国际版）以多元化的媒介表达方式，将文化信息通过歌曲、舞蹈和情景演绎等环节精心呈现，呈现出中华传统文化的意蕴

---

① 当代中国与世界研究院课题组，于运全，王丹. 展示丰富多彩、生动立体的中国形象——基于中国国家形象全球调查（2021）的思考［J］. 对外传播，2023（12）：32－35.

② 冷淞，蔺花雨. 视角重构与审美共情——融媒时代国际传播创新发展趋势研究［J］. 中国广播电视学刊，2024（09）：52－54＋63.

之美。这不仅增强了节目的艺术感染力，更通过选取共通性的文化符号（如视觉性、音乐性符号）有效解决了因文化背景差异带来的传播隔阂问题，最大限度地减少文化折扣与文化偏见。① 如第四集节目中的舞蹈《反弹琵琶》融合了古老的敦煌石窟艺术与虚拟现实技术，打造了一场如梦似幻的舞台表演，极大地丰富了画面的表现层次，使其成为舞台视觉设计的亮点。而敦煌舞本身又是"革故鼎新"的绝佳载体，通过字幕的解读，海外受众能从中意识到，这一独特的舞蹈类型本就是在继承传统的基础上，吸收、借鉴西域各民族舞姿，运用古典舞蹈的节奏韵律，将静止的姿态和与其风格统一的动作结合而形成的较为完整的舞蹈造型体系。由此，海外受众在欣赏之余，也能对"革故鼎新"这一东方智慧产生感性层面的认识。

节目还运用虚拟拍摄与制作技术创造出更多极具场景感、沉浸感的时空穿梭体验，使嘉宾和受众能够跟随节目的推进自由地进行情境穿梭，当舞蹈演员们在还原出的莫高窟及雄浑的大漠戈壁场景中伴着烘托气氛的背景音乐翩翩起舞时，荧屏前的海外受众也仿佛有一种身临其境之感。这类多模态视听美学的呈现有助于节目跨越政治、经济等现实壁垒，触动海外受众心底最深处的情感，让他们在文化交流中产生共情认知和共情表达。② 节目以独具的匠心巧思完美诠释了电视舞台美学，并以充满国风美感的视觉场和通俗易懂的传播方式尽展了东方智慧。

二、创新的文化表达

研究显示，中华传统文化是海外受众的兴趣焦点之一。③ 节目围绕中华传统文化进行了丰富的创新表达。中西方思维方式的差异，尤其是整体性、综合性与分析性、逻辑性思维的不同，也会影响着国际受众对内容的接受程度。④《中国智慧中国行》（国际版）在内容逻辑性与结构完整性上

---

① 黄楚新，邓钰琦. 传播仪式观视域下"一带一路"题材电视节目的创新路径——以文化类节目《美美与共》为例 [J]. 现代视听，2023（10）：68-71.

② 杨奇光，左潇. 国际传播中的共情：理论、策略与省思 [J]. 对外传播，2023（06）：35-39.

③ 张昆，张晶晶. 海外社交媒体用户原创内容中的国家品牌传播研究——以 Twitter 和 YouTube 上对李子柒的评论为例 [J]. 新闻与写作，2021（02）：67-76.

④ 张薇. 把握中国文化对外传播的"度""量""衡" [J]. 对外传播，2024（12）：62-66.

的处理，也体现了对海外受众思维方式的深刻理解与尊重。节目在涉及文化讨论时往往围绕一个主题展开，结合东西方对比加以层层递进，尽可能减少海外受众理解的难度。如第一集节目中探讨"孔子与伯里克利对'天下为公'的追求"时，节目展开了富有逻辑性的叙述：从二者思想的相似性，到同时代东西方对理想国家形态探索的相通之处，再到当时东西方类似的历史局限性——这一由人物到时代的逻辑被流畅地展开，有助于海外受众理解其核心内容。

在涉及展现中华传统文化的深奥内容时，节目往往通过海外嘉宾的"他者"视角，以海外受众易于理解的表达和接受方式加以呈现，放大其独特的魅力。如第七集《自强不息》中，嘉宾们关于中国古代著名典籍《周易》的解读，米哈里概述其为："这本书阐述的是人与自然、人与社会的辩证关系，把这些关系归纳成六十四卦"，而大卫则提到西方对《周易》的研究史："早在17、18世纪《周易》在西方已被翻译成多种语言，康德、莱布尼茨、黑格尔很早就开始研究《周易》。"再如第一集《天下为公》中，以一幅汉代画像砖的拓印图为引，主持人与嘉宾谈论起尧舜禅让的故事，安龙对此解读道："（这）传达的是天下是属于全天下人所有的，而不是一家一姓所私有的，这与'天下为公'的思想是一致的。"这些富于创新的表达方式不仅能满足海外受众对知识的诉求，还能引发他们产生对中华传统文化更为浓厚的兴趣。

从受众心理学来讲，大多数受众乐于接受轻松欢快的传播内容。富有创意、轻松有趣的文化内容更容易吸引受众停留和分享，并且能够让海外受众在轻松愉快的文化氛围中加强对所传播故事的认同感和参与感。① 外国嘉宾爱黎在节目中曾以法语歌曲的形式改编苏轼的诗句，让古典诗词焕发全新生命。这种新颖的演绎方式不仅展现了中国传统文化的独特魅力，也让外国受众以更亲切的方式感受其中的韵味与智慧。通过这类趣味性的内容表达，能够进一步拉近中华文化与海外受众之间的距离，让传播更加生动有效。

---

① 张铮，刘宝宇. 轻巧化传播：流行文化"出海"的策略与启示［J］. 对外传播，2024（06）：73-77.

创新的文化表达还体现在节目建构的文化仪式环节。詹姆斯·凯瑞在传播研究领域开创性地提出了文化研究路径，其著作《作为文化的传播》中提出的"仪式观"概念，为理解传播本质提供了全新视角。传播仪式观并不关注效果或功能问题，而是关注传播在建构人类行为中所扮演的角色；并不重视信息的传送或获取，而是着眼于仪式中某种戏剧性的行为。① 在"仪式观"的框架下，传播的核心在于参与和共享，是通过文化符号的互动来构建共同意义的过程，这一概念在《中国智慧中国行》（国际版）中得到了有效运用。节目设置"钤印留存"这一富有文化意蕴的仪式环节，每期尾声由主持人与嘉宾共同将刻有当期主题的钤印庄重落下，这一仪式化的场景不仅实现了意义的共享，更通过仪式的力量将屏幕前的海外受众纳入到文化共同体中，以激发他们深层次的情感共振。这种仪式化的传播方式，既彰显了中华文化的独特魅力，也印证了凯瑞的"仪式观"概念在当代文化传播实践中的理论价值。

三、创新的国际传播

随着移动设备的普及，传统的观看方式正在发生显著变化。相比于过去坐在电视机前观看长达半小时的完整访谈，如今在移动设备上浏览碎片化的短视频更符合现代受众的消费习惯。② 《中国智慧中国行》（国际版）在传播方式层面也运用了诸多创新手段，包括制作短视频发布在海外社交媒体上、增加与用户间的互动、本地化语言适配以及拓宽传播渠道等。

节目所制作的适合社交平台传播的短视频，在价值性和完整性层面都有着较高的水平，既能传递出深刻的文化内涵和思想精髓，同时也做到了贴合海外受众的文化认知与兴趣偏好。一般来说，受众出于对本地文化、语言、风俗等的熟悉，较倾向于接受与该文化、语言、风俗接近的节目内容。③ 因此，具有"文化接近性"的要素便是一块走近海外受众的"敲门

---

① 王晶. 传播仪式观研究的支点与路径——基于我国传播仪式观研究现状的探讨 [J]. 当代传播，2010 (03)：32 - 34.

② 崔炜，王立新. 新媒体时代新闻传播的"社交性"价值探究 [J]. 传媒，2022 (23)：87 - 90.

③ Straubhaar, J. D. (1991). Beyond media imperialism：Assymetrical interdependence and cultural proximity. Critical Studies in Mass Communication，8 (1)，39 - 59.

砖"，如短视频截取了"探讨西方神话中的诺亚方舟和中国寓言中的大禹治水"的节目片段进行重新剪辑后进行传播，直观展示了中西方文化对相似的自然灾害的不同理解与处理方式，进一步增强了对文化异同的呈现，也为面向海外受众的跨文化对话提供了话题指引。这样的内容不仅能引发海外受众的共鸣，也能让他们从自身的文化视角更好地理解东方智慧。

短视频在传播知识的同时还增强了互动性与趣味性，在内容中加入了提问、投票等互动元素，例如一则以"你知道马达加斯加的钱币上印着什么吗"为开头的短视频，通过"小百科"式的设问，引出印着中国杂交水稻的纸币，让网友从中看到中国对世界的影响与贡献，这无疑比平铺直叙对海外受众更具吸引力。短视频中幽默的语言、有趣的画面也能让海外受众在轻松的氛围里收获知识，有些还被配以背景音乐，让海外受众用短短一两分钟来体验满满的获得感，其感染力和传播效果也随之增强。这些涵盖了丰富多样主题的短视频在 YouTube、X、Meta 等多个海外社交媒体播出，构建起与大屏传播并行不悖的又一视觉场，引发海外网友的热烈反响。

无论是大屏传播还是短视频传播，往往容易被忽略的是语言的适配，国际传播内容一般通行的做法是用英语制作，但面向的海外受众却并非都是英语母语者。《中国智慧中国行》（国际版）针对非英语国家的受众，提供了多语言版本的视频内容，并且充分考虑不同国家和地区的文化背景与表达习惯，使内容更贴近当地受众的认知方式，不仅提升了内容的可接受性，还增强了受众的代入感，使视频内容能够更好地跨越文化差异实现有效传播。正因有着全球适配的语言版本，提升了视频内容在亚洲、欧洲、美洲等多个国家主流媒体平台播出对海外受众的触达效果。

《中国智慧中国行》（国际版）通过生动鲜活的故事、深入浅出的解读以及"他者"的视角，将东方智慧以更贴近海外受众的方式呈现出来，不仅让世界看到了一个真实、立体、全面的中国，也为海外受众提供了一个观察中国发展道路的新窗口，真正实现了文明交流的价值共享。大卫·弗格森表示："《中国智慧中国行》中，有大量的典型案例，每一个都令我印象深刻。当我跟随镜头在广袤的中国大地上穿梭，一个个生动的故事展现在我面前，我对于中国的认识就更加全面，对于中国制度优势的理解就更加深刻。"在 YouTube 等海外社交媒体的节目评论区中，来自世界各地的受众也纷纷留言表达他们的感受："I'm so moved by the kindness and compassion shown in the video. It's what the world needs more of. "（我被视频中展现的善良与同情深深打动了。这正是当今世界所需要的。）"I'm loving the emphasis on fairness and justice. Every country needs this!"（我非常喜欢对公平和正义的强调。每个国家都需要这样的理念!）这些真挚的反馈不仅体现了节目内容的感染力，更彰显了互惠性理解在跨文化传播中的实践价值。

文化传播不是单向的输出，而应是一场双向的奔赴；不是简单的文化展示，而应找到心与心相通的路径。互惠性理解就像一座桥梁，让不同文化在交流中彼此靠近，在对话中相互启发。《中国智慧中国行》（国际版）以开放的心态拥抱差异，以平等的姿态展开对话，努力在纷繁复杂的世界中寻求共识，找到全球价值与东方智慧的接榫点，真正实现东方智慧跨越语言界限、跨越文化隔阂、跨越偏见鸿沟的有效传播。

结语

JSBC 国际传播视觉场的重构

当本书即将付印的时候，正值习近平主席对马来西亚进行国事访问，他在马来西亚《星洲日报》等主流媒体发表的署名文章中指出，"中国文学、动画、影视作品等纷纷走进东盟国家，带去中华优秀传统文化和充满魅力的现代生活气息"，而由江苏卫视推出的《音你而来》第二季正在马来西亚录制并已上线播出，《星洲日报》等也对该节目的录制进行了全程报道，节目组参与当地电台的直播、路演视频在 TikTok 等平台实时更新。从第一季的泰国唱游到第二季的马来西亚路演，"音你小队"用音乐开启环球之旅，在这场跨越山海的采风中开辟了跨文化语境的交流声场，江苏广电也以具体实践成为推动中外文化交流的践行者。

同时，江苏广电与 A＋E 美国电视网络合作的《滚滚长江》正在后期制作，即将通过 A＋E 旗下历史频道播出，向世界讲述长江水系上那些绿色奇迹如何修复全球生态链，以人与自然的和谐故事来构筑全球价值共识；江苏卫视即将开拍的《中华书院》作为一档文化探访类节目，将用青春化、网感化的语态，以长视频综艺与"新国潮"内容产品的创新样态，向海外传播中华优秀传统文化；江苏广电与英国雄狮影视合作的《当苏格拉底遇上孔子》已经完成前期策划，将带领全球受众追寻两位东西方先贤在两千多年前的"轴心时代"如何共同构筑世界哲学的底色；江苏卫视正在策划的文化探访创演节目《戏韵乾坤》将以昆曲为原点，汇聚各大戏种名家，展现中国传统戏曲在美景、妙曲、名角三大元素交流碰撞下的焕新发展，向世界展示其以独特艺术魅力走出的一条活态传承之路……

古希腊哲学家赫拉克利特说"所有事物都是流动的"。从大陆板块的碰撞和生物种群的聚生，到开拓者们的环球探索和纵横海陆的经贸路线，再到文化科技的环流与会通，人类在流动中交汇出浩瀚的历史长河。如今全球受众在这些国际传播作品所构建的视觉场中，能够见证高度浓缩的人类文明交融的过程和成果，并正在共同迎来智能时代的拐点。

随着全球文化交融的不断深入，江苏广电也有越来越多的视频作品发往全球朋友圈，在不断壮大的声量中开启了国际传播视觉场的重构。2023年 7 月，江苏广电我苏国际传播中心成立，将江苏国际频道、紫金国际台、江苏卫视 YouTube 频道、我苏客户端等进行有机整合，形成国际传播融媒体矩阵，以立体的视觉场链接海外朋友圈，加强年轻态的话语表达，以视频内容和全球直播为特色，向世界呈现中国魅力在全球化语境下的新鲜绽放。

当全球进入数智时代，国际传播不再是媒体机构间的对话，更成为新媒体平台上民心民意的交流，海内外新媒体平台也越来越成为全球受众共享语境和价值交换的空间。在此大背景下，江苏广电深化融媒布局，于2024 年 5 月推出全新升级的"inJiangsu 我苏"新媒体平台，集网站、客户端以及七语种海媒账号于一体，不仅面向外籍人士提供一站式全场景服务，更成为全球化叙事的新坐标，也同步开启了数字化、智能化、移动化国际传播视觉场的重构。2025 年 3 月，梅耶·马斯克对着"inJiangsu 我苏"的镜头，侃侃而谈她的无锡之行，对中国发出阵阵赞叹。这条短视频吸引了海内外用户的点赞评论，而这只是"inJiangsu 我苏"用贴地感叙事展开国际交流的一个例子。

平台升级一年来，许多来自全球的政要、名人、青年精英等都曾通过"inJiangsu 我苏"，用亲切生动的语言讲述自己心目中的中国。"inJiangsu 我苏"还在标志性的中国文化节庆中搭建起中外价值共享与情感共鸣的视觉场，在中国春节成功申遗之际推出《全球纳福！书福中国年》短视频，邀请著名书法家孙晓云书写福字并进行文化解读，再借外籍小朋友之手，将福字送往全球，向海外传递"五福临门"的情感意涵。

江苏广电不只是中国创意的发生地，更进一步拓展国际影视版权发行网络，与全球同行共筑国际传播视觉场，将中国创意升华为全球灵感。多年来，在戛纳电视节等各大节展上，江苏广电都以"中国联合展台"的承办方或参与方的身份向世界输送中国创意。就在 2025 年首届伦敦电视节上，《音乐缘计划》的节目模式收获诸多海外公司的青睐。通过与全球行业翘楚的合作，江苏广电不仅为中国影视节目精准寻找到国际受众，更让中华文化深入传播到国际主流人群之中。

在重构国际传播视觉场的过程中，江苏广电一直致力于做好国际传播的"沟通者"和"连接者"，在对外交流活动中不断拓展海外朋友圈，影响有影响力的人。在伦敦电视节的 Mountbatten Room 会场，一场汇聚全球媒体精英的"对话中国"国际论坛热闹开启，论坛对全球内容合作展开趋势洞察、竞演分享与合作展望。江苏广电正是这场论坛和本次伦敦电视节"中国联合展台"的承办方,其通过融媒体矩阵让海外嘉宾对中国创意表达的赞许和期待得以广泛传播。

与全球文化交流的漫长历程相比,江苏广电与世界的对话只是历史长河上的一个时间切片,但从其视频作品在国际传播视觉场中传递出的丰富意涵以及全球响亮的呼应来看,这段历程显得富有创新力与塑造力,也留有隽永回响,并为后续构建更有效力的国际传播提供了路径参考与案例借鉴。

章节英文摘要

China in the Visual Field: A Case Study of JSBC's International Communication

Introduction

Visual Field: A Powerful Driving Force for International Communication

Chapter 1   Modernization Practices from a Developmental Perspective

Section 1: Reshaping China's Global Image through Dialogue

Section 2: Constructing Sino-Foreign "Historical Analogy" through Mutual Enlightenment

Section 3: "Soft Communication" of Modernization through Cross-Cultural Immersion

Section 4: Decoding China's Innovation DNA through "Legends" of Exchange

Chapter 2   Social Change from a Fluid Perspective

Section 1: Sensing the Flow of the Grand Canal through Immersive "Presence"

Section 2: Decoding Urban Development through Iconic Imagery

Section 3: Showcasing Living Heritage of Grand Canal Culture with Empathetic Storytelling

Chapter 3   Harmonious Coexistence from a Homecoming Perspective

Section 1: Reconstructing the Emotional Thread of Humanism through "Homecoming" Imagery

Section 2: Spinning the Cinematic Thread of Harmonious Coexistence through Ecological Stewardship

Section 3: Chinese Humanistic Spirit within the Globalized Narrative Framework

Chapter 9 Civilizational Mutual Learning from an Integration Perspective
Section 1: Weaving an International Space for Cross-Cultural Dialogue through Literature
Section 2: Building a Ritualized Space through the "Island + Book House" Integration
Section 3: Expanding the Frontiers of Immersive Audiovisual Expression through Convergence-Driven Innovation

Chapter 10 Eastern Wisdom from a Cross-Cultural Perspective
Section 1: Exploring Governance and Leadership Wisdom from the Other's Perspective
Section 2: Facilitating High/Low-Context Transitions through Multidimensional Dialogues
Section 3: Achieving Reciprocal Understanding through Diversified Expression and Dissemination

Conclusion   The Reconstruction of JSBC's International Communication Visual Field

Abstract
References
Afterword

Introduction
Visual Field: A Powerful Driving Force for International Communication

Fluidity stands as a defining characteristic of the globalization era, unfolding the world before individuals with unprecedented breadth and depth. Since the advent of globalization, the flow of political, economic, cultural, and social elements across nations and regions has intensified worldwide. While this process has encountered occasional setbacks in its development, the overall trajectory reveals increasingly extensive and profound interconnections. Human destinies have become ever more intertwined, a reality largely sustained by communicative practices. Scholar Armand Mattelart traces the historical emergence of the term "communication" to the Enlightenment era in his work *The Invention of Communication*, referencing Denis Diderot's entry in the *Encyclopédie*. With the collision and convergence of diverse civilizations, the Cultural Other becomes increasingly embedded in individuals' daily lives, provoking new perceptions and imaginations of the world. This phenomenon elevates the relationship between Self and Other to a pivotal theoretical concern.

The Other does not exist as a natural given but is constructed through its dialectical contrast with the Self; nor does the Self emerge in isolation, but manifests through the mirroring of the Other. Their symbiotic coexistence thrives precisely upon difference—a duality that simultaneously serves as the wellspring of self-cognition and the catalyst for contradiction. Yet the erasure of difference would plunge the world into monolithic rigidity, where the Self, deprived of communicative referents, would wander lost in confines of homogeneity. In other words, it is the proliferation of Others different to the Self that constitutes the richness and diversity of the world. Thus, the Self-Other relationship transcends binary opposition, evolving as a dynamic process of mutual influence and co-construction. Through such interaction, their dialectical entanglement reveals itself: a co-evolutionary process where confrontation begets transformation, enabling the Self to surpass epistemological constraints by metabolizing difference. Within the wave of globalization, disciplines like international communication, which interrogate cross-cultural encounters and transnational information flows, find this tension between Self/Other and domestic/foreign cultural frameworks profoundly generative for epistemic innovation.

1. Visual Communication and Empathy

Media constructs technological and cultural frameworks enabling global interconnectivity. The pluralistic cultures of the Self and the Other manifest through the circulation of visual narratives, immersing digital-era individuals within a media-curated, multifaceted cultural panorama. Notably, in daily international communication practices, despite accelerated information velocity, expanded transmission scopes, and intensified intercultural exchanges, achieving genuine mutual understanding remains profoundly challenging. Contemporary cross-cultural communication increasingly intertwines with the formation of global power structures and international discourse authority. Subject to evolving geopolitical dynamics and persistent multicultural divergences, interacting parties frequently encounter "decoding discrepancies" in cultural exchanges. Transcending cultural predispositions and ideological frameworks through language commonality, anchoring information conveyance in shared experiential foundations, and cultivating shared emotional resonance hold critical significance for international communication efficacy.

Empathy, an innate human capacity, was first conceptualized as "Einfühlung" by psychologist Edward Bradford Titchener in his 1909 seminal work *Lectures on the Experimental Psychology of the Thought-Processes*. Subsequent advancements in measurement technologies and interdisciplinary research have progressively deepened our understanding of this concept. Early investigations, rooted in philosophical and phenomenological frameworks, primarily framed empathy as either a reactive resonance to others' affective states or a hermeneutic process of comprehending others' lived experiences. The advancement in cognitive neuroscience revolutionized empathy studies through neuroimaging techniques, which provided further physiological evidence. Contemporary interdisciplinary syntheses integrating cognitive science and psychological theories have further unveiled the multisystemic nature and temporal dynamics of empathy. Current models posit a tripartite processing architecture consisting of three stages including bottom-up affective arousal, top-down cognitive mediation, and metacognitive regulation. This dynamic sequence evolves through three developmental phases including empathic arousal, cognitive mediation, and projective response.

Empathic communication enables recipients to recognize their coexistence with Others, thereby generating compassionate engagement crucial for overcoming the "Speaking into the Air" phenomenon in communication. As the conceptual framework of empathy matures, communication scholars increasingly investigate how emotional sharing during information transmission enhances communicative efficacy. Psychological concepts of empathy primarily focus on interpersonal dynamics, specifically the affective resonance occurring when individuals directly confront Others or their situational contexts. Empathic communication introduces intermediate medium. This paradigm shift necessitates individuals to decode symbolic representations within media artifacts before establishing affective congruence with depicted Others or scenarios. Empathic communication extends beyond reactive emotional mirroring, incorporating collective emotional convergence when groups encounter mediated scenarios. This reconfiguration aligns with mass communication logic, where scenographic representation strategically cultivates similar affective states among audiences rather than relying on dyadic emotional transmission. In the digital ecosystem, empathic projection evolves into networked social practice. Users no longer experience emotional articulation in isolation but through participatory rituals—likes, comments, shared narratives. Digital platforms aggregate fragmented perceptions and make user-generated emotional comments undergo recursive reinterpretation, achieving emotional reamplification through ongoing interactive cycles.

However, constructing precise and mutually intelligible communication bridges through mediated semiotic systems across cultural groups entails significant challenges. From a semiotic perspective, communicative processes can be deconstructed as intersubjective symbol exchanges where addressers and addressees dynamically alternate as semiotic subjects and objects in perpetual encoding/decoding loops. Encoding denotes the process of transforming informational content into symbolic representations for transmission, while decoding involves reconstructing intended meanings from received signs. Human communication fundamentally constitutes a continuous encoding-decoding feedback loop. This analytical framework reveals the pivotal role of symbols as meaning-carriers in communication, with media functioning as semiotic vehicles whose symbolic payload critically determines communicative process and efficacy. Therefore, strategically leveraging various media in international communication contexts can catalyze transcultural resonance, ultimately realizing mutual understanding between people from different cultural backgrounds.

Shaped by factors ranging from lifestyle customs to thought patterns, different regions and ethnic groups have gradually developed distinct ideological systems and cultural frameworks throughout history. The symbolic systems across cultures also exhibit marked differences, which collectively impact the cost and efficiency of cross-cultural communication, often leading to the phenomenon of "cultural discount". Anthropologist Edward T. Hall's theory of high-context versus low-context cultures reveals how communication habits shape contextual preferences. When groups from differing cultural contexts interact, symbols originally rich in meaning can become cultural partitions, diminishing semantic value and weakening communication efficacy. This necessitates both the identification of cultural context levels in media content and the establishment of shared interpretative frameworks—common denominators of understanding between senders and receivers. In cross-cultural communication practices, narratives anchored in these universal symbolic frameworks can bridge cognitive gaps between communicators, mitigate misinterpretations, and foster intercultural recognition. Shared emotional archetypes serve as quintessential common denominators, allowing individuals across cultures to inherently grasp their communicative essence.

Storytelling serves as a vital approach to bridge cultural divides and foster cross-cultural empathy. Narratives employing the emotional framework of "meticulously planned journey of perseverance leading to triumph" transcend the constraints of high/low-context distinctions, demonstrating heightened capacity to resonate with global audiences and achieve optimal communicative impact. Through visual media practices, authentic human emotions are powerfully rendered, enabling audiences to accompany protagonists through transformative journeys from cultural resistance to acceptance and ultimately to identification. This narrative immersion facilitates vivid, intuitive comprehension of cultural realities and core values across civilizations, thereby actualizing genuine emotional synchronization among diverse cultural groups.

2. "Visual Field": An Important Pathway for International Communication

Among the diverse carriers of global communication, media, with their inherent fluidity, play an indispensable role in bridging the Self and the Other. Anthropologist Arjun Appadurai observes that in the era of globalization, people no longer merely inhabit "imagined communities" but increasingly dwell within "imagined worlds". With the continuous advancement of media technologies, text has ceased to be the exclusive medium for meaning transmission. Visual forms such as images and videos have emerged as crucial symbolic systems widely adopted in communication practices. Textual communication often relies on metalinguistic overlaps between communicators yet faces challenges in accurately conveying original intentions due to high interpretive costs and contextual ambiguities. These limitations may lead to semantic erosion or distortion during cross-cultural communication. In contrast, visual codes demonstrate inherent advantages in intuitiveness and universality. The multimodal communication framework combining visual imagery with textual perception facilitates more accessible comprehension and broader acceptance of information among global audiences.

From prehistoric rock paintings to printed posters of the industrial age, from meticulously crafted television and film imagery to user-generated short videos, the media of visual communication have undergone continuous evolution. Yet visual elements persist with their unique charm to transcend spatial-temporal boundaries and cultural divides, functioning as bridges for meaning exchange, and exerting themselves as fundamental to constructing, articulating, and transmitting meaning in the contemporary global context.

During the dynamic evolution of media technologies in global communication, television emerged as a defining chapter in this historical narrative. For an extended period, the extensive reach, deep penetration, and high transmission efficiency of television established its role as both a mirror and motor of globalization. Through its mediatory power, Cultural Others became no longer abstract constructs woven through textual fragments or static images. The organic integration of audiovisual elements created unprecedented sensory immersion for audiences. Within this multimodal system, verbal language assumes primary narrative functions while cinematic language operates through universally legible visual codes to compensate for high/low-context ambiguities inherent in verbal communication through concrete imagery. This synergistic complementarity between sound and image forms a highly promising ideographic system. Television transcends mere reality representation. Through curated framing, editing, and narrative orchestration, it builds hyper-realistic spatiotemporal constructs that surpass textual limitations. Within these mediated environments, audiences may have access to immersive experience of Cultural Others' lived realities, ideologies, and emotional landscapes. This immersive immediacy collapses the self-other dichotomy into unprecedented proximity, establishing television as a crucial intercultural bridge mediating between the Self and Cultural Others.

Within the global audiovisual ecosystem, television-dominant audiovisual works constitute a crucial "visual field". Psychologist Max Wertheimer, one of the founders of Gestalt Psychology, posited that certain parts of the "visual field" appear to cohere and to form units which tend toward maximal simplicity and balance, or toward the formation of "good form". Similarly, the "visual field" we examine coalesces through interdependent elements, with influential video works functioning as structural anchors. Taking television production as an example, creators orchestrate scene design, camera choreography, and light modulation into multimodal synergy—each visual element bearing distinct diegetic and affective loads while subordinating to holistic coherence to craft hermeneutic spaces that simultaneously maintain narrative continuity and adaptive flexibility, thereby enhancing viewer engagement, emotional transmission, and visual narrative. A mature television program inherently forms a miniature "visual field". If we compare a TV program to a tree, the theme acts as the central trunk, determining its overarching tone, structure, and narrative direction, and multimedia materials (archival footage, interview clips, data visualizations) function as branches and leaves, enriching informational layers and enhancing aesthetic appeal. These elements are not a disorderly accumulation but rather purposefully integrated through logical sequencing and dynamic arrangement. The final product presented to audiences—a polished television program—emerges as a "tree" synthesized from collaborative relationships of color palettes, lighting design, image composition, cinematographic techniques, and rhythmic pacing. Furthermore, the diversity of audiovisual genres and themes collectively forms a vibrant "forest" where countless such "trees" coexist, imbuing the entire "visual field" with vitality.

The "visual field" inherently encompasses interactive dynamics surrounding video works. With television programming serving as a paradigmatic case, this interaction operates in two ways. On one hand, television creators sustain ongoing dialogues across program creation, production, and distribution. Through appreciation and debates, these professional exchanges continuously refine program philosophies and elevate technical craftsmanship. On the other hand, audiences engage in interactions centered on program content. Modern viewers in the digital era have transcended passive viewership, with significant segments evolving into active co-creators—a phenomenon theorized by media scholar Henry Jenkins as "participatory culture" in his seminal work *Textual Poachers: Television Fans and Participatory Culture*. Originally analyzing fan communities' cultural production through collaborative interaction, this conceptual framework has emerged as a global cultural force with internet proliferation. For individuals, participation facilitates a deeper immersion in perceptual and cognitive engagement to activate emotional contagion and cognitive selection, ultimately catalyzing empathic synthesis at the conceptual level. Digital platforms materialize a spectrum of interactions, including comments and analysis through postings, commenting, and bullet-screens, as well as fan fiction and memetic remixes based on compelling plotlines. Audience interpretations are inevitably influenced by socio-cultural contexts, value systems, and aesthetic dispositions, generating heterogeneous perspectives that collide and coalesce to enrich the cultural connotation of the video works. This shared visual field catalyzes dynamic encounters, interactions and coexistence between cultural selfhood and otherness. As global audiences co-view programming, produce transnational adaptations, and engage in comparative reflections, they simultaneously interpret, contrast, and re-evaluate both their own cultural positions and those of others. Within the visual field, visual codes demonstrate formidable cross-cultural communicative efficacy and potential, actively catalyzing intercultural dialogue and symbiosis between distinct cultural entities. Through sustained and dynamic cross-cultural exchanges and co-evolution, these codes deepen mutual socio-cultural perceptions, thereby crystallizing a dual consciousness of local-global dynamics while profoundly advancing transnational cultural dialogues and reciprocal understanding.

In this context, the visual field serves as a convenient and intuitive interface for global audiences to access China's cultural ethos and social customs, offering multidimensional immersion into its diverse realities. The unity of this visual field synthesizes fragmented video narratives into a cohesive national identity, creating a distinct Chinese signature. In the meantime, high-caliber visual productions leverage universally legible visual language to bypass cultural-linguistic barriers, effectively minimizing interpretative variances while amplifying cross-cultural understanding among global audiences. The proliferation of emerging formats, exemplified by short videos, mini-dramas, and livestreaming, has further expanded the dimensional matrix of the "visual field", providing expanded pathways for telling China's stories with enhanced global resonance.

3. Visual Field Construction and Development History of JSBC's International Communication

As a provincial broadcasting pioneer in China's international communication landscape, Jiangsu TV Station, one of the predecessors of Jiangsu Broadcasting Corporation, also known as JSBC, has spearheaded global outreach since the 1990s. The establishment of JSBC in 2001 marked a strategic leap in building an integrated media ecosystem, enabling worldwide distribution of its video content through all-media communication systems.

Launched in 2004, Jiangsu International Channel became one of the first international channels on China's Great Wall TV Platform with overseas coverage. In 2007, JSBC established International Department to develop its international distribution business and had some positive outcomes, laying the groundwork for the 2011 founding of the international arm of JSBC, named Jiangsu Broadcasting Corporation International Co., Ltd., also known as JSBCI. Operating in tandem with the department, JSBCI now has an international distribution network covering more than 60 countries and regions, distributing nearly 1,000 hours annually of documentaries, variety shows, and other content to overseas platforms and international airlines.

Leveraging the international appeal of *Perfect Match (Fei Cheng Wu Rao)*, Jiangsu Satellite Channel, the leading channel under JSBC, expanded its global reach in 2012 via the Eurobird 9 satellite (covering Europe and North Africa) and DIRECTV (serving North America and parts of South America), while achieving full coverage in major Chinese-speaking Southeast Asian markets. The same year, it launched one of

China's earliest provincial YouTube channels, distributing hit shows like *Perfect Match, Who's Still Standing (Yi Zhan Dao Di), We Are in Love (Wo Men Xiang Ai Ba), Chinese Blind Date (Xin Xiang Qin Da Hui), People's Palate (Bai Xing De Wei Dao)*, and *The Shining One* (Shan Shan Fa Guang De Ni) to overseas audiences, significantly boosting JSBC's international brand influence through strategic content distribution.

In 2015, JSBCI and PCCW Media Limited from Hong Kong jointly established an omnimedia channel—now jelli. Transmitted through broadband Internet together with fixed-line, cable and mobile networks, the channel targets mainstream audiences in countries including Malaysia, Thailand, and Singapore. This initiative not only created an independent platform for overseas dissemination of JSBC shows but also secured its position among the most-subscribed platforms thanks to the high quality and influence of Jiangsu Satellite Channel's content. Additionally, JSBC launched the "China-Jiangsu Film & TV Week Silk Road Tour", organizing "Jiangsu TV Week" events with overseas mainstream media groups such as ABC in Australia and SIC in Portugal to showcase the image of modern China through international mainstream media platforms.

The global success of *Perfect Match* transformed the program into a cultural ambassador for China's modern social dynamics. This breakthrough catalyzed JSBC's establishment of a visual field for the overseas dissemination of its video content, and the evolution from adapting international formats to exporting original TV formats overseas. Over ten international co-produced documentaries have received prestigious international awards following their broadcasts on platforms like BBC World News and National Geographic. Through sustained participation in world's leading content markets and festivals, JSBC has demonstrated market-ready production capabilities, and developed strategic partnerships with nearly 100 international mainstream media outlets, exemplifying its transition from "going out" to "going in", namely from basic content export to embedded cultural influence.

(1) Original IP: From global success of *Perfect Match* to multidimensional breakthroughs

The international communication network serves as the foundation for building an international visual field and advancing cross-cultural communication, with the diverse and high-quality JSBC productions forming the core elements of the visual field. To enhance the efficacy of its international communication, JSBC prioritized the creation of original, globally impactful video content as a strategic starting point. By accumulating expertise in content creation, production, and distribution, it achieved a multidimensional expansion of its global influence. A prime example is the globally renowned dating show *Perfect Match*, launched in 2010. This program not only aired on television and digital platforms across the United States, Canada, Australia, Malaysia, Singapore, South Korea, and other countries and regions, but also hosted 20 overseas special editions, spanning over ten countries worldwide. Furthermore, it garnered extensive coverage from international mainstream media outlets like *Daily Mail*.

Later, JSBC further expanded the global influence of its emotional reality shows through a series of innovative programs. In 2018 and 2019, it launched *New Blind Date Times (Xin Xiang Qin Shi Dai)* and *Chinese Blind Date*, which showcased the evolving perspectives on marriage and relationships among China's younger generation to overseas audiences. These programs complemented its earlier efforts in celebrity-driven emotional content, such as the 2015 hit *We Are in Love* which was filmed partially overseas to serve as a cultural bridge fostering mutual understanding through cross-border storytelling.

Following the global success of its emotion-driven content, JSBC further diversified its international programming portfolio by launching niche genres spanning food, culture, and talent shows, thereby reinforcing its multi-dimensional overseas content matrix. *Memory of the Taste (Zui Ai Gu Xiang Wei)*, launched in 2018, reconnected overseas Chinese communities with nostalgic flavors through culinary journeys across China's regions, evoking profound sentiments of cultural belonging.

Beyond Show (Bai Bian Da Ren), launched in 2019, spotlighted extraordinary talents from around the world, offering a global stage for unsung performers to showcase their skills in a custom-designed competition format. In 2020, *Homecoming along the Yangtze River (Cong Chang Jiang De Jin Tou Hui Jia)* explored the Yangtze River as both a geographic and cultural icon, resonating with international audiences.

The same year, the sci-fi show *To Infinity and Beyond (Cong Di Qiu Chu Fa)* showcased China's burgeoning science fiction landscape. The following year, *People's Palate* redefined culinary storytelling by intertwining regional flavors with intimate human stories, forging a fresh dialogue with overseas audiences. In 2023, the show *Midnight Deliverymen (Zi Ye Wai Mai)* captured international attention with its documentary style and heartfelt portrayal of delivery riders' lives. In 2024, JSBC deepened its cultural diplomacy efforts with three landmark productions. *Chinese Practice with Chinese Wisdom (Zhong Guo Zhi Hui Zhong Guo Xing)* celebrated the enduring relevance of Eastern philosophy, blending ancient wisdom with modern global challenges. *Sailing along the Grand Canal (Qi Hang! Da Yun He)* immersed viewers in the living heritage and unique charm of China's iconic waterway, illustrating the protection, preservation and utilization of the Grand Canal. That same year, the third season of the literary series *Reading on the Island (Wo Zai Dao Yu Du Shu)* ventured to Greece, weaving China's profound literary traditions into the broader tapestry of world literature. The international dissemination of these programs has elevated JSBC's global influence through captivating audiovisual experience.

(2) TV formats: From adaptation to global distribution

JSBC has solidified its position as a content innovator by diversifying its video offerings while strategically transitioning from localizing international formats to exporting original formats through partnerships with overseas mainstream media groups. This evolution began in 2012 with *Who's Still Standing*, adapted from NBC's *1 vs. 100*, which expanded its overseas reach through annual World Elite University Challenge specials. In 2013, JSBC produced the licensed adaption of *Stars in Danger: The*

High Dive (Xing Tiao Shui Li Fang) based on the format of a German company, securing exclusive global rights to the diving competition format. In 2014, its German-inspired intellectual showcase *The Brain (Zui Qiang Da Nao)* drew participants from 60+ countries, propelling China's brainpower competitions onto the world stage. Meanwhile, the co-production *The Ultimate Group* (Zui Qiang Tian Tuan), developed with South Korean partners, introduced hybrid entertainment concepts that redefined cross-border creativity. In 2015, *A Bright World (Shi Jie Qing Nian Shuo)*, an officially licensed adaptation of JTBC's *Non-Summit*, became a YouTube sensation among global youth after launching multilingual versions.

JSBC has continuously upgraded hit international TV formats through localized adaptations, addressing gaps in China's domestic market while leveraging the global appeal of these formats to attract overseas audiences. While refining these adaptations, the group developed original formats that sparked international interest with its distinctive features, achieving groundbreaking exports of original TV formats. Notably, *Super Combat Teams (Chao Ji Zhan Dui)* was recognized by *TBI Vision* as one of the nine hottest formats at MIPTV and became the first Chinese original format to secure pre-sales in the United States and Europe in 2014. In 2018, *The Amazing Magicians (Chao Fan Mo Shu Shi)*, another JSBC original, marked China's first successful overseas format localization when its Vietnamese adaptation aired in the primetime slot on Sunday evenings on VTV3, Vietnam's national television channel.

Launched in 2021, China's first fully virtual variety show *2060* was hailed by a French media group as "an unprecedented genre of talent showcase" for its innovative integration of animated avatars and immersive stage performances. The same year, JSBC broke new ground with *The Shining One*, an original format spotlighted at MIPTV for its international adaptability, attracting the attention of numerous internationally renowned media companies while establishing its distinctive brand image.

(3) International co-production: From support provider to co-creator

International co-production serves as a vital pathway to enhance global communication efficacy. Through joint filming initiatives between Chinese and international partners, creators can identify shared creative themes rooted in common aesthetic sensibilities. By fostering dialogue within a unified emotional framework, such collaborations facilitate profound exchanges of cultural experiences, ultimately achieving intersubjective empathy and mutual understanding.

Over the past decade, JSBC has actively collaborated with global partners. In 2017, its co-produced documentary *Scars of Nanking (Nan Jing Zhi Shang)* with U.S. partners aired on the History Channel under A+E Networks, marking the first time a Western mainstream media outlet broadcast a documentary focused on the Nanjing Massacre. That same year, *Tales from Modern China (Ni Suo Bu Zhi Dao De Zhong Guo S3)*, created in partnership with UK-based Lion Television as the third co-production between both sides, showcased JSBC's evolution from a support provider in co-production to a collaborative creator. The documentary was co-developed from its conceptual stage with Lion Television and BBC's planning team, achieving a milestone as the first news documentary produced by a Chinese provincial-level media group to be simultaneously broadcast in the same version on a Western mainstream channel (BBC) and a domestic platform (Jiangsu Satellite Channel). In 2021, JSBC and Lion Television jointly produced *Fighting COVID-19: Life and Death on the Frontline (Sheng Si Qian Xian)*, a documentary employing a "1+2+N" multi-linear narrative structure and storytelling approaches favored by overseas audiences to share China's authentic pandemic response stories with the world. In 2023, JSBC partnered with National Geographic to produce *The Grand Canal: China and Its Wondrous Waterway (Yan Zhe Yun He Kan Zhong Guo)*, which aired on National Geographic channels, reaching over 170 million overseas viewers. These works, through diverse narrative perspectives and innovative storytelling methods, have provided new pathways for sharing China's stories with the world, presenting a more authentic, multidimensional, panoramic, and compelling image of China on the international stage.

To better interpret the dynamic correlations between international communication and video works and visual field represented by television programs, and to deepen the understanding of international communication's development pathway in the era of visual culture, this book selects ten representative audiovisual works from JSBC. Spanning diverse sociocultural themes, these works range from modernization practices in contemporary China to the individual struggles of ordinary people, from literary classics to Eastern wisdom, and from trending music to culinary culture, while also exploring workplace competition and collaboration as well as romantic relationships and marital dynamics, demonstrating significant influence in JSBC's international communication development trajectory.

This book centers on the analysis of these audiovisual works, focusing on how JSBC employs meticulous theme selection, cultural symbol refinement, narrative construction, and innovative communication methods to present Chinese stories in a more vivid, dynamic, and globally impactful manner. Through systematic analysis of these programs, it aims to uncover core strategies and practical pathways for video works in international communication, offering both theoretical foundations and actionable insights for effectively conveying China's narratives. The theoretical framework of international communication encompasses multidisciplinary perspectives such as journalism and communication studies, sociology, and visual culture research, providing diverse analytical orientations for systematic categorization and interpretation of video works. Methodologically, this book adopts a variety of research approaches, including content analysis, case study analysis, and comparative analysis, to conduct comprehensive and in-depth exploration of the aforementioned audiovisual works across multiple dimensions.

This book employs the core concept of the "visual field" to analyze audiovisual works, extending beyond conventional approaches that focus solely on thematic creation and presentation strategies. Guided by an "element-to-whole" interpretive framework, the analysis unfolds across three levels: micro, meso, and macro. At the micro level, the book dissects the narrative structure, visual symbols, and emotional expression of individual video works, providing valuable reference models for creative practices. At the meso level, it examines a series of programs across diverse genres, focusing on production and dissemination strategies specific to each genre, while exploring their unique narrative perspectives and pathways in effectively telling China's stories. At the macro level, the book synthesizes comprehensive analyses of multiple audiovisual works to reflect on the global dissemination landscape of Chinese video content, critically engaging with emerging dynamics, challenges, and trends in international communication, and exploring how audiovisual language can shape national image and foster cross-cultural dialogue and understanding. Additionally, the book extends its inquiry beyond program content to address the cultural logic, communication strategies, and audience psychology. By constructing a multidimensional analytical framework that balances theoretical depth with practical relevance, it offers novel perspectives and methodological support for studying the international communication of video works.

In summary, this book utilizes vivid case studies from JSBC to examine how audiovisual language is constructed through narrative orchestration, visual design, filming techniques, as well as post-production and special effects. These elements collectively set the tone of video works, unveil the multifaceted dimensions and cultural uniqueness of Chinese society, and create a credible, lovable and respectable image of China. As these video productions reach global audiovisual platforms, the book further investigates how their aesthetic dimensions transcend cultural and linguistic barriers, enabling worldwide audiences to perceive the profound humanistic ethos and Eastern aesthetic philosophy embedded within. By fostering emotional resonance and forging universal connections, such works not only build bridges for global cultural exchange but also emerge as pivotal forces in advancing international communication and cross-cultural comprehension.

Chapter 1
Modernization Practices from a Developmental Perspective

How can the shaping of China's image in the visual field achieve profound cultural resonance through dialogue with the world, thereby constructing a cultural common ground within intercultural interaction? The documentary series *Tales from Modern China* (2017), co-produced by Jiangsu Broadcasting Corporation and British production company Lion Television, exemplifies this innovative approach to international communication. By initiating cross-cultural dialogues between Eastern and Western perspectives within a global framework, it pioneers a collaborative model for building cultural common ground through visual storytelling. Featuring four international hosts with diverse backgrounds, the series fosters an equitable creative exchange while proactively presenting the image of a developing China to the world. Its premiere has reached over 200 countries and regions, attracting nearly 100 million overseas viewers and 40 million online engagements.

Adopting a "developmental perspective" to build bridges of cultural understanding between the East and the West, the English title *Tales from Modern China* subtly conveys the "Chinese legend"—how China compressed two centuries of Western industrialization into decades of high-speed growth, transitioned to high-quality development, and balanced tradition with modernity. This narrative framework vividly illustrates the evolution of Chinese path to modernization in the context of globalization.

Section 1: Reshaping China's Global Image through Dialogue

The series positions China within a global context of multicultural collision and fusion. By selecting culturally resonant narratives, hosts, stories and perspectives, it achieves deep cultural symbiosis. The four international hosts, acting as "cultural others", facilitate confidence-building through external validation. Twenty-four stories, representing the greatest common ground of Sino-foreign cultural values, answer the questions of "What defines modern China?" through awe-inspiring revelations. Its groundbreaking innovation lies in starting with globally familiar elements—cases or viewpoints with inherent cultural commonality—to uncover unexpected contrasts, then reconstructing deeper shared values.

Each story highlights China's developmental transformations under globalization, seeking resonances between Chinese path to modernization and global aspirations, and exemplifying how globally leading development models and technologies are uniquely adapted with distinctive Chinese characteristics. By showcasing stories of China's synchronized or even pioneering advancements, the visual field constructed by this series imprints China's modernization journey with compelling authenticity in Sino-foreign dialogues under the context of globalization.

Section 2: Constructing Sino-Foreign "Historical Analogy" through Mutual Enlightenment

Rather than shying from developmental challenges, the series focuses on China's wisdom-driven solutions. While constructing a "reflection" of China as a modernizing power, it simultaneously offers a "historical analogy" for other nations, offering a reference framework for the Chinese model. The construction of such a culturally shared visual field further highlights the value of the documentary. While presenting China's approach to ecological governance, the documentary focuses on distilling and conveying the underlying philosophy behind its practices, enabling global audiences to better understand and appreciate the values driving China's vigorous promotion of ecological civilization, identifying universally resonant principles of sustainable development, and fostering cross-cultural dialogue and mutual learning between China's experience and global best practices. Practices like "Ice and snow are as valuable as gold and silver" demonstrate how sustainable development generates endogenous momentum through virtuous cycles. These visual narratives present a harmonious coexistence model of tradition and modernity for global reference. Through this narrative framework, the documentary provides global audiences with a historical analogy of the Chinese model. By foregrounding the authentic voices of ordinary people, it conveys universally resonant values and the shared ethos embedded within these stories.

Section 3: "Soft Communication" of Modernization through Cross-Cultural Immersion

Tales from Modern China employs emotionally resonant, interactive storytelling—"soft communication"—to dismantle East-West cultural barriers. Anchoring China's modernization narrative in everyday life, it invites global audiences to join four international hosts in cross-cultural immersions: sharing meals, working together, and witnessing transformative moments with ordinary Chinese. This approach reveals how ordinary Chinese unite to reshape their lives through collective passion, building cultural bridges via emotional bonds. The series' narrative logic—"tracing contemporary lifestyles to traditional practices, then distilling enduring values"—aims to achieve "soft communication" by fusing hosts' reflective voiceovers with philosophical insights.

While chronicling China's rapid progress reconstructs its image as a rising power, emphasizing the "unchanging core" amid transformations—the adherence to ideals and beliefs—highlights China's spiritual legacy as an integral identity component. Through authentic stories, heartfelt sentiments, and firsthand experiences, this "soft communication" visual field interprets China's narrative through universally shared values, striving to build positive sentiments towards China among overseas audiences.

Section 4: Decoding China's Innovation DNA through "Legends" of Exchange

The series constructs cultural commonality through emerging cultural symbols born from China-global exchanges. By guiding global audiences to witness the developmental vitality sparked by cross-cultural collisions, it illuminates China's innovation DNA while fostering cultural identity. Rather than portraying China's evolution in isolation, it showcases through relevant cases innovation shaped by East-West cultural synergy, reflecting both China's cultural confidence and respect for global diversity, and fostering a sense of familiarity among overseas audiences.

A segment on digitizing traditional culture, exemplified by an interactive Chinese character workshop, reveals the living dynamism of Chinese characters. This not only answers global curiosity but prompts reflections on preserving cultural roots in the digital age. Starting with "Eastern legends" that captivate global audiences, the series distills unfamiliar civilizational genes, vividly portraying their continuity in Chinese modernization drive. Ultimately, it achieves "externally validated" Chinese image-building through civilizational dialogues in the global visual field.

Chapter 2
Social Change from a Fluid Perspective

Premiered on Jiangsu Satellite Channel in 2023, *The Grand Canal: China and Its Wondrous Waterway* is a documentary co-produced with National Geographic where American historian Andrew Field observes the cultural heritage and social change along the Grand Canal from the Other's perspective. On May 24, 2024, *Sailing along the Grand Canal* was premiered. This cultural exploration program weaves expert insights into its narrative, offering audiences an immersive experience rich in culture and knowledge.

The two programs complement each other through their differentiated narrative perspectives. The former skillfully employs the Other's perspective to transform the story of the Grand Canal into a universally accessible narrative, aligning with international audiences' expectations and lowering cultural decoding barriers. The latter leverages the depth of expert analysis to guide both domestic and global audiences through tangible artifacts and imagery to uncover the canal's deeper cultural essence. Together, they turn the Grand Canal into a dynamic visual field, continuously evolving across time and space.

Section 1: Sensing the Flow of the Grand Canal through Immersive "Presence"

The two programs utilize innovative storytelling techniques to present the canal's water management projects in a seamless and multidimensional way. These programs not only systematically outline key historical and modern water conservancy feats along the canal but also deepen audiences' understanding through two experiential pathways. On the one hand, the firsthand experiences of guests offer a direct perspective on the operation of canal locks and sluices. On the other hand, expert interviews provide in-depth analysis of engineering principles and technological innovations. This narrative development from experience to comprehension, from observation to understanding creates a layered and immersive visual field for communication.

While showcasing the modernization of China's water conservancy construction, both programs also explore the extraordinary ingenuity of ancient canal builders. This dialogue between past and present underscores the continuity of China's water resources management civilization and constructs a cross-temporal cultural visual field. The Other's perspective employed by the hosts further enables international audiences to transcend cultural boundaries and appreciate these extraordinary human-made marvels from the perspective of universal engineering aesthetics.

Sailing along the Grand Canal delivers a scholarly analysis of the canal's cultural significance as a vessel of civilization, while *The Grand Canal: China and Its Wondrous Waterway* captures the ancient waterway's enduring vitality empowered by modern technological advancements, as seen through the eyes of a foreign historian. When hundred-year-old ancient dams and modern canal locks converge in the same frame, and when the shots seamlessly transition between the ancient waterways and massive cargo ships, international audiences can intuitively grasp the timeless appeal of the Grand Canal.

Section 2: Decoding Urban Development through Iconic Imagery

A nation's progress is inseparable from its cities, and much of China's urban development narrative is written along the banks of the Grand Canal. Numerous cities emerged and flourished because of the canal, with their rise, decline and transformation mirroring deeper patterns of social and cultural evolution in China. Both programs extract iconic symbols of these cities, using striking imagery to decode their interplay of heritage and modernization, demonstrating how the canal injects vitality and momentum into urban development.

By anchoring storytelling in tangible cultural symbols, international audiences can better understand how China preserves its urban cultural signatures and roots amid its modernization drive, ensuring that historical heritage continues to shape urban identity, which precisely constitutes the most compelling narrative architecture in Chinese urban storytelling. The carefully selected imagery not only highlights the canal's historical ties to its adjacent cities but also presents a unique trajectory of China's urban evolution to global viewers.

The Grand Canal, as a witness to China's social changes, links past and present, reflecting the nation's urban growth and ecological preservation while shaping the lives of countless residents along its banks. By focusing on iconic urban imagery within the canal's modernization process, both programs illustrate how an ancient waterway has evolved into a driving force for social advancement. Their narratives document economic prosperity, cultural continuity, public well-being, and environmental improvements along the canal. Through vivid details and insightful analysis, they construct a bright, energetic, and dynamic visual field of social change for international audiences.

Section 3: Showcasing Living Heritage of Grand Canal Culture with Empathetic Storytelling

As a living cultural heritage, the Grand Canal is embedded in diverse material forms passed down through generations and imbued with distinctive spiritual and aesthetic qualities. Both *The Grand Canal: China and Its Wondrous Waterway* and *Sailing along the Grand Canal* excel in demonstrating the empathetic dissemination of Grand Canal culture through multi-layered narrative architectures. Through this strategy of empathetic storytelling, foreign cultural elements are infused with emotional warmth, breaking down cognitive barriers for international audiences and enhancing the programs' global reach and influence.

The Grand Canal: China and Its Wondrous Waterway employs a captivating layered narrative structure that builds up from craftsmanship to literature and to history, paired with firsthand experiences of guests, making intangible cultural heritage accessible and engaging. The canal's ties to renowned literary works further transform abstract cultural transmission into collective expression of the guests. This empathetic storytelling approach allows traditional crafts and literary heritage to transcend the label of otherness, constructing a visual field that enables international audiences to grasp the deeper logic of Chinese culture.

The program skillfully integrates cultural innovation practices within the Grand Canal's historical context, illustrating how historical spaces can be repurposed for contemporary cultural functions. This approach reflects a universal appreciation for urban memory preservation, enabling international audiences to see how China balances heritage protection and modernization in a philosophy that honors historical memory without being constrained by tradition, and embracing global experience while maintaining cultural identity.

Through multidimensional interplays of stillness and motion, *The Grand Canal: China and Its Wondrous Waterway* and *Sailing along the Grand Canal* profoundly depict the fluidity and continuity of this golden waterway. When international audiences witness the wisdom and courage of the Chinese people in navigating natural and societal challenges, and when they experience a cross-border aesthetic resonance, the Grand Canal becomes a tie connecting civilizations. This "flowing" visual field fosters deeper spiritual connections between different civilizations through shared experiences and empathetic engagement. In turn, this cultural exchange further enriches the contemporary significance of the Grand Canal as a "living and flowing cultural heritage".

Chapter 3
Harmonious Coexistence from a Homecoming Perspective

The Yangtze River, as the mother river of Chinese civilization, carries thousands of years of historical memories and cultural legacy. In 2020, Jiangsu Satellite Channel launched the social awareness reality show *Homecoming along the Yangtze River*. Against the dual backdrop of globalization and modernization, the program adopts the Yangtze River Basin as its narrative axis. Through multidimensional perspectives encompassing economy, ecology, and culture, it explores synergistic mechanisms for ecological conservation, cultural inheritance, and rural revitalization. From the source to the estuary of the Yangtze River, a splendid panorama unfolds with abundant natural resources, diverse cultures, and the hardworking spirit of local communities, vividly illustrating how China achieves harmonious coexistence between ecological preservation and cultural inheritance during its modernization drive. Employing the heartfelt narrative of "homecoming", the program resonates emotionally with domestic and international audiences, awakening their rich imagination and visual field for global audiences with the cultural symbol of the Yangtze River as a shared human heritage.

Section 1: Reconstructing the Emotional Thread of Humanism through "Homecoming" Imagery

The program anchors the genesis and culmination of emotions in the "homecoming" motif, reconstructing the geographical, emotional, and communal spatial experiences, to holistically interpret the concept of "homecoming" through the visual field created by multi-layered audiovisual narratives. Guided by guest participants, audiences immerse themselves in the developmental trajectories of cities and villages along the Yangtze

River, enabling them to perceive the universal yearning for homeland through immersive storytelling, while evoking their reverie of the Yangtze River's majesty and reanimating collective memory of its cultural imprints.

Through geographical "homecoming", the program positions guest participants as "returnees" embarking on a "homecoming" journey, where cameras capture intimate interactions between them and their ancestral territories. This visual chronicle reveals the warmth and cultural richness of their hometown, immersing domestic and overseas audiences into the landscapes where these guest participants grew up. On such basis, the program uses the "primordial imagery" of residential geographical locations as a catalyst to activate fragmented memories of multi-scenario experiences among both participants and spectators, thereby constructing a psychological archetype shared by both domestic and global audiences.

Through psychological "homecoming", the program anchors its narrative in emotionally resonant stories of ordinary people. By integrating regional cultural heritage with modern lifestyles, it constructs a dual journey of physical and spiritual homecoming, fostering a collective emotional space for domestic and global audiences.

Through cultural "homecoming", the program transcends conventional geographical boundaries by fostering dialogues between historical legacies and contemporary realities to reconstruct a spiritual cartography of Yangtze River culture that embodies both profound historical depth and vibrant modern vitality. Through systematic decoding of the cultural DNA embedded in both tangible and intangible heritage across the Yangtze River Basin, the program not only illuminates the cultural allure of this ancient civilization for global audiences but also constructs an intercultural bridge between Eastern and Western traditions, fostering mutual understanding and respect between diverse regions and cultures.

Section 2: Spinning the Cinematic Thread of Harmonious Coexistence through Ecological Stewardship

The program meticulously documents humanity's dynamic journey in ecological stewardship, immersing global audiences in breathtaking natural landscapes while revealing the symbiotic interdependence between humans and nature. Through a humanistic perspective, it captures the poetic existence of riverside communities nurtured by the Yangtze River, cultivating profound emotional bonds between guest participants, audiences and the river. This narrative framework demonstrates how urban centers along the Yangtze synthesize traditional customs with contemporary innovations, while showcasing models for developing cash crop industries alongside ecological preservation to achieve balanced coexistence.

The program employs polyphonicnarration, methodically progressing from natural landscapes to cultural practices and ecological systems. Through panoramic aerial cinematography, it maps vertiginous gorges, serpentine waterways, and virgin forests in the Yangtze River Basin, while profiling the unsung eco-custodians safeguarding this biosphere. These stories construct a visual field of harmonious coexistence between humans and nature, asserting ecological preservation as a non-negotiable civilizational imperative rather than discretionary choice. Not only does it showcase the seamless integration of traditional customs with modern vitality along the Yangtze River Basin but also illuminates how its co-evolutionary human-nature symbiosis offers invaluable experience and exemplary models for global ecological stewardship.

Section 3: Mapping the Microcosm of the Yangtze River Basin with Bountiful Produce

Through documenting the growth, flux, and transformation of the bountiful produce in the Yangtze River Basin, the program maps a microcosm that transcends geographical constraints by strategically curating regional terroir and culinary heritage through immersive storytelling, while spotlighting ecologically viable produce that embodies both cultural authenticity and market viability for live-stream commerce initiatives. By interweaving natural endowments with ancestral ingenuity, it constructs a value chain and a visual field where local delicacies are transformed into globally circulating commodities. The program adopts the firsthand perspectives of those living beside the Yangtze River, authentically presenting what they see and encounter along its course. It allows both Chinese and global audiences to gain a vivid glimpse of the region's rich diversity through micro-level narratives, weaving cultural memories of the Yangtze while propelling its significance as a global cultural emblem. By showcasing the harmonious coexistence of ethnic groups within the river basin—communities that thrive in a pattern of "broad integration with localized cohesion"—the series provides a vivid illustration of the "unity in diversity" structure of Chinese civilization.

Section 4: Crafting a Multimodal Narrative of Civilizational Heritage through the Fusion of Ritual and Art

Homecoming along the Yangtze River employs micro-narratives to illuminate macro-level understanding, tracing history through the distinct cultural heritage along the Yangtze River while resonating deeply with audiences through unique life experiences of ordinary people. The program unfolds like a scroll painting interwoven with numerous intangible cultural heritage elements, revealing to global viewers the profound historical and cultural essence of China's Yangtze River—embedded in its artifacts and embodied in its people. By presenting the visual field of intangible cultural heritage (ICH), the program seamlessly bridges ICH preservation with the branding of the Yangtze River. Through rich audiovisual storytelling, it strategically engages the emotions of global audiences, leveraging Chinese cultural motifs as a medium to forge a cultural pathway bridging local and global contexts. This ecology-rooted and narrative-driven communication model offers a replicable paradigm for the global communication of Chinese culture.

Anchoring itself in the Yangtze River as a global cultural icon, the program transcends traditional geographical chronicles of factual programs. Through interwoven narratives across economic, ecological, and cultural dimensions, it initiates a profound dialogue on civilizational continuity within the Yangtze River Basin, fostering cross-cultural emotional empathy and offering global audiences a window to understand modern China. By translating core themes of Chinese path to modernization into relatable human stories and localized experiences, the program adopts a multi-layered communication strategy blending cultural exploration with live-stream commerce. This approach not only showcases the natural resources and cultural heritage along the Yangtze River but also highlights China's "teach-a-person-to-fish" philosophy through poverty alleviation case studies, conveying to the global community the sustainable development ethos embedded in China's anti-poverty practices.

Chapter 4
The Aspirations of Everyday People from a Humanistic Perspective

In 2023, Jiangsu Satellite Channel launched *Midnight Deliverymen*, a humanistic factual television program. The show adopts a unit-based narrative structure, with each episode featuring three delivery riders as the primary subjects, interwoven with glimpses of other individuals' lives. The delivery riders serve as both the recorded subjects and observers of the social landscape. This storytelling approach ensures each narrative remains independent and complete while collectively portraying the broader life conditions of delivery workers. Through both individual portraits and a broader depiction of the collective, the program provides a dual-layered narrative. Approaching from a humanistic perspective, *Midnight Deliverymen* takes midnight as its entry point, using order-taking and delivery as narrative threads, with moments of humanity as its core. Not only does it delve into the bittersweet realities of delivery riders' lives, but through their eyes, it also captures the warmth and resilience of society, mirroring the way of the world. This vivid portrayal presents both domestic and global audiences with a three-dimensional, lived-in tapestry of Chinese social dynamics and the tenacious spirit of ordinary people striving for better days.

Section 1: Illustrating a Collective Portrait with Documentary Techniques

Authenticity is the most defining characteristic of *Midnight Deliverymen*. The program's footage is devoid of scripted elements, instead documenting real people in real environments, experiencing real events and expressing genuine emotions. This raw authenticity gives the program a distinctive sense of realism, making it feel more immediate and engaging. Its fast-paced storytelling aligns with the core characteristics of mainstream documentary programming—tightly woven narratives and deeply tangible realism, catering to the aesthetic preferences of global audiences. The program, through emotional storytelling, conveys uplifting values to international viewers.

Throughout the episodes, numerous moments capture delivery workers extending a helping hand to those in need, transforming them into messengers of warmth and positive energy. These moments reflect the dynamism of Chinese cities, the orderliness of society, and the optimistic spirit of its people. For both domestic and international audiences, these stories highlight universal values such as kindness and mutual assistance. By constructing a visual field that fosters emotional connections beyond borders, the show helps break down cultural barriers, replacing unfamiliarity with empathy and resonance.

Midnight Deliverymen embraces an innovative approach to documentary aesthetics, striving to capture life as it unfolds in an uncontrolled, real-time setting. The program makes extensive use of site sounds, such as capturing the notification chimes of new orders, the rush of wind as riders speed through the streets, the urban noise on the road, and the affectionate conversations between riders and their families. These details heighten the sense of immediacy and authenticity, making the unembellished visual presentation a signature of the show. Additionally, the program employs storytelling techniques that are easily digestible for international audiences. While maintaining a commitment to objective and truthful documentation, it ensures a succinct narrative flow. Through an emotionally rich visual field, the show presents a modern China full of warmth and vitality to viewers worldwide.

Section 2: Picturing a Social Tapestry with Midnight Stories

Midnight Deliverymen breaks conventions by focusing on the late-night hours, revealing unseen facets of urban life and offering viewers a fresh perspective on their cities. This approach not only highlights the lives of delivery workers but also reveals the pulse of the city's nocturnal energy. The program spans over 20 cities, constructing a panoramic view of China's nighttime economy through a narrative framework that blurs geographical distances. Midnight becomes a unique prism through which to observe economic vitality, while the routes taken by delivery riders shed lights on nightlife consumption patterns.

While telling the stories of delivery workers, the show also delves into the everyday lives of Chinese residents. Viewers are immersed in the riders' perspective as they take orders, make deliveries, and participate in social interactions. The cities at night appear starkly different from their daytime counterpart. With multidimensional perspective, the program vividly captures various social groups' midnight experiences, portraying diverse nighttime consumption scenes. Through this carefully constructed visual field, viewers gain insights into nighttime vibrancy.

With midnight happenings as the entry point and observational documentation as the foundation, *Midnight Deliverymen* fills a creative gap by looking into the food delivery industry and the nighttime economy. Employing real-time filming, minimalist editing, and an observational approach, the show presents the dedication and resilience of delivery workers and an urban landscape that transforms after dark, and highlights the reliability, diligence, and determination of everyday people. Through the eyes of these delivery workers, the program allows international audiences to witness the multifaceted and dynamic vibrancy of Chinese society at night.

Section 3: Narrating Aspirational Journeys from a Humanistic Perspective

Midnight Deliverymen is a fusion of documentary realism and warmth, capturing the late-night hustle of delivery workers while integrating emotional elements that convey a sense of human compassion and the resilience and determination of ordinary citizens. The cities' livelihood is skillfully preserved in the visual field for audiences at home and abroad who could gain a deeper understanding and empathy for the ordinary Chinese people who work tirelessly through the night in pursuit of their dreams.

The personal aspirational narratives: The show employs a neo-humanist storytelling core, portraying delivery workers' professional journeys through a grounded and intimate lens. Using delicate visual language, it transforms their everyday lives into multilayered poetic narratives, encouraging a contemplative viewing experience, thus maximizing empathy among global audiences.

The family-oriented narratives: Rooted in relatable themes of everyday life, the program explores the role of family support in the aspirations of delivery workers from a humanistic perspective with delicate brushstrokes. By depicting their pursuit of a better life with the backing of loved ones, the show resonates with international viewers' intrinsic feelings toward family and dreams.

The altruistic narratives: The program presents uplifting, selfless acts in a narrative style optimized for international communication, allowing global audiences to engage with and interpret these stories on their own terms. This approach minimizes cultural discounting and helps viewers find common ground with their personal pursuit of growth and community.

Through authentic documentation, multiple narrative perspective, and emotional appeal, *Midnight Deliverymen* strings together over 20 inspiring delivery riders' stories. The program follows a "small perspective, big resonance" approach, culminating in an overarching reflection on individual aspirations, collective identity, and spirit of the times. By adhering to a realist film-making philosophy, the show aligns with the current trend of humanistic storytelling that reconnects with the essence of everyday life, captures the pulse of modern society, and reflects the hearts and minds of the people. This strong alignment with global audiences' cultural aesthetics offers an innovative model for sharing China's stories with the world.

Chapter 5
Youth-Oriented Programming from a Cooperative-Competitive Perspective

Since its launch in 2014, *The Brain* has set the benchmark as China's first large-scale science competition reality show. Showcasing scientific exploration and intellectual prowess, the program has made science popular entertainment. Launched in 2021, *The Shining One*, a workplace reality show using the finance industry as a narrative lens has pioneered a knowledge-driven approach to workplace reality programming. Both programs innovatively employ a cooperative-competitive format, engaging international audiences with their compelling narratives and universal values. Through these productions, overseas viewers gain a deeper appreciation of Chinese youth's ambition and talent—elements that collectively shape a dynamic visual field infused with youthful energy.

Section 1: Factual Documentation of Multidimensional Competition in the Global Media Landscape

Unlike conventional competitions focusing solely on intellectual prowess, *The Brain* integrates a tiered challenge design with a symbolic award system, creating an arena where intelligence serves as capital. This approach not only heightens participants' motivation but also maximizes their cognitive potential through a scientifically designed competition format. The performance of the players in extreme challenges highlights the exceptional analytical and adaptive abilities of Chinese young people, offering international audiences a new perspective on their problem-solving skills and innovative thinking, aside from their solid knowledge foundation. Through an escalating series of intellectual trials, *The Brain* reveals the formula for success in a globalized competitive environment—intelligence combined with strategic acumen, presenting to global audiences a dual exploration of intellectual competition and the frontiers of human cognition.

The Shining One places professional competition within a real sociocultural environment, using a slice-of-life narrative to provide a prism for multifaceted observation. The finance industry, with its stringent rules and high-stress conflict environments, offers a natural backdrop for compelling storytelling. The production leverages globally recognized logic and visualized task design to facilitate visual storytelling by breaking tasks into steps and thus lowering cultural barriers for international audiences. The documentary-style cinematography captures young talent navigating the challenges of employment and internship, using authentic details to depict the emotional highs and lows of the workplace and create a visual field that resonates with international audiences. This immersive approach visually reveals young professionals' onboarding journey while immersing viewers in authentic workplace competition.

Through a multidimensional competitive narrative achieved by the integration of rule design, emotional resonance and cultural adaptability, the two programs render competition dynamics and their essence through groundbreaking visual language, successfully transforming the universal desire for accomplishment into an engaging and socially meaningful viewing experience, awakening international viewers' curiosity about China's evolving social landscape, particularly the life of its youth.

Section 2: Exploring the Essence of Cooperation in a Globalized World

Both programs explore the essence of cooperation through three core principles: goal alignment, complementary strengths, and rule-based consensus, revealing the dialectical relationship between individual excellence and collective wisdom in modern competition. In *The Brain*, collaboration is a tool for pushing cognitive boundaries, requiring strategy shifts to overcome abstract challenges. Meanwhile, *The Shining One* highlights social survival skills in real professional settings, balancing individual ambition with group efficiency, mirroring real-world workplace dynamics and enhanced alignment with the practical logic of social collaboration.

The two programs construct collaborative narratives through synergistic coordination, demonstrating how cooperative spirit, rooted in universal human emotions and values, effectively resonates with global audiences. The embedded elements of devotion and responsibility within such collaboration align with cross-cultural altruistic tendencies, enabling transcultural affective resonance. Additionally, by intertwining collaborative tasks with the career development of youth, the programs portray the beauty of youthful endeavor for international audiences. The exploration of collaborative ethos constitutes essential metaphors within the visual field: trust as the cornerstone, communication as the bridge, and complementarity as the strength.

By emphasizing intellectual independence alongside teamwork of Chinese youth navigating challenges, *The Brain* and *The Shining One* reinforce the globally recognized ideal of self-transcendence, resonating strongly with international viewers. Furthermore, their cooperative-competitive philosophy echoes the Chinese cultural concept of "harmony in diversity", presenting it through a refined artistic embodiment. This narrative framework not only conveys its practical significance to international audiences but also invites audiences from different cultural backgrounds to reinterpret it through their own perspectives. The programs' underlying messages manifest profound and multifaceted significance in contemporary society, with applicability spanning not only micro-level individual interactions but also extending to macro-scale architectural frameworks of international relations.

Section 3: Visual Excellence in Shaping Youth Role Models

As science competition and workplace reality shows, *The Brain* and *The Shining One* share a fundamental commitment to authenticity, the essence of their genre. By capturing contestants' real-time performances and personal growth journeys, both programs successfully transform intellectually demanding or even boring subjects such as mental agility and financial expertise into emotionally compelling narratives in audiovisual forms. *The Brain* magnifies the pursuit of scientific exploration through intellectual coopetition, while *The Shining One* reflects professional success strategies through a workplace coopetition. Together, they construct a visual field of self-development for youth, where "individual competence" and "collaborative intelligence" shape emerging role models, providing a window into China's younger generation. Borrowing from international entertainment concept, these programs align with global audience preferences. Their emphasis on individual brilliance, team dynamics, and transformative growth is visually distilled to captivate and engage global viewers.

In a globalized world, *The Brain* and *The Shining One* create visual fields with cultural symbols to highlight the fearless competitive spirit, collaborative intelligence, and relentless pursuit of excellence of the younger generation in China. The underlying worldview that personal achievement thrives within a collaborative framework serves as a vital entry point for international audiences to understand the core concepts of Chinese culture, establishing an enlightening practical sample for cross-cultural communication.

Chapter 6
Evolving Marital Values from an Emotional Perspective

Jiangsu Satellite Channel's lifestyle program *Perfect Match* premiered on January 15, 2010, rapidly becoming a national ratings champion and global sensation. The show documents the unfiltered journey of single participants from initial encounter to final pairing decision, offering viewers an authentic slice of dating culture and real life in China. Its compelling dynamics—clashes arising from differences in personality, careers, life experiences, and values—have captivated audiences worldwide. Recognized as the first Chinese TV program case study included in Harvard Business School's curriculum, *Perfect Match* has evolved into a globally influential super brand with reality show elements. Its international popularity mirrors the shifts in the marital values of China's younger generation.

Building on the success of *Perfect Match*, Jiangsu Satellite Channel launched the intergenerational dating show *New Blind Date Times* on March 25, 2018, featuring a "parent-accompanied blind date" model. The program was rebranded as *Chinese Blind Date* in its second season and has since aired six consecutive seasons. By showcasing ordinary participants' marital expectations and mate selection criteria, it facilitates in-depth exploration of cross-generational communication dynamics, particularly through real-time interactions between singles and their families during matchmaking sessions. The program's portrayal of intergenerational clashes in marital values resonates well with international audiences.

Both shows organically integrate contemporary Chinese values into their narratives, enabling global audiences to engage with the content in the visual field in a welcoming way rather than perceiving overt ideological messaging. Through authentic portrayals of the evolving values of marriage, romance, and family dynamics in post-reform China, these programs have, to a certain extent, revealed to the world a nation embracing openness, cultural confidence, and progressive social consciousness.

Section 1: Marital Values Evolving over Time

Over the past decade, *Perfect Match* has redefined the boundaries and possibilities of dating reality shows through constant format innovation. The program has evolved into a cultural barometer that not only stimulates global audiences' philosophical reflection and emotional resonance with discussions on love and marriage but also documents the developmental trajectories in marital values of Chinese millennials. Historically, pre-1980s China maintained a collectivist marital paradigm shaped by the dual influence of societal norms and familial expectations. The post-1980s generation marked a watershed moment, as urban youth began casting off the shackles of conventional ideas to articulate emotional authenticity in partner selection. By the 1990s cohort, Chinese singles started seeking increasingly liberal and open lifestyles and cultivating multifaceted expectations that prioritize personal autonomy over institutionalized marriage frameworks.

The programs not only reconstruct affective negotiations and axiological confrontations inherent in matchmaking rituals, but through participants' authentic self-disclosure and decision-making, crystallize the dialectical contemplation among contemporary Chinese youth regarding romance, marriage, and self-actualization. This ritualized field architecture addresses global audiences' demand for emotional co-presence in marital discourse while constructing a visual field mirroring evolving marital values through micro-situational scenography, generating a wealth of samples essential for research of modern intimacy.

Overseas audiences demonstrate empathy engagement in their reception of participants' affective exchanges, manifesting communitarian interactivity akin to the serialized drama engagement. *Perfect Match* operationalizes a mediation mechanism combining participant interactions and expert comments, a format that has been recognized and accepted by global audiences. The program presents various stories of pursuing true love around the topic of blind dates, which, to some extent, manages to overcome language and cultural barriers, creating stronger emotional connections with international audiences.

Section 2: Generational Conflict over Marital Values

Chinese Blind Date innovates by having both sets of parents present within the primary studio setting, thereby constructing a more open and transparent space that facilitates collision of viewpoints between families. The program alternates among heartwarming romantic moments between participants, heated parent-child debates, and even family conflicts mediated by producers on the stage. This visual field enables cross-generational audiences to experience affective resonance through integration of romance and reality, while allowing international viewers to grasp the emotional dynamics through facial expressions and body language—even without fully understanding the cultural nuances and the collision of viewpoints.

Proactive communication serves as the most viable solution to intergenerational tensions. By integrating parents into the dating process, the program acknowledges their indispensable role in China's matrimonial traditions while establishing direct dialogue channels between generations, transforming generational differences into bridges of mutual understanding. Despite cultural barriers, the show resonates globally by foregrounding universal emotional topics concerning family, marriage and romance. International audiences might miss the cultural nuances of verbal humor, yet they viscerally connect with the candidates' emotional struggles—particularly the poignant conflicts between personal desires and parental expectations. Innovatively, the program constructs a more comprehensive family-oriented perspective, allowing parental participation in matchmaking rituals. This highlights generational conflicts, while delving into the multifaceted marital values among the younger generation.

Section 3: Cultural Convergence in Marital Values through East-West Dialogue

The phenomenal overseas success of *Perfect Match* can be attributed to its strategic execution of 20 international editions. These special episodes not only create matchmaking platforms for global singles but also offer overseas audiences an observational window into East-West divergences in marital values, while achieving culturally localized promotion for the program's transnational dissemination.

The presence of international guests on *Perfect Match* and *Chinese Blind Date* stages underscores a growing convergence of Eastern and Western marital values amid the expansion of globalization and modernity, despite persistent cultural differences. This phenomenon manifests in three structural shifts, including participation mode transitioning from "family intervention" to "individual priority", emotional expression shifting from "reserved restraint" to "proactive engagement", and value priorities evolving from "material security" to "spiritual resonance".

The similarities between *Perfect Match* and *Chinese Blind Date* lie in their lighthearted humor and engaging entertainment, coupled with their role as platforms for collisions and exchanges of diverse marital values. The visual fields of these dating programs not only effectively communicate to domestic and international audiences trend-aligned yet tradition-respecting values in partner selection, but also authentically highlight which perspectives should be prioritized or deprioritized in modern relationships. Through linguistic interactions, etiquette demonstrations, and other nuanced details within dating scenarios, the shows dismantle Western society's entrenched stereotypes of China, showcasing the vibrant energy of the younger generation, crafting an open and inclusive image of China, and serving as a cultural window for global audiences to understand and interpret Chinese society.

Chapter 7
Trendsetting from a Ritual Perspective

New Year's Eve galas align with the cultural tradition of bidding farewell to the old and welcoming the new. They carry aspirations for a brighter future, deliver captivating audiovisual experiences, and amplify the festive atmosphere at the year's end. Since their inception, these galas have captivated audiences and gradually evolved into a televised cultural feast rivaling the Spring Festival Gala. They have become a vital part of New Year customs and a fresh cultural trend. Borrowing elements from international New Year's Eve celebrations, these galas are more easily integrated into a globalized context compared to the Spring Festival Gala.

Launched in 2008, the JSBC New Year Concert has consistently prioritized quality, led fashion trends, and showcased a global vision, earning its reputation as "Asia's Top Show". On one hand, it remains committed to the core artistic form of a live concert. Each edition features powerhouse vocalists who deliver the thrill of fully live performances, making "Live singing" a hallmark of the event. This aligns with the global emphasis on live performances and serves as the foundation for its international recognition.

On the other hand, the concert pioneers the fusion of art and technology, constantly redefining audiences' perceptions of live performances through groundbreaking visuals and stunning stage design.

Each year, cutting-edge visual technologies are incorporated to create dazzling visual fields that align with the expectations of global audiences.

Section 1: The Global Charm of the JSBC New Year Concert

Music transcends borders. As a universal language that bridges cultures and regions, it has become a vital connector of the world. The JSBC New Year Concert integrates international elements, adopting a unique "global + local" guest lineup. Performers often include internationally renowned artists whose participation solidifies the event's overseas appeal and labels it as a globally minded production.

The concert's global charm is also reflected in its international production team. Collaborators include lighting designers from Belgium, visual creatives and automation specialists from the Netherlands, drone operators from Spain, a virtual digital human team from Japan, and a "backstage ensemble" of dancers from the U. S., U. K., Spain, and Ukraine. Their artistry blends innovation with fashion, delivering imaginative and awe-inspiring spectacles. United by a pursuit of world-class quality, this multinational team seamlessly merges technology and art, creating visual fields of iconic moments for global audiences.

Macao, with its unique role in international cultural exchange, has hosted the concert for eight consecutive years. Leveraging Macao's status as a hub for global connectivity, the event has amplified its overseas reach while becoming a signature year-end celebration in Macao itself—further cementing its international identity.

Section 2: Technology-Empowered Artistry in Crafting Asia's Top Show

In 2017, the JSBC New Year Concert pioneered the use of virtual reality (VR) technology. A virtual "giant blue whale" leaped from the "ocean" and plunged back in, pushing visual effects to new heights. This innovation shattered overseas audiences' stereotypes of Chinese cultural symbols, showcasing the diversity and creativity of Chinese culture through a modern lens. It laid the groundwork for expanding the concert's global recognition.

Since the "giant blue whale" made waves, the concert has kept audiences eagerly anticipating its technological breakthroughs. These hyper-realistic visuals transcend language and cultural barriers, captivating international viewers even when lyrics are unfamiliar. Each year's groundbreaking effects reinforce the "Asia's Top Show" brand and amplify its global influence.

Advances in AI have further enabled the creation of digital avatars for performers. A standout moment was the seamless duet between the AI-generated "Teresa Teng" and singer Zhou Shen. Not only does it allow overseas Chinese communities worldwide to rediscover profound emotional resonance, rekindling their intrinsic sense of ethnic belonging, nostalgic attachment to their homeland, and reverence for traditional heritage, but it also dismantles barriers to cultural dissemination. By rendering the core ethos of Chinese culture more accessible to global audiences, this work enables international viewers to intimately experience its nuanced emotional textures and humanistic spirit. Undoubtedly, it stands as a quintessential manifestation of innovative visual fields where artistic and technological elements achieve symphonic convergence.

Section 3: "Achieving Happiness through Hard Work": A Philosophy Expressed through Audiovisual Excellence

When "Achieving happiness through hard work" was selected as one of the top ten catchphrases of 2018, hard work became an epitome of the uplifting spirit of the times and a prevailing social trend, embodying the most beautiful interpretation of an inspiring youth. Since 2019, JSBC has centered its New Year Concert around the theme "Achieving happiness through hard work". This theme embodies a universal ethos—valuing perseverance and optimism—which resonates powerfully in international contexts. The visual landscape built upon this foundation radiates a distinctive allure in international communication.

1. Conveying Shared Values through Music

Hard work is a universal pursuit, and the theme aligns with global aspirations for progress. Through carefully curated songs, the concert illustrates how happiness stems from everyday efforts. This approach undoubtedly fosters deep emotional connections and bridges cultural gaps with overseas audiences.

2. Structuring Narratives to Shape China's Image

JSBC has achieved groundbreaking innovations through thematic segments that spotlight stories of strivers. These narratives woven into the concert introduce global audiences to China's unique philosophy on hard work and fulfillment, collectively painting a portrait of a dynamic, upward-striving nation.

3. Innovating Expression for Global Impact

The concert elevates its theme through avant-garde stagecraft. The visually stunning presentations cater to diverse aesthetic preferences of different countries and regions, delivering the concert's message in a more vivid, intuitive, and universally accessible manner.

By seamlessly blending contemporary elements that capture the spirit of the times, the concert has evolved beyond a festive countdown event into a profound expression of national pride and collective belonging, as well as a powerful testament to the nation's evolving narrative. Its pioneering spirit and contemporary vision now stand as a defining benchmark for cultural trends.

Chapter 8
Spiritual Heritage from a Culinary Perspective

Broadcast via Jiangsu Satellite Channel, *People's Palate* (2021) and *Memory of the Taste* (2018) share a common focus of spotlighting the daily meals and lives of ordinary individuals. This marks a departure from traditional food documentaries that prioritize science communication of culinary techniques and ingredient sourcing, exemplified by CCTV's groundbreaking *A Bite of China* (2012). The latter not only revolutionized Chinese food documentaries but also propelled them onto the global stage. *People's Daily* praised its cross-cultural impact: "A China presented to the world is political, economic, cultural, and historical—and equally, a China embodied through its cuisine." This underscores food documentaries' innate capacity for cross-cultural communication.

Section 1: Forging Shared Cultural Symbols through Everyday Culinary Narratives

Culinary content products, mainly food documentaries, grounded in authenticity, tend to minimize cultural discount through unpretentious storytelling, thereby optimizing communicative efficacy. Through compelling narrative, these documentaries are imbued with humanistic aesthetics. The growing focus on street food traditions and quotidian culinary practices of ordinary people fosters audience engagement across demographics, ultimately expanding viewership to encompass multi-generational and transnational audiences.

While documenting ordinary foods, food documentaries are laying more emphasis on meticulous design of picture framing, chromatic schemes, lighting techniques, acoustic landscapes, and rhythmic pacing to amplify sensory stimulation. Through visually arresting sequences rivaling the blockbuster look, these works craft multi-sensory feasts that recalibrate audience perception by expanding visual cognition while reconstructing gustatory imagination. This synesthetic storytelling cultivates a visual field centered on cuisine as the iconic cultural signifier, transforming mundane dining tables into luminous stages of cultural performativity, and actualizing viewers' gastronomic fantasies through this vision-taste integration, which in turn constitutes its global appeal.

For audiences, despite hailing from different regions and ethnic groups, and possessing distinct life experiences and backgrounds, their fundamental needs for daily sustenance and their shared anticipation of transforming ordinary ingredients into delectable dishes remain universal. By highlighting the everyday meals and daily lives of ordinary people, global audiences can easily develop a sense of familiarity and acceptance. As a cultural symbol that resonates across humanity, cuisine transcends mere physiological nourishment to carry cultural significance. Global audiences may discover authentic China through everyday cuisine of the people, and perceive the flavors, humor, customs, and spirit of common Chinese households. For global audiences, this culinary window into ordinary Chinese lives may ultimately reveal the genuine essence of the nation.

Section 2: Communication Integration of Local Accessibility and Global Relevance

To achieve emotional resonance and cultural identity in cross-cultural communication, it is essential to preserve the textual attributes of cuisine as a shared cultural symbol while adopting narrative approaches and themes that resonate universally with both domestic and international audiences. This strategy minimizes information loss during semiotic translation and bridges cultural barriers arising from differing cognitive and conceptual frameworks shaped by diverse cultural backgrounds. By organically integrating local accessibility with global relevance, we can construct a visual field for the international communication of Chinese culinary culture, thereby maximizing empathetic communication between communicators and receivers.

1. Ingredient Accessibility

By focusing on the daily dining tables of ordinary people, the featured dishes are not exclusive delicacies—their ingredients are widely accessible, and the cooking techniques require no advanced skills. As long as they are carefully prepared through a step-by-step process, these dishes can be transformed into delightful meals. This approach allows audiences across nations to gain inspiration and find familiarity, bridging the gap between communicators and receivers, and effectively achieving cultural resonance and emotional connection with audiences worldwide.

2. Emotional Relevance

The "one dish, one story" parallel narrative structure infuses foods with emotions and sentiments through the stories of ordinary people. Universally resonant human connections—familial bonds, romantic love, and friendships—form the backbone of narrative structure. Combined with the portrayal of protagonists immersed in everyday life and authentic local flavor, this approach resonates deeply with overseas audiences by mirroring their own realities, effectively bridging cultural divides, and organically integrating local accessibility with global relevance in cross-cultural communication.

3. Audiovisual Accessibility

By expanding viewers' horizons from kitchens into nature, and exploring the origins of ingredients amid mountains, forests, rivers, lakes, and seas, food documentaries are very likely to strike a chord of empathy with overseas audiences by aligning with their enduring fascination with natural exploration. Through integrating domestic and international narrative frameworks and adopting universally relatable storytelling methods, food documentaries cultivate a relaxed and egalitarian communicative space, fostering harmonious viewer-creator dynamics. This organic integration of local accessibility and global relevance in cross-cultural storytelling is perhaps the inherent aesthetic and factual appeal of food documentaries.

Section 3: Chinese Humanistic Spirit within the Globalized Narrative Framework

Food documentaries strategically employ food as a multisensory medium and humanistic values as a narrative backbone. By titillating the senses of audiences through visual fields constructed with cuisine as the iconic cultural signifier, and presenting artful narrative of food-related human stories, these documentaries guide audiences to delve into the cultural essence embedded within gastronomic traditions. Through empathic frameworks orchestrating cross-geocultural symbiosis, these narratives crystallize into cross-cultural communication of localized contents in the globalized context.

The ancient wisdom of promoting harmony between humanity and nature teaches us to revere and flow with nature's rhythms, with the concept of reverence for nature as the core. The vision of humans and nature thriving in symbiotic harmony resonates profoundly with wide global audiences in international communication.

The "craftsmanship spirit" manifests humanity's triumph over nature's raw beauty through exquisite craftsmanship. Embedded as a cornerstone of Western humanist tradition, documentary narratives exploring this cultural DNA naturally magnetize global viewership, thereby achieving effective cross-cultural communication.

Ceaselessly pursuing self-improvement, an indispensable spiritual core in Chinese civilizational consciousness, drives perpetual perfection and self-improvement through human agency. More than just a humanist tradition, it is also an attitude and willpower.

Documenting people's daily life through a demotic perspective and a micro-level, unvarnished storytelling approach, *People's Palate* and *Memory of the Taste* avoid artistic embellishment and just tell plain stories, which helps to bridge the cultural gap, and somewhat dissolve cultural defensiveness, thereby actuating emotional resonance with humanistic spirit contained in culinary heritage within globalized narrative paradigms.

Chapter 9
Civilizational Mutual Learning from an Integration Perspective

Co-produced by Jiangsu Satellite Channel and Toutiao in 2022, reality show *Reading on the Island* redefines literary programming as an outdoor documentary-style literary program. Highlighting the universal language of literature, the program breaks free from studio filming to create immersive reading spaces on islands. Eschewing scripted segments or competitive formats, it harnesses writers' literary mastery and intellectual passion to curate content. The curation strategically selects works resonating with global audiences through shared human values, while expanding narrative dimensions across space and time. This approach enriches content texture, transforming emotional narratives into cross-cultural resonance that transcends sensory entertainment to touch hearts worldwide. The program's crown jewel lies in renowned writers' reviews of global literary classics and their revelations about creative techniques learned from world literature titans, which are more likely to capture the attention and build heartfelt connections with global audiences.

The creative team of Season III extends the literary exchange platform to Crete, Greece, amplifying spatial and emotional proximity for global audiences. This geographical expansion cultivates an anticipatory intimacy for international viewers that *Reading on the Island* is coming closer to them, embodying a certain kind of integration. By weaving the philosophical framework of the Belt and Road Initiative into the show, it creates a visual field demonstrating itself as multilayered humanistic discourse and cultural exchange where Chinese and Hellenic literati, translators, and thinkers engage in in-depth dialogues. In the Mediterranean Region, where Eastern and Western literatures and civilizations blend and bloom together, the program spotlights the harmonious symmetry and mutual learning between these two monumental legacies, which mesmerizes audiences worldwide.

Section 1: Weaving an International Space for Cross-Cultural Dialogue through Literature

From its inception, *Reading on the Island* has strategically curates its guest lineup, literary themes, artistic expressions, and emotional resonance to converge around shared literary touchpoints that bridge global readerships, fostering transcultural dialogue and mutual enlightenment between East and West through subtle yet profound cultural osmosis. The foundational strategy of the program centers on its guests, including pivotal agents of narrative propulsion and cultural articulation. The guest lineup spotlighting the most emblematic writers from contemporary China's literary vanguard carries certain appeal and influence among international audiences. Season III's venture to Crete, Greece, marks a paradigm shift by integrating acclaimed European writers, translators, and scholars into this literary agora, unveiling to global audiences the communication and exchange between Eastern and Western literary traditions, and the creative inspiration between Chinese and international writers, which helps to facilitate cultural exchange and mutual learning between civilizations.

Anchored in the ancient Chinese literati tradition of "cultivating fellowship through textual communication", the program innovatively reengineers salon culture for the digital age by encompassing world classics and international literary masters while developing engaging and fun topics to appeal to international audiences, which creates a more direct, intuitive, and engaging visual field for cross-cultural exchange. The program, anchored in the essence of literature, invites world renowned Chinese and international writers as guest speakers, while also designing an "open lecture series" focused on global literary classics and artistic masterpieces, attracting audiences worldwide to communicate on this "island"—a term that transcends geography, serving as both a spatial concept and a spiritual metaphor for intellectual exchange.

Section 2: Building a Ritualized Space through the "Island + Book House" Integration

"Reading is humanity's vital pathway to acquiring knowledge, cultivating wisdom, and nurturing ethics." The program *Reading on the Island* innovatively constructs the "island + book house" concept, creating a poetic reading space embodying the romantic ideal of "poetic dreams and distant journeys". The "island" serves as the most distinctive symbolic anchor of the program, while its universal literary resonance, given that islands hold significant symbolic weight in global literary traditions, transforms it into a cross-cultural decoder. This grants the program inherent advantages in international communication. By consistently reinforcing this symbolic "island" concept, the show deepens audience engagement with its core themes, simultaneously amplifying the unique branding power of the "island + book house" paradigm through the construction of its visual field.

First and foremost, the island constructs a sanctuary for introspection. It carves out an insulated conversational realm for guest participants while embracing the audience through cinematic disclosure. By orchestrating a convergence of the metaphorical "island" within spiritual life and the tangible island in reality, the program cultivates an immersive literary sanctuary that resonates with aspirational longing. The tacit understanding and consensus prevalent in the world literary community serves as the prerequisite for forging emotional resonance with global audiences.

Secondly, the writers emerge as an ensemble of vibrant characters. In the program, the discourse on *Harvest*, a symbolic Chinese literary magazine representing China's literary development since 1957, subtly interweaves this cultural lodestar with the rich emotions and compelling stories of the writers, sending ripples of intrigue through global audiences. Meanwhile, aside from literary works in the program, the portrayal of mundane vignettes from daily lives of renowned Chinese writers Mo Yan and Yu Hua also morphs into social media trends in international communication.

Finally, the act of reading cultivates a healing atmosphere for the audience. Anchored in the evocative ambiance of the "island+book house" setting, the guests' heartfelt sharing in the program creates emotional interaction between the guests and the audience by continuously radiating healing and comforting energy. As personal emotional narratives evolve into collective cultural sharing, this dynamic interplay constructs a living "emotional space", enhancing a profound sense of identity and intimacy among Chinese and international audiences.

Section 3: Expanding the Frontiers of Immersive Audiovisual Expression through Convergence-Driven Innovation

Reading on the Island innovatively integrates literary essence with audiovisual storytelling, revitalizing literature through immersive life experiences. The program pioneers a visual, auditory, and digital cultural communication model, subverting conventional literary show formats. By gathering China's most accomplished writers and erudite readers, it unveils cultural treasures that captivate global audiences while deconstructing universally acclaimed artistic masterpieces. Achieving maximum resonance through emotional connectivity, intellectual depth, and multicultural perspectives, the production has sparked renewed international interest in Chinese literature and reignited cross-cultural readership engagement. The ethereal, romantic, and serene visual field of "Public Reading" presented in the program undoubtedly belongs to all humanity.

First, further amplification of emotional connectivity. By centering on writers and work collections, and engineering the carefully curated "island+book house" immersion, it stimulates viewers' psychological flow experience, thus establishing affective projection and trans-cultural identification that transcends geographical and cultural boundaries.

Second, further amplification of intellectual depth. The program reengineers writers' scholarly insights through televisual restructuring and thematic deconstruction. This methodological innovation enables visual interpretation of globally renowned literary classics and systematic curation of China's distinctive cultural treasures, with the aim of cultivating sustained international engagement.

Third, further amplification of multicultural perspectives. The program centers on literature to connect diverse individuals, topics, and cultural exchange initiatives. Through a more diverse range of perspectives, it presents the rich connotations of Chinese literature to both domestic and international audiences. Simultaneously, it continuously expands the cultural attributes beyond literary content itself, significantly enhancing the program's informational richness and cultural depth.

Chapter 10
Eastern Wisdom from a Cross-Cultural Perspective

Launched in 2024, *Chinese Practice with Chinese Wisdom* delves into China's rich intellectual traditions, aiming to interpret classical sayings, cultural beliefs, and the nation's experience and contribution in a manner accessible and memorable for international audiences. The program adopts a structured narrative approach, combining cultural origin-tracing, explorer's observation, firsthand account, expert analysis, and cross-cultural dialogue. Anchored in face-to-face interviews and expert discussions within a dual-studio format, the program seamlessly integrates ancient and modern perspectives, theory and practice, and Chinese discourse with a global outlook. By incorporating diverse artistic expressions, the program constructs a visual field designed to foster emotional resonance, thereby enhancing international audiences' understanding and appreciation of Chinese culture and thinking.

Section 1: Exploring Governance and Leadership Wisdom from the Other's Perspective

Chinese Practice with Chinese Wisdom is structured around ten classical Chinese sayings—"pursuing common good for all", "regarding the people as the foundation of the state", "governing by virtue", "discarding the outdated in favor of the new", "selecting officials on the basis of merit", "promoting harmony between humanity and nature", "ceaselessly pursuing self-improvement", "embracing the world with virtue", "acting in good faith and being friendly to others", and "fostering neighborliness". Drawing on cosmology, governance, society, and ethics, the program examines the profound philosophies underpinning statecraft and governance, showcasing the vitality, applicability, and contemporary relevance of Eastern wisdom. To facilitate cross-cultural dialogue, the program invites international guests from various fields, ensuring a broad spectrum of perspectives. Engaging in discussions with the host, these guests interpret the classical sayings and their governance-related wisdom through the perspective of the Other. This exchange fosters a visual field where meaningful engagement takes place between Eastern and Western ways of thinking.

Further embracing the Other's perspectives, each episode begins with a street interview featuring young expatriates in China. These brief yet thought-provoking exchanges serve as an entry point for deeper reflection on Eastern wisdom, sparking interest in Chinese society among global audiences. Meanwhile, the experiences and insights shared by foreign guests respond to international viewers' curiosity about China, and deepen the exposition of statecraft wisdom in governance philosophy. Their firsthand experiences offer an authentic and dynamic portrayal of China's development, presenting a bright and multifaceted cultural visual field for global audiences.

Section 2: Facilitating High/Low-Context Transitions through Multidimensional Dialogues

A key innovation of *Chinese Practice with Chinese Wisdom* is "the host's study lounge", a specially designed space within the face-to-face interview format that enhances cross-cultural dialogue. The program adopts a "1 + 1 + 1" interview model—featuring a Chinese host, an international expert, and a young foreign guest engaged in open discussions. This setup highlights the commonalities between Eastern and Western civilizations, illustrating that intellectual traditions are not rigidly divided but rather interconnected by shared values and possibilities for deep dialogue. At the same time, the program does not shy away from differences between the East and the West, instead using contrast as a tool to encourage international audiences to move beyond preconceived notions and develop a more comprehensive understanding of China. Through this process, viewers gain deeper insight into the spiritual essence of Chinese civilization and the distinct values embedded within Chinese culture. The guests frequently reference cultural symbols that blend Eastern and Western elements, enriching the discussion while making traditional Chinese culture more relatable and engaging for international audiences.

The program is meticulously designed to offer cultural interpretations with international audiences in mind. Nuanced concepts embedded in Chinese linguistic and cultural contexts, are translated into vivid, intuitive, and emotionally engaging narratives. This transformation ensures that historical ideas are presented in ways that international audiences can easily grasp, effectively breaking down linguistic and cultural barriers and fostering closer intellectual and emotional connections.

The program creates a visual field of multilayered dialogues. Beyond the welcoming "study lounge" setting, the program constructs various studio spaces that allows seamless transitions. Expert discussions take place on a stage designed with the distinctive double-eaved hip roof—an emblem of classical Chinese architectural aesthetics. Additionally, on-location report with cultural explorers form an organic part of the program, allowing international audiences to see and hear how Eastern wisdom is applied and passed down across generations from multiple dimensions.

Section 3: Achieving Reciprocal Understanding through Diversified Expression and Dissemination

For a program built on dialogue, while rational discourse provides the fundamental structure, the colors, sounds, and their interplay in the program that appeal to the senses and emotion is what truly captivates audiences. Recognizing the importance of multisensory engagement, the program strategically incorporates a diverse range of media formats— including etymological explorations, reenactment sketches, musical and dance performances, and seal affixing ceremonies, to enhance the program's depth and appeal. These transmedia approaches continuously expand the program's communicative reach, offering international audiences a rich, multisensory cultural experience. By fostering deeper emotional engagement, the program strengthens cultural resonance, allowing global audiences to immerse themselves in Chinese culture and appreciate its enduring charm, ultimately fostering reciprocal understanding across civilizations.

1. Aesthetic Innovation

The program employs a visually striking presentation, using songs, dances, and sketches to showcase cultural themes. With meticulous craftsmanship, the show brings television stage aesthetics to new heights, offering a captivating visual field infused with classical Chinese aesthetics and a clear, accessible narrative style that highlights Eastern wisdom.

2. Innovation in Cultural Expression

The program's narrative structure and content coherence reflect a deep understanding of and respect for international audiences' cognitive frameworks. When introducing complex aspects of Chinese culture, the program strategically leverages the Other's perspective, ensuring that these themes are presented in a manner suitable for international audiences' comprehension, effectively bridging the gap between Chinese culture and global viewers.

3. Innovation in International Communication

In terms of international communication, the program employs a range of innovative dissemination strategies, including short-video adaptations for international social media platforms, interactive audience engagement, localized language adaptations, and expanded distribution channels. These strategies not only enhance content accessibility but also deepen audience immersion, ensuring that the program's message transcends cultural differences and achieves effective global communication.

By weaving together compelling stories, insightful analyses, and perspectives from the Other, *Chinese Practice with Chinese Wisdom* presents Eastern wisdom in a way that resonates with international audiences. It presents a true, multidimensional and panoramic view of China, offering the world new lens through which to understand the country's developmental path, and serving as a bridge for meaningful civilizational exchange.

Conclusion
The Reconstruction of JSBC's International Communication Visual Field

As of the final editing of this book, the second season of *Melody Roaming (Yin Ni Er Lai)* has already aired. Building on previous seasons' musical journey in Thailand and Malaysia, the *Melody Roaming* team has used music as a medium to connect with international audiences. In this cross-cultural journey, they have created a unique soundscape for communication, echoing musician Ouyang Nana's observation on the show that "Music knows no borders." Concurrently, *Life Pulse of Yangtze River (Gun Gun Chang Jiang)*, a co-production between JSBC and A+E Networks (US), is in post-production and will soon be broadcast on A+E History Channel. The documentary features the ecological restoration efforts of the Yangtze River and how it is restoring the global ecological chain, constructing a global consensus through a story of human-nature harmony. Another collaboration, *When Socrates Meets Confucius (Dang*

Su Ge La Di Yu Shang Kong Zi), with Lion Television (UK), is also underway, inviting global audiences to explore the philosophical parallels between Eastern and Western thoughts during the Axial Age and their implications. Similarly, *The Chinese Academy (Zhong Hua Shu Yuan)*, a cultural program that combines long-form videos and neo-Chinese fashion, is bringing China's traditional culture to overseas audiences with innovative youth-oriented and internet-friendly storytelling.

Heraclitus' dictum "everything is in flux" encapsulates the dynamic nature of human civilization. From continental collisions and the clusters of species to the pioneering global voyages and trade routes spanning land and sea, to the flow of culture and technology we see today, the movement of people and ideas is the lifeline of human civilization. Today, global audiences are witnessing the profound process and outcomes of the interplay of civilizations within the visual fields created by these international communication works. Together, we are approaching the dawn of the digital intelligence age.

As cultural globalization intensifies, JSBC has expanded its international distribution network, reshaping the visual field of international communication. In July 2023, the Jiangsu International Communication Center was established, integrating Jiangsu International Channel, pay-TV channel now jelli, Jiangsu Satellite Channel's YouTube channel, and the inJiangsu app into an organic international communication media matrix. This has forged a multidimensional visual field connecting overseas audiences and strengthening youthful expressions with video content and global live streaming, presenting China's charm within a global context.

Digital intelligence is redefining international communication. It is no longer just an exchange between media institutions but has evolved into a space for public discourse across social media platforms. These platforms have become spaces for global audiences to share contexts and exchange values. Against this backdrop, JSBC has enhanced its integrated media approach, launching in May 2024 inJiangsu, an upgraded platform comprising a website, an app, and multilingual social media accounts, providing one-stop services for foreign nationals and positioned as a new focal point in global storytelling. This also marks the beginning of the digital, intelligent, and mobile reconstruction of the international communication visual field. For instance, in March 2025, Maye Musk shared her experiences in Wuxi with inJiangsu, expressing continuous admiration for China during the interview, which garnered significant international engagement. This short video is just one example of how inJiangsu facilitates international exchange through relatable storytelling. Since the platform's upgrade, many international leaders, celebrities, and young professionals have shared their views on China via inJiangsu. For iconic Chinese cultural events, inJiangsu has created a visual field of shared values and longings, such as the short video "Share Good Fortune with the World to Greet the Chinese New Year", featuring renowned calligrapher Sun Xiaoyun, and sending the symbolic "Fu" (good fortune) character to world through the hands of children of various nationalities.

JSBC not only serves as a source of Chinese creativity but is turning it into a global inspiration through the expansion of international distribution networks and collaboration with global leading players to build the visual field of international communication. Over the years, at major events such as the MIPCOM and MIPTV, JSBC has organized or contributed to the "China Pavilion" and shared Chinese creativity with the world. At MIPLondon in March 2025, JSBC's *Crush of Music (Yin Yue Yuan Ji Hua)* attracted interest from international broadcasters. Through collaboration with global industry leaders, JSBC has not only precisely identified international audiences for Chinese film and television content but also effectively integrated Chinese culture into the lives of mainstream global communities.

In reconstructing the international communication visual field, JSBC has continuously positioned itself as a "communicator" and "connector", expanding its global network of influence. At the Mountbatten Room of MIPLondon, the "In Partnership with China" international forum brought together global stakeholders to share insights into the future of international content cooperation. JSBC organized both the forum and the China Pavilion at MIPLondon, using its integrated media matrix to facilitate overseas participants' appreciation and anticipation of Chinese content.

Compared to the long history of global cultural exchanges, JSBC's dialogue with the world represents only a snapshot in time. However, the rich meaning conveyed through its video productions in the international communication visual field and their global resonance demonstrates this process as innovative and fruitful. These efforts provide valuable references for establishing more effective international communication strategies and case studies for future initiatives.

参考文献

1. [美]杜·舒尔茨. 现代心理学史[M]. 北京:人民教育出版社,1981.

2. [法]热拉尔·热奈特. 叙事话语新叙事话语[M]. 王文融译,北京:中国社会科学院出版社,1990.

3. 陈力丹. 世界新闻传播史(第二版)[M]. 上海:上海交通大学出版社,2007.

4. 程曼丽. 大众传播与国家形象塑造[J]. 国际新闻界,2007(3):5-10.

5. [法]阿芒·马特拉. 世界传播与文化霸权[M]. 北京:中央编绎出版社,2001.

6. [美]曼纽尔·卡斯特. 网络社会的崛起[M]. 北京:社会科学文献出版社,2001.

7. 王庚年. 国际传播:探索与构建[M]. 北京:中国国际广播出版社,2013.

8. [美]克利福德·克里斯琴斯. 传媒规范理论[M]. 北京:中国人民大学出版社,2022.

9. 徐明华,李丹妮. 情感畛域的消解与融通:"中国故事"跨文化传播的沟通介质和认同路径[J]. 现代传播(中国传媒大学学报),2019(03).

10. 吴琼. 他者的凝视——拉康的"凝视"理论[J]. 文艺研究,2010(4):33-42.

11. 郑敏. "镜像"理论视域下城市形象宣传片的意义建构[J]. 传媒,2021(20):79-81.

12. [法]雅克·拉康. 拉康选集[M]. 褚孝泉译. 上海:上海三联出版社,2001.

13. [英]斯图尔特·霍尔. 表征——文化表象与意指实践[M]. 徐亮,陆兴华译. 北京:商务印书馆,2003.

14. [美]劳伦斯·C. 史密斯. 河流是部文明史:自然如何决定文明兴衰与人类未来[M]. 周炜乐译,北京:中信出版集团,2022.

15. 单霁翔. 大型线性文化遗产保护初论:突破与压力[J]. 南方文物,2006(3):2-5.

16. 金苗. 国际传播中的大运河文化带建设:定位、路径与策略[J]. 未来传播,2021,28(5):54-63.

17. 路璐,许颖. 大运河历史文脉构成与理论范式研究[J]. 浙江社会科学,2022(12):146-154.

18. 王婧. 国际传播视野中的大运河文化带建设——以世界运河历史文化城市合作组织为例[J]. 文化创新比较研究,2023,7(29):172-175.

19. 丛桂芹. 联合国教科文组织的世界遗产全球传播策略[J]. 中国文化遗产,2013(4):76-81.

20. 刘畅. 感官与心灵：中西方的不同命运——从鲁道夫·阿恩海姆《视觉思维——审美直觉心理学》谈起[J]. 天津师范大学学报（社会科学版），2002(01)：59－66＋80.

21. ［英］大卫·麦克奎恩. 理解电视—电视节目类型的概念与变迁[M]. 苗棣、赵长军等译. 北京：华夏出版社，2003.

22. ［美］W. J. T 米切尔. 元图像：图像及其理论话语[M]. 唐宏峰译，上海：上海人民出版社，2003.

23. 李金铨. 超越西方霸权：传媒与"文化中国"的现代性[M]. 香港：牛津大学出版社，2004.

24. ［美］约翰·菲斯克. 电视文化[M]. 祁阿红、张鲲译，北京：商务印书馆，2005.

25. 金惠敏. 媒介的后果文学终结点上的批判理论[M]. 北京：人民出版社，2005.

26. ［美］鲁道夫·阿恩海姆. 建筑形式的视觉动力[M]. 宁海林译，牛宏宝校. 北京：中国建筑工业出版社，2006.

27. 袁纯清. 共生理论——兼论小型经济[M]. 北京：经济科学出版社，1998.

28. 中央电视台《再说长江》栏目组. 再说长江[M]. 上海：上海科学技术文献出版社，2006.

29. 列维-斯特劳斯. 忧郁的热带[M]. 王志明译，北京：生活读书新知三联书店，2000.

30. 郑文彬. 解构人类——解读列维-斯特劳斯的《忧郁的热带》[J]. 世界哲学，2013(06)：151－157.

31. ［法］德尼·贝多莱. 列维-斯特劳斯传[M]. 于秀英，译. 北京：中国人民大学出版社，2008.

32. 赵红梅. 诗性与学术的交错——克洛德·列维-斯特劳斯《忧郁的热带》述评[J]. 广西民族研究，2015(01)：65－72.

33. ［英］埃德蒙·利奇. 列维-斯特劳斯[M]. 王庆仁，译. 北京：生活·读书·新知三联书店，1985.

34. Edward T. Hall, The Silent Language[M]，Anchor Books Editions：1990.

35. ［美］爱德华·霍尔. 超越文化[M]. 何道宽译. 北京：北京大学出版社，2010.

36. 邱建中. 活态遗产保护理论与实践[M]. 北京：科学出版社，2015.

37. 高峰，赵建国. 中国纪录片跨文化传播的障碍与超越[J]. 现代传播（中国传媒大学学报），2009(3)：81－84.

38. 费孝通. 乡土中国[M]. 北京：北京大学出版社，2012.

39. 周丹丹. 沟通古今与理解乡土中国——以费孝通为中心的考察[J]. 华中科技大学学报（社会科学版），2023,37(01)：21－26.

40. 辛红娟、陈可欣. 多模态话语分析视角下外宣纪录片翻译研究——以《四季中国》为例[J]. 对外传播，2020(02)：54－56.

41. ［法］让·鲍德里亚. 消费社会[M]. 南京：南京大学出版社，2014.

42. 管宁. 消费文化与文学叙事[M]，厦门：鹭江出版社，2007.

43. 威尔伯·施拉姆等. 传媒的四种理论[M]. 北京：中国人民大学出版社，2008.

44. 肖荣春."软传播"：政府形象传播的一种新思路[J]. 对外传播，2008(1)：50-52.

45. [英]罗伯特·F·墨菲. 文化与社会人类学引论[M]. 王卓君，译. 北京：商务印书馆，2009.

46. 周荣庭，管华骥. 参与式文化：一种全新的媒介文化样式[J]. 新闻爱好者，2010(12)：16-17.

47. [英]安东尼·吉登斯. 失控的世界[M]，南昌：江西人民出版社，2011.

48. 郭庆光. 传播学教程[M]. 2版. 北京：中国人民大学出版社，2011.

49. 刘肖，蒋晓丽. 国际传播中的文化困境与传播模式转换[J]. 思想战线，2011(6)：108-111.

50. 韩飞. 当前中国纪录片国际传播面临的问题及思考[J]. 现代视听，2023(3)：19-24.

51. 姬德强，邹宇. 国际传播的情感结构与干预路径[J]. 现代传播（中国传媒大学学报），2023，45(10)：52-59.

52. 廉思，周宇香. 城市快递小哥群体的风险压力及疏解对策研究——基于北京市的实证分析[J]. 青年探索，2019，0(6)：41-52.

53. [美]凯尔纳. 媒体奇观[M]，史安斌译，北京：清华大学出版社，2003.

54. [加]马歇尔·麦克卢汉. 理解媒介：论人的延伸[M]. 何道宽译，译林出版社，2011.

55. [美]阿尔君·阿帕杜莱. 消散的现代性：全球化的文化维度[M]. 刘冉译，上海：上海三联书店，2012.

56. 宁海林. 现代西方美学语境中的阿恩海姆视知觉形式动力理论[J]. 人文杂志，2012(03)：97-102.

57. [美]亨利·詹金斯. 融合文化：新媒体与旧媒体的冲突地带[M]. 杜永明译，北京：商务印书馆，2012.

58. 胡智锋. 电视综艺节目，需在引进与原创之间寻求平衡[J]. 传媒评论，2014年第2期，第64页.

59. 魏佳. 消费社会背景下娱乐资讯类节目剖析[J]. 电视研究，2006(2)：38-40.

60. 赵红勋，李明海，赖黎捷. 我国电视娱乐文化"奇观化"研究[J]. 新闻爱好者，2011(12)：20-21.

61. 付城城，罗艳. 奇观视野下的婚恋真人秀节目解读[J]. 传播与版权，2021(5)：38-40.

62. 杨建. 奇观视野下真人秀的消费主义解读[J]. 传媒观察，2016，0(3)：22-24.

63. 尼尔·波兹曼. 娱乐至死[M]. 章燕，吴燕莛，译. 桂林：广西师范大学出版社，2009.

64. 王真真，王相飞. 共情传播视域下中国体育故事跨文化传播的国际认同建构[J]. 山东体育学院学报，2024(01).

65. 吴飞. 共情传播的理论基础与实践路径探索[J]. 新闻与传播研究,2019 年第 5 期,第 59—76 页.

66. 徐明华、李虹. 国际传播中的共情层次:从理论建构到实践路径[J]. 对外传播, 2022 第 8 期,第 53 页.

67. 马龙、李虹. 论共情在"转文化传播"中的作用机制[J]. 现代传播(中国传媒大学学报),2022(02).

68. 孙英春. 跨文化传播学[M]. 北京:北京大学出版社,2015.

69. [美]南希·K. 拜厄姆. 交往在云端[M]. 北京:北京大学出版社,2015.

70. [美]克莱·舍基. 人人时代:无组织的组织力量[M]. 杭州:浙江人民出版社, 2015.

71. [德]扬·阿斯曼. 文化记忆:早期高级文化中的文字、回忆和政治身份[M]. 金寿福、黄晓晨译,北京:北京大学出版社,2015.

72. 吴飞. 国际传播的理论、现状与发展趋势[M]. 北京:中国传媒大学出版社,2016.

73. [美]阿尔君·阿帕杜莱主编. 全球化[M]. 韩许高,王珺,程毅,高薪译. 南京:江苏人民出版社,2016.

74. 汪金汉. 从"文本盗猎"到"公民参与":詹金斯的"参与性"媒介受众研究[J]. 福建师范大学学报(哲学社会科学版),2016(02):191 - 197.

75. 吴玫,朱文博. 符号策略与对外传播:一个基于主题分析法的案例[J]. 对外传播, 2017(06).

76. 杨利英. 中国文化"走出去"战略研究[M]. 郑州:郑州大学出版社,2017.

77. 赵星植. 论传播与社群:一个皮尔斯传播符号学路径[J]. 中外文化与文论, 2017(01).

78. 郭于华. 仪式与社会变迁[M]. 北京:社会科学文献出版社,2008.

79. 卞冬磊. 从仪式到消费:大众传媒与节日意义之生产[J]. 国际新闻界,2009, 31(7):21 - 25.

80. [法]居伊·德波. 景观社会[M]. 南京:南京大学出版社,2017.

81. 段鹏,孙浩. 试论媒介融合背景下如何利用影像讲好中国故事[J]. 当代电影, 2017(12):109 - 111.

82. 史安斌. 从"跨文化传播"到"转文化传播"[J]. 国际传播,2018(05).

83. 常江,徐帅. 亨利·詹金斯:社会的发展最终落脚于人民的选择——数字时代的叙事、文化与社会变革[J]. 新闻界,2018(12):4 - 11.

84. 马兴祥,王欣芳. 霍夫斯泰德文化维度理论在中国跨文化传播研究中的应用[J]. 当代传播,2018.

85. 王琦. 浅析电视观众的艺术接受心理[J]. 艺术教育,2012(5):96 - 97.

86. 孟建. 视觉文化传播:对一种文化形态和传播理念的诠释[J]. 现代传播, 2002(3):1 - 7.

87. 喻国明,耿晓梦. 元宇宙:媒介化社会的未来生态图景[J]. 新疆师范大学学报(哲学社会科学版),2022,43(3):110－118.

88. 陈先红,杜明曦.在元宇宙里讲故事:中国 IP 故事世界的建构[J].新媒体与社会,2022(1):24－42.

89. [美]詹姆斯·凯瑞.作为文化的传播[M].北京:中国人民大学出版社,2019.

90. [英]马修·福勒.媒介生态学——艺术与技术文化中的物质能量[M].麦颠译,上海:上海社会科学出版社,2019.

91. 郑永年.大趋势:中国下一步[M].北京:东方出版社,2019.

92. 王昀,陈先红.迈向全球治理语境的国家叙事:"讲好中国故事"的互文叙事模型[J],新闻与传播研究,2019 年第 7 期,第 32 页.

93. 陈先红,宋发枝."讲好中国故事":国家立场、话语策略与传播战略[J].现代传播(中国传媒大学学报),2020(1):40－46＋52.

94. 胡登全,杨怀周.民心相通:中国形象的对外传播策略[J].传媒观察,2020(4):43－48.

95. 单波.跨文化传播的问题域[J].跨文化传播研究,2020(1):1－30.

96. 史安斌,盛阳.从"跨"到"转":新全球化时代传播研究的理论再造与路径重构[J].当代传播,2020(01).

97. 费正清.中国:传统与变迁[M].北京:世界图书出版公司,2020.

98. 相德宝、王静君.跨文化传播视角下《流浪地球》国际媒体传播效果及策略研究[J],全球传媒学刊,2020 年第 4 期,第 67 页.

99. 阿斯特莉特·埃尔,安斯加尔·纽宁.文化记忆研究指南[M],李恭忠、李霞译,南京:南京大学出版社,2021.

100. 衣新发,杨怡奇,刘书辰.韦特海默及其关于创造性思维的研究[J].贵州民族大学学报(哲学社会科学版),2023(03):106－121.

101. 李艳霞.文化类综艺节目创新传播研究[J].新闻爱好者,2024(08):88－90.

102. 鄢冬.文化类综艺的诗意化呈现与跨媒介创新路径探析[J].当代电视,2024(06):45－50.

103. 李瑞盈.媒体融合视角下文化类综艺节目的创新策略探究[J].中国电视,2024(07):76－81.

104. 付伟.跨文化传播视角下中国传统文化走向世界的战略研究[M].北京:经济管理出版社,2021.

105. 栗心怡.建构回忆之场:空间、媒介与文化认同——评阿莱达·阿斯曼《回忆空间:文化记忆的形式与变迁》[J].学术评论,2022(04):94－100.

106. 刘兰,陈维超.场景理论下电视读书节目视听叙事创新策略——以《一本好书》为例[J].现代视听,2019,0(3):23－28.

107. 杨婕.诗词文化类电视综艺节目的审美特征及现代阐释[J].电视研究,2022(5):83－85.

108. 吕鹏.平台聚合、理念更迭与受众贴合:融合传播背景下我国电视节目的创新与发展[J].电视研究,2022(7):28 - 31.

109. 张洪顺.诗词类电视节目对 00 后受众文化认同的影响实证分析[J].中国文化研究,2023(1):37 - 48.

110. 龚新琼.关系·冲突·整合——理解媒介依赖理论的三个维度[J].当代传播,2011(6):28 - 30.

111. 陈力丹、林羽丰.继承与创新:研读斯图亚特·霍尔代表作《编码/解码》[J],新闻与传播研究,2014 年第 8 期.

112. 黄典林.重读《电视话语的编码与解码》——兼评斯图亚特·霍尔对传媒文化研究的方法论贡献[J].新闻与传播研究,2016(05).

113. [英]斯图尔特·霍尔.《表征》[M].北京:商务印书馆,2003.

114. 罗兰·巴特.符号帝国[M].北京:生活·读书·新知三联书店,2020.

115. 皮尔斯.皮尔斯:论符号[M].赵星植译.成都:四川大学出版社,2014.

116. 罗雯.论跨文化传播的主体间性与文本间性及话语层面[J].国际新闻界,2006,28(10):34 - 38.

117. 姚介厚.跨文化哲学的四个维度[J].中国社会科学院研究生院学报,2011(4):33 - 39.

118. 王静,崔海英,王晓琳.低语境文化下的当代中国高语境文化交际传播[J].今传媒,2014,22(11):17 - 19.

119. 姜泽玮.跨国家庭短视频的跨文化传播特点分析[J].国际传播,2022(6):38 - 47.

120. 施旭.动荡世界下中国话语全球传播研究[J].同济大学学报(社会科学版),2022,33(1):107 - 115.

121. 方兴东,钟祥铭.国际传播新格局下的中国战略选择——技术演进趋势下的范式转变和对策研究[J].社会科学辑刊,2022(1):70 - 81.

后　记

　　从大学毕业走上工作岗位至今,一直从事着与广播电视内容生产和管理相关的工作,其中的两个"八年"直接与视频内容国际传播有关。前一个"八年"是刚工作那会儿的 1987 年到 1995 年,先后参与来自包括美国 CBS、英国 BBC、法国 F2、荷兰 VPRO、日本 NHK、NET、韩国 MBC、新加坡 TCS、印度 DDI、澳大利亚 ABC 在内的 15 个国家电视机构近 50 部纪录片、专题片的协拍工作,以"借船出海"的方式向海外主流社会传播改革发展中的中国;后一个"八年"是 2015 年到 2023 年期间,先后兼任江苏广电国际传播有限公司董事长及江苏卫视总监,认真贯彻中央推进国际传播能力建设的新要求,切实履行主流媒体工作者的职责和使命,积极实施国际化传播战略,拓展节目新样态讲好中国故事,探索合拍新模式传播好中国声音,实现模式输出新突破提升传播影响,打造国际传播新平台增强传播实效,实现了从"走出去"到"走进去"的跨越。

　　本书的写作主要围绕江苏广电近年来推出的有着鲜明国际传播标识的视频作品展开,既是对国际传播案例的研究,也是对国际传播理念的梳理。我以视频内容创制主导者的身份见证了书中绝大部分案例的策划、采编及播出过程,对这些案例的国际传播属性、效果、意义有着深切的体认,提出将上述国际传播案例置于在全球视听传播生态中构建的"视觉场"内进行分析研究的构想。作为课题主要负责人和本书的编著者,我主要负责课题的主旨定位、理论框架、研究方法等方面的统筹协调以及本书的编审工作,并直接承担了第七章、第八章的撰写。其余章节的撰稿分别为:绪论由孙文峥撰写,第一章、结语由周菁撰写,第二章由朱丽君撰写,第三章、第九章由张毅撰写,第四章由王攀撰写,第五章、第六章由谢诚撰写,第十章由仇园园撰写。仇园园、王希与张毅分别协助负责本书的统筹协调与编审工作,杨帆负责本书的译校工作。由于本书围绕国际传播案例展开,为增强其可读性与实践指导性,在课题启动之初,我就对写作风格进行了确定,在尊重论文基本写作规范的前提下,尽可能以平实的语言展开叙述,这是本书有别于其他学术著作的一大特点。本书还将视频内容分析研究的核心部分凝练翻译成英文,以利于其海外传播。

在课题框架的建构过程中,南京大学新闻传播学院郑欣教授给予大力指导,文本写作过程中也得到清华大学、北京大学、南京大学、浙江传媒学院等相关专家的指导和建议,在此一并表示感谢。同时还要感谢江苏人民出版社的大力支持和编辑团队的辛勤付出。

书中疏漏之处,敬请方家指正。

任 桐

2025 年 3 月于南京